汽车电气维修技能进阶丛书

李晓娜 刘春晖 张文志 主编

汽车空调系统原理与检修

第3版

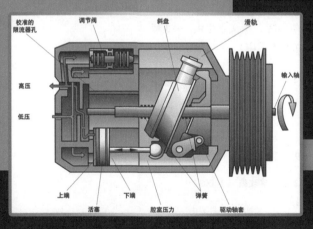

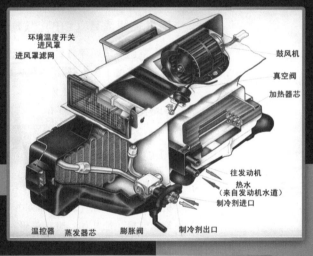

机械工业出版社
CHINA MACHINE PRESS

本书全面、系统地介绍了与汽车空调原理及检修相关的内容，包括：汽车空调基础知识；空调制冷系统部件结构与检修；汽车空调系统电气控制；汽车空调的取暖、通风与配气系统；汽车自动空调控制系统；汽车空调系统的检测与维修基础以及汽车自动空调系统结构与检修实例。

本书内容新颖、实用，重点突出，图文并茂。全书以轿车空调为主，突出介绍了现代空调新技术和新结构以及故障诊断和维修技术。本书可作为学习现代汽车空调技术的培训教材，还可作为汽车驾驶人、汽车空调专业维修技术人员的入门及提高书籍，也可作为高职高专院校汽车检测与维修专业、汽车电子技术专业及其他相关专业的教材。

图书在版编目（CIP）数据

汽车空调系统原理与检修/李晓娜，刘春晖，张文志主编. —3版. —北京：机械工业出版社，2019.6（2025.3重印）

（汽车电气维修技能进阶丛书）

ISBN 978-7-111-62790-6

Ⅰ.①汽⋯ Ⅱ.①李⋯ ②刘⋯ ③张⋯ Ⅲ.①汽车空调-车辆修理 Ⅳ.①U472.41

中国版本图书馆CIP数据核字（2019）第096033号

机械工业出版社（北京市百万庄大街22号　邮政编码100037）
策划编辑：杜凡如　责任编辑：杜凡如
责任校对：李　伟　责任印制：郜　敏
中煤（北京）印务有限公司印刷
2025年3月第3版第8次印刷
184mm×260mm·17印张·4插页·438千字
标准书号：ISBN 978-7-111-62790-6
定价：59.90元

电话服务　　　　　　　　　网络服务
客服电话：010-88361066　　机 工 官 网：www.cmpbook.com
　　　　　010-88379833　　机 工 官 博：weibo.com/cmp1952
　　　　　010-68326294　　金 书 网：www.golden-book.com
封底无防伪标均为盗版　　　机工教育服务网：www.cmpedu.com

前言

随着汽车技术的进步和人们对汽车的舒适性、安全性、可靠性要求的提高,汽车空调系统已成为现代汽车的标准配置。随着汽车技术中大量融入电子、计算机及网络等技术,汽车空调系统的结构变得越来越复杂,其控制部分电子化程度越来越高,功能越来越人性化,环保要求也越来越严格,使汽车空调的舒适性与技术要求有了显著的提高。目前,中高档轿车已普遍采用微型计算机控制的自动空调。汽车空调的维修已成为当前汽车维修行业中不可或缺的工作项目。

全书采用500余幅高清图片,多数图片为各车系原版维修手册、自学手册、培训资料截图,力求准确、权威,能够反映车型的新技术、新配置及新的维修理念。

本书从实际出发,全面、系统地阐述了汽车空调系统的基本结构、工作原理、自动控制装置结构与原理、拆装、检测和维护知识,详细地讲解了空调系统故障现象、原因和排除方法。全书共分七个方面内容,包括:汽车空调基础知识;空调制冷系统部件结构与检修;汽车空调系统电气控制;汽车空调的取暖、通风与配气系统;汽车自动空调控制系统;汽车空调系统的检测与维修基础以及汽车自动空调系统结构与检修实例,特别适合广大汽车维修一线的人员自学使用,同时也可作为职业教育教学和培训使用,在每章最后还附有复习思考题,书末还附有两套学习效果综合检测试卷。

本书由李晓娜、刘春晖、张文志任主编,参加本书编写工作的老师还有冷玉冰、顾雅青、张薇薇、肖媛媛、吴云、陈明。

在编写本书过程中借鉴和参考了大量国内外的汽车技术资料、维修资料和相关书籍,在此向维修资料的作者及编者深表感谢!

由于编者水平有限,书中难免有不妥之处,恳请广大读者批评指正。

编　者

目 录

前 言

第一章 汽车空调基础知识 …………… 1

第一节 汽车空调热力学知识 ………… 1
 一、空调系统中常用的基本
  物理量 ……………………… 1
 二、热传递的基本形式 …………… 7
 三、物质的状态变化和热的形态 … 9
 四、热力学的两个基本定律 ……… 10
 五、节流 ……………………………… 10

第二节 汽车空气调节 ………………… 11
 一、汽车空调的功能 ……………… 11
 二、汽车空调的特点 ……………… 13
 三、汽车冷风和空调的区别 ……… 13
 四、汽车空调的组成 ……………… 14

第三节 汽车空调系统的分类 ………… 16
 一、按节流装置和系统结构
  分类 ……………………………… 16
 二、按驱动方式分类 ……………… 17
 三、按功能分类 …………………… 18
 四、按控制方式分类 ……………… 19
 五、按压缩机的排量是否可变
  分类 ……………………………… 21

第四节 制冷剂与冷冻润滑油 ………… 21
 一、制冷剂 ………………………… 21
 二、冷冻润滑油 …………………… 24

第五节 汽车空调制冷系统原理与
  组成 ………………………………… 25
 一、制冷的基本思路 ……………… 25
 二、制冷循环 ……………………… 25
 三、汽车空调制冷系统的功能与
  组成 ……………………………… 26
 四、汽车空调制冷循环过程 ……… 28

复习思考题 …………………………… 30

**第二章 空调制冷系统部件结构与
  检修** …………………………………… 33

第一节 压缩机 …………………………… 33
 一、压缩机的分类及要求 ………… 33
 二、定排量压缩机 ………………… 34
 三、变排量压缩机 ………………… 40
 四、空调压缩机的检修 …………… 44

第二节 冷凝器 …………………………… 46
 一、冷凝器的结构 ………………… 46
 二、冷凝器的检修 ………………… 48

第三节 蒸发器 …………………………… 50
 一、蒸发器的结构 ………………… 50
 二、蒸发器的检修 ………………… 52

第四节 热力膨胀阀和节流管 ………… 54
 一、膨胀阀 ………………………… 54
 二、膨胀阀的拆装 ………………… 59
 三、膨胀阀的检修 ………………… 60
 四、膨胀节流管 …………………… 61
 五、膨胀节流管的拆装与检修 …… 62

第五节 储液干燥器、集液器及
  管路接头 ………………………… 64
 一、储液干燥器 …………………… 64
 二、储液干燥器的拆装与检修 …… 67
 三、集液器 ………………………… 68
 四、制冷系统的连接部件 ………… 69

复习思考题 …………………………… 71

第三章 汽车空调系统电气控制 ……… 75

第一节 空调常用保护与控制
  装置 ………………………………… 75

一、制冷剂压力开关 …………… 75
　　二、过热过压保护装置 ………… 81
　　三、空调开关 …………………… 83
　　四、控制继电器 ………………… 83
　　五、电磁离合器 ………………… 85
　　六、压缩机保护元件 …………… 88
第二节　汽车空调的真空控制
　　　　装置 ……………………… 90
　　一、真空源和真空驱动器 ……… 90
　　二、真空换能器 ………………… 91
　　三、加热器控制 ………………… 92
　　四、真空罐 ……………………… 93
　　五、模式门的控制 ……………… 93
　　六、单向阀和单向继动器 ……… 93
第三节　空调温度自动控制装置 …… 96
　　一、电-气动式温度控制装置 … 96
　　二、蒸发器温度控制器 ………… 96
第四节　汽车空调系统的发动机
　　　　控制 ……………………… 99
　　一、发动机的怠速提升控制 …… 99
　　二、发动机失速控制 …………… 100
　　三、传动带保护控制 …………… 100
　　四、加速控制装置 ……………… 101
　　五、压缩机双级控制 …………… 101
　　六、双蒸发器控制 ……………… 102
第五节　汽车空调电路分析 ………… 102
　　一、鼓风机控制电路 …………… 102
　　二、冷凝器风扇控制电路 ……… 104
　　三、压缩机电磁离合器控制 …… 108
第六节　典型空调控制电路的综合
　　　　读图分析 ………………… 110
　　一、桑塔纳3000轿车空调系统
　　　　电路分析 ………………… 110
　　二、广州本田雅阁轿车空调控制
　　　　电路 ……………………… 112
　　三、东风雪铁龙世嘉手动空调电路
　　　　分析 ……………………… 114
　　四、东风雪铁龙世嘉自动空调电路
　　　　分析 ……………………… 118
　　复习思考题 …………………… 121

第四章　汽车空调取暖、通风与配气
　　　　系统 ……………………… 123
第一节　汽车空调暖风系统 ………… 123
　　一、汽车空调暖风系统概述 …… 123
　　二、热水取暖系统 ……………… 125
　　三、气暖式暖风装置 …………… 128
　　四、独立燃烧式暖风装置 ……… 129
　　五、暖风系统的拆装 …………… 131
第二节　汽车通风和空气净化
　　　　系统 ……………………… 134
　　一、汽车通风系统 ……………… 134
　　二、空气净化装置 ……………… 135
　　三、通风系统的拆装与检测 …… 137
第三节　汽车空调控制面板的
　　　　操作 ……………………… 140
　　一、汽车空调的气流分配形式 … 140
　　二、汽车空调的气流组织过程 … 141
　　三、空调控制面板的功能 ……… 142
　　四、手动空调控制面板的操作 … 144
　　五、自动空调系统控制面板的
　　　　操作 ……………………… 146
　　复习思考题 …………………… 148

第五章　汽车自动空调控制系统 …… 150
第一节　自动空调控制系统的功能
　　　　及基本组成 ……………… 150
　　一、自动空调控制系统的功能 … 150
　　二、自动空调控制系统的基本
　　　　组成 ……………………… 150
第二节　自动空调控制系统的工作
　　　　原理 ……………………… 152
　　一、送风温度控制 ……………… 152
　　二、鼓风机转速控制 …………… 154
　　三、工作模式控制 ……………… 157
　　四、进气模式控制 ……………… 158
　　五、压缩机控制 ………………… 159
第三节　自动空调的传感器 ………… 160
　　一、车内温度传感器 …………… 160
　　二、车外温度传感器 …………… 162

三、蒸发器温度传感器 …………… 163
四、冷却液温度传感器 …………… 164
五、阳光传感器 …………………… 165
六、空气质量传感器 ……………… 166
七、烟雾传感器 …………………… 167
第四节 自动空调控制系统执行机构
及控制模式 ………………… 167
一、自动空调控制系统执行器 …… 167
二、自动空调控制模式 …………… 168
第五节 丰田汽车自动空调系统
解析 ………………………… 172
一、自动空调系统概述 …………… 173
二、自动空调系统故障诊断 ……… 181
三、维修实例 ……………………… 182
复习思考题 ……………………… 185

第六章 汽车空调系统的检测与维修基础 ………………………… 187

第一节 汽车空调的正确使用与
维护保养 …………………… 187
一、汽车空调的正确使用 ………… 187
二、汽车空调的维护保养 ………… 189
第二节 汽车空调故障诊断方法 …… 190
一、直观诊断法 …………………… 190
二、仪器诊断法 …………………… 191
第三节 汽车空调系统维修工具的
使用 ………………………… 195
一、通用工具及常用设备 ………… 195
二、专用工具及专用设备 ………… 195
第四节 汽车空调维修操作技能 …… 204
一、直观检查 ……………………… 204
二、制冷剂量的检查 ……………… 204
三、汽车空调系统的泄漏检查 …… 206
四、制冷剂的排放与回收 ………… 208
五、制冷系统的抽真空 …………… 210
六、制冷剂的加注 ………………… 211
七、制冷系统润滑油的加注 ……… 215

复习思考题 ……………………… 218

第七章 汽车自动空调系统结构与检修实例 ………………………… 221

第一节 奥迪车系自动空调控制
系统 ………………………… 221
一、奥迪车系自动空调控制系统
结构 ………………………… 221
二、主要的温度传感器 …………… 224
三、自动空调系统的执行器 ……… 227
四、奥迪轿车自动空调系统的空气
分配 ………………………… 231
五、循环空气模式 ………………… 232
六、自动控制式的循环空气
模式 ………………………… 233
第二节 别克林荫大道轿车自动
空调系统 …………………… 234
一、空调控制系统的组成及
原理 ………………………… 234
二、空调系统控制电路 …………… 238
三、空调压缩机接通和断开的
条件 ………………………… 242
四、空调系统性能测试 …………… 242
第三节 第三代丰田普锐斯空调
系统 ………………………… 242
一、系统特征 ……………………… 242
二、系统组成及主要零部件
功能 ………………………… 243
三、系统控制 ……………………… 244
复习思考题 ……………………… 254

学习效果综合检测试卷 I …………… 255

学习效果综合检测试卷 II ………… 260

参考文献 …………………………… 265

第一章

汽车空调基础知识

第一节 汽车空调热力学知识

一、空调系统中常用的基本物理量

1. 温度

温度是用来衡量物体冷热程度的物理量,用温标来表示。温度只反映物体冷热的程度,并不表示物体具有热量的多少。物体温度的高低可用温度计来测量,温度计是利用某些物质的体积随温度的变化而改变的特性制成的。常用的温度计有水银温度计、酒精温度计和电子温度计,如图1-1所示。

 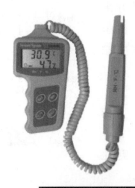 

图1-1 常用温度计

(1) 温标 温度计上的标尺称为温标,工程上常用的温标有:摄氏温标,用℃表示;热力学温标,用K表示;华氏温标,用℉表示。用这三种温标测得的温度分别为摄氏温度、热力学温度和华氏温度。图1-2所示为华氏温度计与摄氏温度计。

1) 摄氏温标。它将标准大气压下水的冰点(海平面)定为0℃,水的沸腾点定为100℃,间隔100份,每份为1℃。用摄氏温标标定的温度称为摄氏温度,用符号t表示,单位为℃。

2) 华氏温标。它将标准大气压下水的冰点定为32℉,沸点定为212℉,间隔180份,每单位分度为1华氏度,表示为1℉。用华氏温标标定的温度称为华氏温度。

3) 热力学温标。在热力学温标中,将分子完全不运动的温

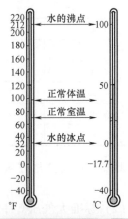

图1-2 华氏温度计与摄氏温度计

度定为 0K，是可能存在的最低温度，用摄氏温标表示为-273.15℃，华氏温标为-459.67℉，热力学温标与摄氏温标的间隔相同。

在我国，表示温度通常使用摄氏温标，在国外，特别是美国，华氏温标使用比较普遍，三种温标的比较换算见表 1-1。温标对照如图 1-3 所示。

表 1-1 温标的比较换算

温标名称	代号	单位	换算方法
摄氏温标	t	℃	$t=5/9(\theta-32)$
华氏温标	θ	℉	$\theta=9/5t+32$
热力学温标	T	K	$T=t+273.15$

（2）温度类型

1）冷凝温度。在空调系统中，在冷凝器中制冷剂在一定高压下由气态变为液态时的温度称为冷凝温度。

2）蒸发温度。在空调系统中，在蒸发器中制冷剂低压汽化时的温度称为蒸发温度。

2. 压力（压强）与真空

（1）压力单位　压力（压强）是指单位面积上所承受的均匀分布且垂直于该表面的力。在工程上俗称压力，压力的法定计量单位是"帕斯卡"，单位符号为"Pa"。物理意义是 1 平方米（m^2）的面积上作用有 1 牛顿（N）的力。由于此单位较小，常用的单位是千帕（kPa）和兆帕（MPa）。

$$1MPa=1000kPa=10^6Pa$$

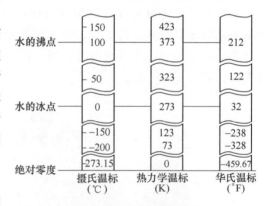

图 1-3 温标对照

在实际使用中还有几个常用的压力单位，如千克力每平方厘米（kgf/cm^2）、毫米汞柱（mmHg）、标准大气压（atm）及磅力每平方英寸（lbf/in^2）等。它们之间的换算关系见表 1-2。

表 1-2 几个常用压力单位之间的换算关系

kPa	kgf/cm^2	mmHg	lbf/in^2	atm
1	1.02	7.50	0.145	9.87×10^{-3}
9.81	1	7.36×10^2	14.2	0.98
0.133	1.36×10^{-3}	1	1.93×10^{-2}	1.32×10^{-3}
6.89	7.03×10^{-2}	51.72	1	6.80×10^{-2}
101.325	1.03	760	15.97	1

此外，还有些地方采用巴（bar）作为压力单位，它与工程大气压的换算为：

$$1bar\approx1kgf/cm^2$$

（2）标准大气压　纬度 45°的海平面上常年平均气压称为标准大气压（atm）。

$$1atm=1.033kgf/cm^2=760mmHg$$

（3）真空与真空度　真空是指低于标准大气压的气体状态与标准大气压下的气体状态相

比较，单位体积中气体的分子数目减少了的一种现象，因此是一个相对概念。绝对真空是不存在的。真空度用来表示实现真空的程度。因为真空程度越大，意味着单位体积中气体分子数减少得越多，也就是说压力随之减小得也越多，所以真空度是以气体压力大小来表示的。压力越低，表示真空度越高。反之，压力越高，表示真空度越低。若以汞柱高度来表示，当压力高到760mmHg时，则意味着真空"消失"了，若压力继续升高，即超过了标准大气压时，则用"正压"表示。相反，低于标准大气压，即真空状态的压强，则以"负压"来表示。

（4）绝对压力与表压力　实际运用中，压力的表示方法有三种，分别是"绝对压力""表压力"和"真空度"。绝对压力表示作用于单位面积上压力的绝对值，指完全真空状态下测出的压力；表压力是指用压力表测出的压力，表示比标准大气压高出的压力数值，即

绝对压力 = 表压力 + 1 个标准大气压

为了与绝对压力相区别，常在表压力的具体数字后面加一个（G）字，如 10kPa (G)。真空度表示比标准大气压低多少的具体数量。它们之间的基本关系如图 1-4 所示。

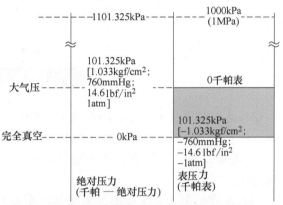

图 1-4　绝对压力、表压力和真空度的关系

3. 湿度

湿度用来表示空气中水蒸气的含量。湿度较高时，人就会感到不舒适。空气中常因含有一定数量的水蒸气而呈现为湿空气。

（1）饱和空气和未饱和空气　在一定温度下，空气所含的水蒸气量（即水蒸气分压力）有一个最大限度，这个最大限度就是空气湿度所对应的水蒸气饱和压力，超过这一限度，多余的水蒸气就会从湿空气中凝结出来。

凡水蒸气含量未达到该温度下的最大限度的空气均称为未饱和空气。未饱和空气具有吸收和容纳水蒸气的能力，如湿衣服挂在空气中能够被晾干，就是这个道理。

（2）露点　对未饱和空气，如在含湿量不变的条件下，将其温度下降，当降到相应于该含湿量的饱和空气温度时，它就变成饱和空气。如果温度再下降，空气中的一部分水蒸气就会凝结成露珠而被析离出来，这一临界温度称为露点。

露点是指空气中所含水蒸气由当时温度下降而达到饱和（开始结露）时的温度。显然，湿度越高，露点温度和当时温度之差就越小。例如，当气温为30℃时，湿度为60%，露点温度为20.9℃；而当湿度为90%时，露点温度则上升到28.1℃。

（3）相对湿度和绝对湿度　通常空气中水蒸气的最大含量，随温度不同而异；空气温度较高时，水蒸气的最大含量要比温度较低时大。湿度大小有两种表示方法，一种叫相对湿度，另一种叫绝对湿度。

1）相对湿度：在某一温度下，空气中实际含水蒸气量（以重量计）与空气在该温度下所能含水蒸气量（重量）之比。通常随着温度的升高，空气中所能含的水蒸气量会增加，如果空气的实际含水蒸气量不变，温度升高，则空气的相对湿度下降，如图1-5所示。它常用百分比表示，100%称为饱和空气，0%称为干空气。

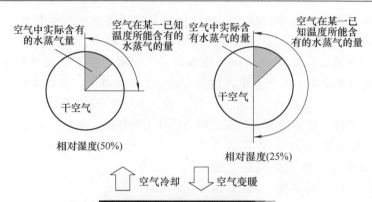

图 1-5 空气的相对湿度

空气的相对湿度是衡量制冷系统工作性能的一个重要因素,可用湿度计(图 1-6)进行测量。一般来说,当空气温度在 15~26℃,相对湿度在 40%~70% 时,人会感觉比较舒适。

2)绝对湿度:空气中所含水蒸气的量(重量)与干燥空气量之比。

(4)湿度的测量 湿度的测量通常用干湿球温度计,干球温度计就是普通的温度计,湿球温度计是将干球温度计的玻璃球处包上纱布,再将纱布浸在水中,如图 1-7 所示,水便在毛细管的作用下湿润温度计,由于在湿球处的水分蒸发带走一部分热量,使湿球处的温度降低,这样就形成了湿球温度,通过计算干球温度和湿球温度的差值,就可以算出空气的湿度。干湿球温差越大,表明空气越干燥,反之,空气越潮湿。标准湿球温度应在感温球周围有 3~5m/s 的风速。

图 1-6 湿度计

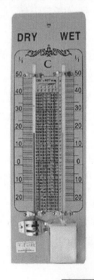

图 1-7 干湿球温度计(干湿计)

4. 饱和温度和饱和压力

如果对制冷剂加热,则其中的一部分液体就会变成蒸气;反之,如果制冷剂放出热量,则其中的一部分蒸气又会变成液体（温度不变）。在这种制冷剂液体和蒸气处于共存的状态时，液体和蒸气是可以彼此转换的。处于这种状态的制冷剂蒸气叫饱和蒸气，这种状态下的制冷剂液体叫做饱和液体。汽化过程中，由饱和液体和饱和蒸气组成的混合物称为湿饱和蒸气，简称湿蒸气。饱和蒸气的温度叫做饱和温度；饱和蒸气的压力叫做饱和压力。干饱和蒸气指在容器中的液体全部蒸发成蒸气的状态。

如图1-8所示，要想提高或降低液体的沸点，我们必须改变该液体所处的环境压力。增加压力就会提高液体的沸点，降低压力就会降低液体的沸点。

图1-8　环境压力不同液体沸点不同

通常所说的沸点都是指液体在一个大气压下的饱和温度。对于不同的液体，在同一压力下，它的饱和温度也是不同的，见表1-3。

表1-3　几种液体在一个标准大气压下的正常沸点

液体名称	沸点/℃	液体名称	沸点/℃
水	100	R22	-40.8
酒精	78	R134a	-26.15
R12	-29.8	R142b	-9.25
氨	-33.4	R405a	-27.3

5. 临界温度和临界压力

各种气体在一定的温度和压力下都可以液化。气体温度越高，可以使之液化的压力也就越高。但是，当温度升高超过某一数值后，压力再大也不能使气体液化。这一特定的温度，就称为临界温度。在这一温度下能使气体液化的最低压力，就叫做临界压力。不同的气体，其临界温度和临界压力也各不相同，表1-4列出了几种氟制冷剂的临界温度与临界压力。

表1-4　几种氟制冷剂的临界温度与临界压力

名　称	临界温度/℃	临界压力/MPa
氟制冷剂12	112.04	4.12
氟制冷剂13	28.78	3.86
氟制冷剂22	96.13	4.586
氟制冷剂134a	100.6	3.868

6. 制冷能力与制冷负荷

（1）制冷能力　制冷机就是把热量不断地从低温物体转移给高温物体的装置。制冷能力的大小是以单位时间内所能转移的热量来表示的，单位是J/h。

（2）制冷负荷　为了把车内的温度和湿度保持在一定的范围内，必须将来自车外太阳的辐射热和车内散发出的热量排到大气中。这两种热量的总和就叫制冷负荷。

7. 汽化和冷凝

（1）汽化　对液体加热，使其从液态转变为气态的过程称为汽化过程（图1-9a）。汽化有两种方式：蒸发与沸腾。

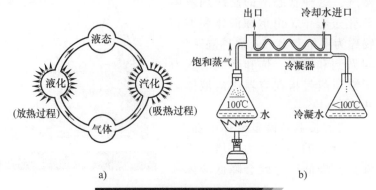

图1-9　汽化、冷凝示意图

1）蒸发：如图1-10所示，液面上发生的汽化现象称为蒸发。衣服晾干的过程就是一个典型的蒸发过程。蒸发的快慢与蒸发的条件有很大的关系。液体的温度越高，蒸发越快；液体的蒸发面积越大，或者液体表面气体速度越大，蒸发越快。蒸发过程是一个吸热冷却过程。

2）沸腾：将液体加热到某一温度时，例如将水在常压下加热到100℃，其内部会产生许多气泡，这些气泡不断自由到达液体表面破裂，而放出蒸气，这种在液体内部以气泡形式出现的汽化现象叫做沸腾。

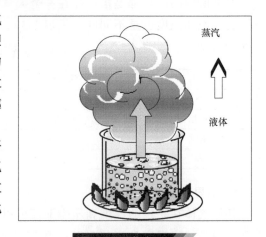

图1-10　蒸发

蒸发与沸腾虽然同属于汽化现象，但在一定压力下，蒸发可以在任何温度下进行，而沸腾只能在到达与液体表面压力相对应的一定温度（沸点）时才能进行。液体沸腾时的温度称为沸点，又称为该压力下的饱和温度，该压力称为饱和压力。液体的沸点与它的表面压力有直接的关系，压力越高，沸点越高，如图1-11所示。

对液体加热，可使液体沸腾。然而将液体的压力降到相应于该液体温度下的饱和压力时，液体也同样能沸腾，如图1-12所示。

汽化需要吸收热量，单位质量的液体完全变成同温度下的气体所需要的热量，称为汽化热。同一种液体，在不同饱和温度时，其汽化热也不同。一般来说，温度越高，汽化热越小。处于饱和温度时的蒸气称为饱和蒸气。将饱和蒸气在定压下加热，即可成为过热蒸气。过热蒸气的温度比同压力下饱和蒸气的温度高。二者之差称为过热度。

（2）冷凝　当蒸气受到冷却时，放出热量，由气体变成液体的过程称为冷凝（图1-9b）。冷凝时的温度称为饱和温度，如果将冷凝后的液体再度冷却，使其温度低于饱和温度，这种现象称为过冷，两者的温度差称为过冷度。气体冷凝时要放出热量。同样质量的饱和蒸气冷凝时放出的热量等于同温度下的汽化热，物态变化与热量的关系如图1-13所示。

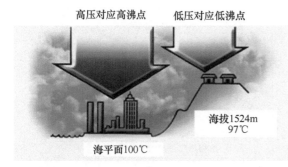

压力-温度的关系：
- 压力升高，液体的沸点升高
- 压力降低，液体的沸点降低

图 1-11　压力对沸点的影响

图 1-12　在密封和敞开系统中的沸点

图 1-13　物态变化与热量的关系

二、热传递的基本形式

热量是热传导过程中物体内能变化的量度。如图 1-14 所示，热是能量的一种基本形式，它不能消失，只能从一个物体传递到另一个物体或从同一物体的一部分传递到另外一部分。根据科学定律，热量只能从高温表面传递到低温表面，直至温度相同为止。热传递的速度取决于高温表面与低温表面之间的温差。热量的法定计量单位是"焦耳"，单位符号为"J"。

空调的工作过程实际就是热量的传递和转移的过程，热量都是通过以下 3 个途径传递的。

（1）传导　在受热不均匀的物体中，通过分子运动，将热能由较热的一端传到较冷的一端的过程称为传导。这种交换方式将一直进行到整个物体的温度相等时为止，如图 1-15 所示。

（2）对流　当液体或气体的温度发生变化后，其比重也随之发生变化。温度低的比重大，因重力作用而向下流动；温度高的比重小，向上升，从而形成对流。由于液体或气体本身的比重变化而形成的对流称为"自然对流"；若由于外力作用，使气体或液体的流速加快，则称为"强制对流"，如图 1-16 所示。

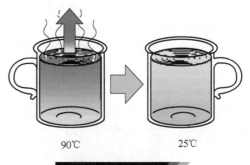

图 1-14　热传递

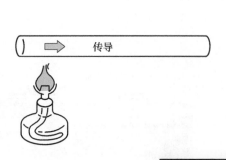
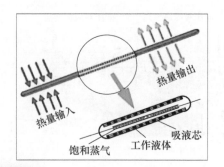

图 1-15 传导

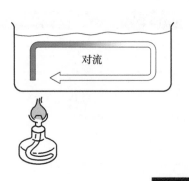
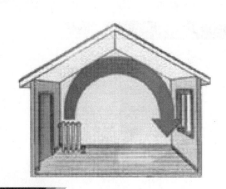

图 1-16 对流

（3）辐射　如图 1-17 所示，物体之间在不接触的情况下，高温物体将热量直接向外传给低温物体的传递方式，叫做热的辐射。如图 1-18 所示，当一辆汽车在太阳下行驶或停靠的时候，来自许多热源的热量都可能进入车内，这些热源包括：周围空气、阳光、发动机、路面和排气系统等，所有这些热源都增加了车内的空气温度。如果车辆周围的温度很高（如夏天气温达到 36℃ 以上），且车辆暴露在太阳底下，在车窗关闭的情况下，车内温度可能达到惊人的 65~70℃。这是由于日光穿过空气照射到汽车的外表和内部，此时光能变为热能使汽车升温。

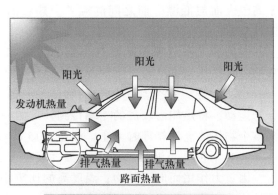

图 1-17 辐射　　　　图 1-18 车身周围的热辐射

三、物质的状态变化和热的形态

1. 物质的状态变化

增加或减少物质的热量,物质的温度可能发生变化,物质的状态也可能发生变化。

对冰加热,冰的温度会慢慢升高;当温度达到0℃时,冰就开始融化,在这一阶段,0℃的水与冰共存;继续加热直至冰全部转变为0℃的水,这一固态转变为液态的过程称为融化(其他物质的这个过程写作"熔化"),而反过来的过程叫做凝固。对水加热,水从0℃升高到100℃。在100℃时,水的温度不再继续升高,而开始蒸发,直至水全部蒸发为水蒸气,水的加热过程如图1-19所示。水从液态变为气态的过程叫做汽化(蒸发),相反的过程称为冷凝。物质从固态直接转化为气体叫做升华,相反的过程叫凝华。

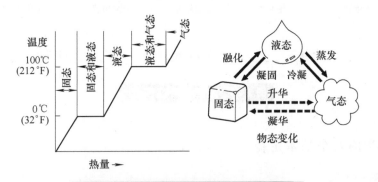

图1-19 水的加热过程和状态变化

2. 热的形态

从水的加热过程我们可以看出,加热水时,水的温度会随加热量的增加而升高。当加热到100℃时,水的温度不再升高,而是从液态向气态转变(图1-19)。这说明了加给水的热量有两种结果,一种是使水的温度升高,另一种是使水的状态发生变化。我们将使物质温度升高的热量称为显热,将使物质状态发生变化的热量称为潜热(图1-20)。

潜热按物体状态变化不同,可分为以下几种:

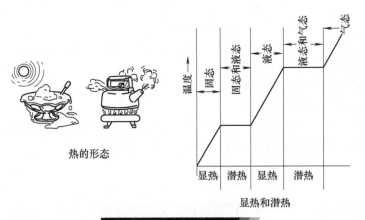

图1-20 显热和潜热

(1) 液化热　在某温度时，物质从气体变成相同温度液体时放出的热叫做液化热。
(2) 凝固热　在某温度时，物质从液体变成相同温度固体时放出的热叫做凝固热。
(3) 熔化热　在某温度时，物质从固体变成相同温度液体时吸收的热叫做熔化热。
(4) 汽化热　在某温度时，物质从液体变成相同温度气体时吸收的热叫做汽化热。
(5) 升华热　在某温度时，物质从固体变成相同温度气体时吸收的热叫做升华热。

例如 1kg 水沸腾开始汽化，到水完全汽化为止，所加入的热量为 2500kJ，这一热量就是水的汽化潜热。水的相变过程如图 1-21 所示。

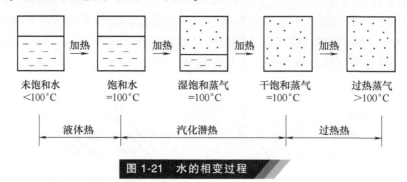

图 1-21　水的相变过程

四、热力学的两个基本定律

1. 热力学第一定律

汽车制冷系统在系统运行中，一直发生着不同形式的能量之间互相转换和传递，使制冷剂状态发生变化。在压缩机内，压缩机对制冷剂进行压缩，增加了制冷剂的热能，在冷凝器内，制冷剂又把热能传递给周围的空气而自身冷凝，在蒸发器内，制冷剂吸收车内空气的热量沸腾而变成气体，这一系列的热量传递和转换都是等量的。也就是说，热量传递，或者在机械功和热量的转换过程中，能量总和保持不变。这就是热力学第一定律。

2. 热力学第二定律

热量不能自动地由低温的物体传向高温的物体。但是，热量可以有条件地由低温物体传向高温物体，这个条件就是要消耗外功。其关系表达式为

$$Q_H = Q_C + W$$

式中　Q_H——从高温热源放出的热量；

Q_C——从低温热源吸收的热量；

W——制冷压缩机所消耗的功。

汽车空调制冷系统就是在消耗一定功的条件下，利用制冷剂的状态变化，而将热能由低温物体（车内空气）传向高温物体（车外空气）的一个实例。

五、节流

由于遇到突然缩小的狭窄通道，而使流体压力显著下降的现象，称为节流。气体或蒸气在管道中流动时，通道截面积突然缩小，如遇到阀门、孔板等，流体压力便下降。这种状态变化称为节流，如图 1-22 所示。

当流体流向孔口时，在孔口附近的流体因截面突然变小，流体的流动形态发生突变，流体的压力降低，速度增大；到孔口时，压力降低到最小，而速度增加到最大；流体流过孔口后，其截面积突然增大，流体的压力逐渐回升，速度逐渐减小，最后达到稳定。孔口前后发生强烈的扰动和涡流，造成压力的不可逆损失，因此流体恢复稳定后，压力比以前小很多，但速度（流速）基本保持不变。

图 1-22 节流示意

由于节流时间很短，系统与外界的能量传递可以忽略不计，节流是绝热过程。节流过程中，系统没有能量的输入，所以节流前后的焓值不变，即等焓过程。

在汽车空调制冷系统中，制冷剂在膨胀阀中的状态变化就是节流过程。制冷剂被膨胀阀节流后，如果压力下降得比饱和压力还低，部分液体将变成饱和蒸气，体积急剧增大。这时蒸气吸热量都是液体本身供给的，所以液体温度下降较大。

第二节　汽车空气调节

一、汽车空调的功能

如图 1-23 所示，所谓空气调节（简称为空调），是指根据人的舒适性方面的要求，对空气的温度、湿度、洁净度及流动速度等进行必要的调节，使之符合人的需要。汽车空调系统的作用如图 1-24 所示。空调系统使驾驶车辆时的感觉更加舒适。空调系统向车厢内吹入凉爽、干燥的空气，使车厢内部保持适宜的温度。汽车空气调节的内容（图 1-25）主要包括以下几个方面。

a)

b)

c)

d)

图 1-23　汽车空调系统的功能
a) 降温　b) 除湿　c) 清洁　d) 通风

1. 调节车厢内的空气温度

对空气温度的调节包括冬季加热和夏季降温两种情况。加热一般是利用冷却液或排气管的余热来进行的；降温则必须用专门的制冷设备，即汽车空调制冷系统来进行。在实际中，当气温在 25℃ 时，人感到最舒适。当使用汽车空调系统制冷时，设定的制冷温度比环境温度低 5～10℃ 即可，过大的车内、外温差，易使乘员易患感冒，而且压缩机工作时间过长，易导致压缩机故障增多、寿命缩短，耗费过多的功率。推荐使用的调节温度：冬季 18~20℃，夏季 25~27℃。

2. 调节车厢内的空气湿度

空气的湿度是指空气中水蒸气的含量百分数。对湿度的调节一般都是降低湿度，即除湿，特别是在夏季尤其如此。在同样的温度下，湿度越大人感到越热。因此，在降低温度的同时降低湿度能使人感到更凉爽、更舒适。湿度的降低是通过车内空气中的水蒸气在蒸发器表面凝结成水，然后流出车外完成的。

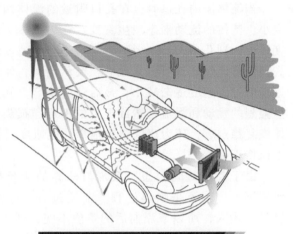

图 1-24 汽车空调系统的作用

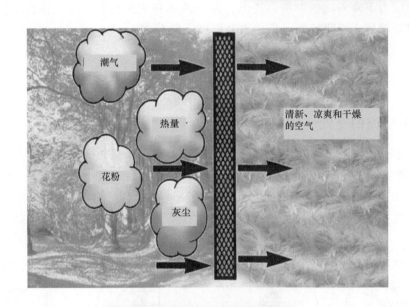

图 1-25 汽车空气调节的内容

我国南方比北方的空气湿度大；夏天比冬天的空气湿度大；雨天比晴天的空气湿度大（雨天时的空气湿度几乎达 100%）。我国南方夏季的空气湿度约 70%~80%，冬季约 60%~70%；北方夏季约 60%~70%，冬季约 40%~50%。人感到最舒适的空气湿度是 60%~70%。实践证明，如果空气湿度过小，人会感到口干舌燥；相反，若空气湿度过大，人又会感到闷热憋气。因此，当空气湿度过大或过小时，都应进行调节。

3. 调节车厢内的空气洁净度

汽车门窗长时间关闭，车内充满了人呼出的二氧化碳，还有排出的汗味等各种影响空气洁净的气味，因此必须将这些难闻气味除去。可采用引入外界新鲜空气（经过滤）、使用活性炭吸附剂、安装负离子发生器等方法来解决。

4. 调节空气流动速度

汽车空调系统的空气流动速度包含两个方面的含义：一为车内、外空气的交换速度，即引入外界新鲜空气的比例,外界新鲜空气进入量的多少由新鲜空气阀门开度的大小来控制。二为内部空气的流动速度,主要解决车厢内温度不均现象。这种情况主要由出风口的位置、出风方向、鼓风机档位等来决定。

5. 过滤、净化进入车厢内的空气

汽车在路面上行驶时,发动机排气管中的废气以及道路上的灰尘、空气中的花粉等杂质随时都有可能进入车内,造成车内空气脏污;汽车室内空间小,人员比较集中,很可能造成缺氧和二氧化碳浓度过高的情况,因此需要汽车空调具有将车外新鲜空气引入到车内进行通风的功能,同时还应具有过滤和净化空气的功能,以保证驾驶人的行车安全以及车内人员的身体健康。

二、汽车空调的特点

汽车空调不同于普通的家用空调,其特点如下。

1. 具有较强的制冷、制热能力

汽车空调系统的制冷、制热能力较强,这样才能满足汽车多变、复杂环境的使用。

2. 具有较强的抗冲击性能

车辆在路面上行驶时,将承受剧烈、频繁的振动和冲击,因此汽车空调的各个零部件应有足够的强度和抗振能力,连接牢固并防漏。

3. 可以采用不同的驱动方式

在中、小型汽车上,空调系统的压缩机由汽车发动机进行驱动,这种空调系统称为非独立空调系统。对于大型客车和豪华型客车,一般采用专用发动机驱动制冷压缩机并设置独立的采暖设备,其制冷和制暖的强度很大,称为独立式空调系统。新能源汽车上采用的电动压缩机空调也属于独立空调系统。

4. 结构紧凑、质量轻

汽车空调系统结构紧凑、质量轻,在安装空调后不会影响汽车的其他性能。

三、汽车冷风和空调的区别

如图1-26所示,空气冷却器用于冷却座舱。当空气冷却后,空气中的湿气冷凝成水滴。

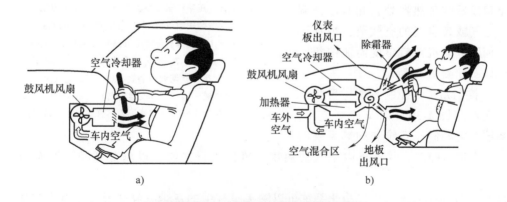

图1-26 空气冷风和空调的区别
a) 冷风 b) 空调

这是因为在高温时空气中含有大量湿气，但是在低温时相对比较少。它们通过一根排水管被排出车外，此外，空气中的污垢连同水一起被排出车外。因此，当空气冷却器工作时，凉爽、干燥和清洁的空气流出。

空调是将加热器、冷却器和通风系统组合为一个整体。它在冷天中用作加热器，在热天中用作冷却器。当空气湿度大并且温度低时，可用空调起动冷却器去除湿气，并加热干燥的空气。通过这种方式，空调可以具有多种性能，以应对任何气候条件。而且，空调可以从车外引入新鲜空气。

四、汽车空调的组成

汽车空调系统的功用是调节车内温度（即提供冷气与暖气）和通风净化空气。汽车空调系统是由制冷系统、采暖系统、配气系统、控制系统和空气净化系统等多个子系统组成的。各型汽车空调系统的组成大同小异，图1-27所示为桑塔纳3000轿车空调系统部件布置。

（1）制冷系统 制冷系统主要由压缩机、冷凝器、储液干燥器、膨胀阀、蒸发器、冷凝器散热风扇、鼓风机、制冷管道和制冷剂等组成，如图1-28所示。空调系统对车内空气和由外部进入车内的新鲜空气进行冷却和除湿，使车内空气变得凉爽舒适。

（2）采暖系统 对车内空气和由外部进入车内的新鲜空气进行加热，达到取暖和除湿目的。典型的取暖系统如图1-29所示。

（3）配气系统 配气系统由进气模式风门、鼓风机、混合气模式风门、气流模式风门和导风管等组成。汽车驾驶室内或室外未经调节的空气经鼓风机作用送至蒸发器或加热器处，此时已被调节成冷空气或暖空气的空气流，根据风门模式伺服电动机开启角度而流向相应的出风口，如图1-30所示。

（4）控制系统 控制系统主要指的是控制面板（图1-30）以及控制电路，控制系统对空调制冷系统和加热系统的

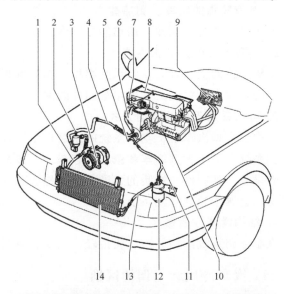

图1-27 桑塔纳3000轿车空调系统部件布置

1—D管（压缩机至冷凝器管路） 2—低压维修接口
3—空调压缩机（型号：SE7PV16A R134a）
4—S管（蒸发器至压缩机管路） 5—高压维修接口
6—蒸发器 7—环境温度传感器 8—进风罩
9—暖风和空调调节装置 10—新鲜空气风箱
11—L管（储液干燥器至蒸发器管路） 12—储液干燥器总成
13—C管（冷凝器至储液干燥器管路） 14—冷凝器

温度、压力进行控制，并对车内空气的温度、风速进行控制，以满足驾驶人对车内环境的需求。

（5）空气净化系统 空气净化系统可以除去空气中的灰尘、异味及其他有毒气体，使空气变得清洁干净，有助于乘员的身心健康，空气净化系统如图1-31所示。高档车辆的空气净化系统除上述功能外，在系统中还有杀菌灯和离子发生器，如图1-32所示。

第一章　汽车空调基础知识

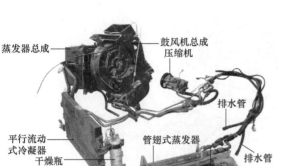

图1-28　制冷系统的结构

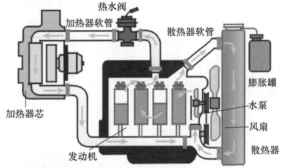

图1-29　汽车余热取暖装置

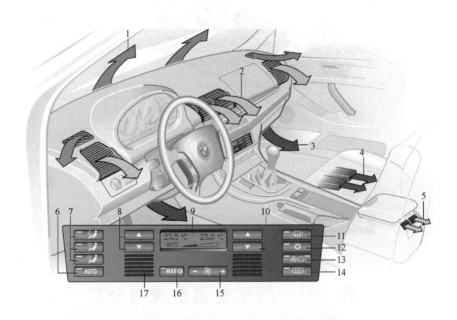

图1-30　宝马X5汽车配气系统出风口的布置

1—吹向风窗玻璃和侧窗玻璃的气流　2—吹向上身范围的气流　3—吹向脚部空间的气流
4—吹向脚部空间的气流（后座区）　5—吹向上身范围的气流（后座区）
6—自动气流分配　7—独立气流分配　8—温度（左侧车内空间）
9—温度、空气输送量显示　10—温度（右侧车内空间）
11—除去车窗玻璃上的冰雪和水雾　12—空调
13—自动空气循环控制（AUC）　14—后窗加热
15—空气输送　16—最大制冷或余热利用
17—带车内温度传感器的进气格栅

15

图 1-31 空气净化系统

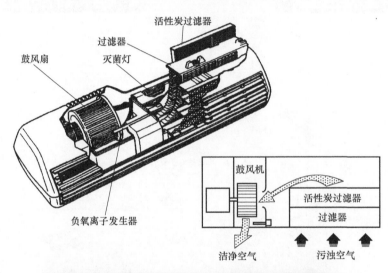

图 1-32 有灭菌灯和离子发生器的空气净化系统

第三节 汽车空调系统的分类

一、按节流装置和系统结构分类

汽车空调的制冷系统根据其节流装置和系统结构的不同可分为两大类：一类是膨胀阀制冷系统；另一类是节流管制冷系统。它们的差别是，所用的节流膨胀装置的结构不同及储液干燥器的安装位置不同。在膨胀阀制冷系统中，储液干燥器安装在高压一侧的冷凝器之后、膨胀阀之前，用以保证无气体的制冷液供给节流装置。

1. 膨胀阀式制冷循环系统

图 1-33 为膨胀阀式的制冷循环系统。该循环系统主要包括压缩机、冷凝器、储液干燥器、膨胀阀、蒸发器和管路等主要部件。

这种制冷循环的工作原理是压缩机将气体的制冷剂提高压力（同时温度也提高），目的是使制冷剂比较容易液化放热。高压的气体制冷剂进入冷凝器，冷凝器风扇使空气通过冷凝器的缝隙带走制冷剂放出的热量并使其液化。这种循环系统中的膨胀阀可以根据制冷负荷的大小调节制冷剂的流量。

2. 膨胀管式制冷循环系统

膨胀管式制冷循环（CCOT，Cycling Clutch Orifice Tube 循环离合器节流孔管）系统的制冷循环如图 1-34 所示。为了防止液态的制冷剂进入压缩机而造成压缩机的损坏，故这种循环系统将储液干燥器安装在蒸发器的出口，并按照它所起的作用更名为集液器，同时进行气液分离，液体留在罐内，气体进入压缩机，其他部分的工作过程与膨胀阀式的制冷循环相同。

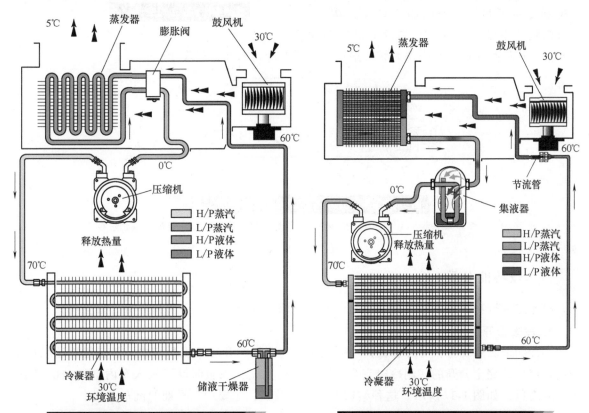

图 1-33 膨胀阀式制冷循环系统　　　图 1-34 膨胀管式制冷循环系统

汽车空调膨胀阀系统的特征是：只要驾驶人一起动空调，电磁离合器就总是处于啮合状态，从不断开，压缩机始终处于运行状态，靠吸气节流阀或靠绝对压力阀把蒸发器温度控制在 0℃ 左右。汽车空调膨胀管（孔管）系统的特征是：电磁离合器时而啮合，时而断开，压缩机根据车室内外温度时而运行，时而停止，因此也称为循环离合器系统。

二、按驱动方式分类

空调系统按驱动方式可分为独立式空调和非独立式空调两种。

1. 独立式空调

独立式空调最明显的特点是空调驱动动力源与汽车的主发动机分开，用另外一台发动机

（副发动机）带动，构成独立的空调系统。它多数是用在大型客车上，空调压缩机一般是采用较大功率的定排量压缩机，采用分体式配气方式，如图 1-35 所示。

2. 非独立式空调系统

非独立式空调系统的制冷压缩机由汽车本身的发动机驱动，如图 1-36 所示，汽车空调系统的制冷性能受汽车发动机工况的影响较大，工作稳定性较差，尤其是低速时制冷量不足，高速时制冷量又过剩，并且消耗功率较大，进而影响发动机的动力性能。这种类型的汽车空调系统一般用于制冷量相对较小的轿车上。

图 1-35 独立式空调

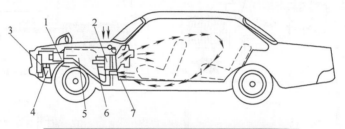

图 1-36 非独立式汽车空调系统示意图

1—压缩机　2—蒸发器　3—冷凝器　4—储液干燥器　5—发动机　6—风机　7—加热器

三、按功能分类

汽车空调按功能的不同可分为冷暖分开型空调、冷暖合一型空调和全功能型空调。

1. 冷暖分开型空调

制冷和采暖系统各自分开，由两个完全独立的冷风机和暖风机所组成，各有各的送风机，控制系统也是完全分开的。制冷时完全是吸入车内空气，采暖时既可吸入车内空气，也可吸入车外新风，如图 1-37 所示。这种结构占用空间较多，主要用在早期的汽车空调中。

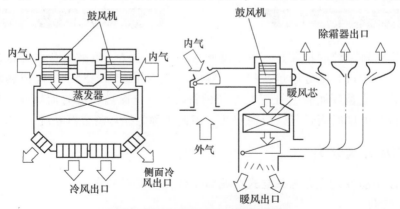

图 1-37 冷暖分开型汽车空调

2. 冷暖一体型空调

冷暖一体型空调是指在制冷系统的基础上增装加热器及暖风出口，但制冷与供暖不能同时工作。冷暖一体型空调（图1-38）汇集了单一功能型空调的优点。

其缺点是要驾驶人手动控制其出风量和冷暖模式转化（也就是日常所说的手动空调），增加了驾驶人行车时的操作。

3. 全功能型空调

全功能型空调是在冷暖一体型空调的基础上改良而来的，集制冷、供暖、除霜、去湿、通风及净化等功能于一体，如图1-39所示。其制冷和取暖完全用一套温度控制系统，可同时工作，实现除湿、取暖和新风制冷，从冷到热进行连续温度调节。它又可分为空气混合型和再加热型两种。

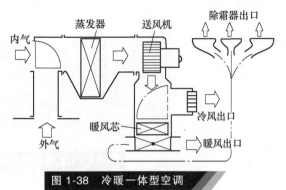

图1-38 冷暖一体型空调

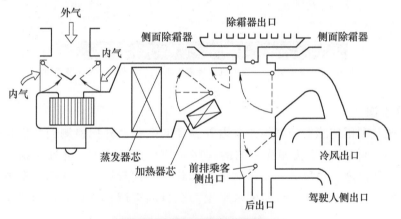

图1-39 全功能型空调

四、按控制方式分类

汽车空调按控制方式可分为手动空调、半自动空调、全自动空调三种。

1. 手动空调

手动空调的风机转速、出风口温度及送风方式等功能是由驾驶人操纵和调节的。车内通风的温度控制是通过仪表板上空气控制杆、温度控制杆、进气杆和风扇开关等来操纵通风管道上的各种活门来实现的。大多数经济型轿车都采用旋钮式的手动空调，如普通桑塔纳、富康、捷达等轿车一般都采用半机械半电子式的空调系统，图1-40所示为宝马3系轿车手动空调控制面板。

2. 半自动空调

半自动空调系统与手动空调系统的差别不大，其主要不同是半自动空调系统采用程序装置、伺服电动机或控制模块等操纵机构。半自动空调可以设定温度值，电脑自动保持恒温，但是风速是手动调节的。半自动空调一般装配在中档轿车上，如大众波罗、速腾等，如图1-41所示为2012款速腾轿车半自动空调控制面板。

图 1-40 宝马 3 系轿车手动空调控制面板

1—空气分配　2—车内空气循环模式　3—风量　4—冷却功能　5—温度　6—后窗加热装置

图 1-41 2012 款速腾轿车半自动空调控制面板

1—温度调节旋钮　2—鼓风机风量调节旋钮　3—气流分配调节旋钮

3. 全自动空调

全自动空调是利用传感器随时检测车内外温度的变化,并把检测到的信号送给空调的电子控制单元(ECU)。ECU 则按预先编制的程序对信号进行处理,并通过执行元件,不断地对风机转速、出风温度、送风方式及压缩机工作状况等进行调节,从而使车内温度、空气湿度及流动状况始终保持在驾驶人设定的水平上。全自动空调系统具有自诊断功能,可以及早发现故障隐患。

发现故障隐患。全自动空调一般装配在中高档车上面,如奥迪系列、宝马系列、奔驰系列等自动档豪华版轿车装配自动空调。图 1-42 所示为奔驰 GL 系列自动空调控制面板。

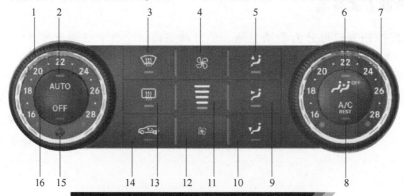

图 1-42 奔驰 GL 系列自动空调控制面板

1—左侧温度　2—自动调节气流分配及气流　3—车窗除雾　4—增大气流　5—气流分配至风窗玻璃和侧出风口　6—后座舱气候控制开/关　7—右侧温度　8—制冷接通/余热　9—气流分配至中央和侧出风口　10—从侧出风口吹向脚坑的气流分配　11—气流显示器　12—减少气流　13—后风窗玻璃加热　14—空气内循环模式　15—车内温度传感器　16—自动空调开启/关闭

五、按压缩机的排量是否可变分类

按压缩机的排量是否可变分类，空调系统可分为定排量空调和变排量空调。

1. 定排量空调系统

定排量空调系统也称循环离合器系统。该系统当蒸发器温度下降到一定水平时需截断离合器电路，使压缩机停转即停止制冷。当蒸发器温度上升到一定值时再接通离合器，让压缩机运转，开始制冷，如此往复循环。也就是说，定排量空调系统是通过离合器的循环工作来调节温度的。定排量空调系统中因为压缩机的排量是固定的，所以在制冷系统中加了许多保护装置，尤其是减压安全阀和易熔塞。

2. 变排量空调系统

变排量空调系统，也称非循环离合器系统。该系统采用的是可变排量压缩机，它依靠可变排量（VD）压缩机的自身调节来控制温度。当系统的环境温度（蒸发器温度）高时，压缩机增加活塞冲程来增加制冷剂量，以达到增加吸热和降温的作用。反之，当蒸发器温度低时，压缩机则减小活塞冲程从而减少通过蒸发器的制冷剂量，由于制冷剂量少，吸收的热量也少，使蒸发器的温度得到回升。离合器的唯一作用就是当不需要空调时脱离压缩机，当需要空调时连上压缩机。

第四节　制冷剂与冷冻润滑油

一、制冷剂

1. 制冷剂的定义

制冷剂又称为制冷工作介质，或制冷工质。制冷剂在制冷循环中担负在被冷却对象和环境介质之间热量传递的任务，最终把热量从被冷却对象传递给环境介质，即将车内热量通过制冷循环装置传给了车外空气。制冷剂是制冷循环中的工作流体。在制冷系统运转时，它在其中循环流动，通过自身热力状态的循环变化，不断与外界发生能量交换，以达到制冷的目的。

在空调制冷系统中，相对运动的部件需要润滑。因为制冷系统中的工作条件比较特殊，所以需要专门的润滑油——冷冻润滑油。

2. 制冷剂的性能特点

汽车空调装置使用的制冷剂必须具有以下性能特点：

1）制冷是通过液体的蒸发来实现的，因此，制冷剂必须是易于汽化或蒸发的物质。

2）制冷剂蒸发时的潜热越大，制冷剂的循环量就越少，制冷装置的体积就可缩小，因此，要求制冷剂具有较高的潜热。

3）为保证制冷剂的安全工作，制冷剂应该是不易燃烧、不易爆炸的物质。

4）制冷剂应对人体没有伤害，但又应有特殊的气味，这样就能通过嗅觉来发现制冷系统是否有泄漏现象。

5）制冷剂应具有较高的稳定性，应能反复使用，对金属、橡胶和冷冻润滑油应无明显的腐蚀现象。

6）制冷剂的蒸发压力应比大气压力高，以免空气进入制冷系统。

3. 制冷剂 R12

R12 是一种 CFC（氯氟化碳，氟利昂）。此制冷剂由氯、氟和碳组成，其化学式为 CCl_2F_2（二氟二氯甲烷）。原有的汽车空调系统基本上都采用 R12 作为制冷剂，一般包装如图 1-43 所示。

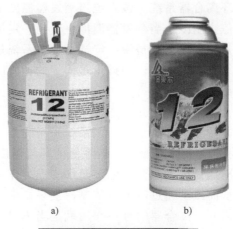

图 1-43 制冷剂 R12

a）大罐装 b）小罐装

学习提示：

R12 的特性如下：

① 能溶于矿物油，可与任何冷冻润滑油任意比例混合。

② 对密封件有特殊要求。它对天然橡胶和塑料有膨润作用，使之膨胀、变软、起泡而失去密封性能。故在制冷系统中采用耐腐蚀的丁腈橡胶和氯醇橡胶制作密封件。

③ 对一般金属无腐蚀作用，但对镁及含镁量超过 2% 的铝镁合金有腐蚀作用。

④ 一般与水不相溶。

⑤ 不会爆炸、无异味（浓度低于 20%）、无臭味。

4. 制冷剂 R134a

R134a（图 1-44）是一种著名的替代 R12 的制冷剂，它是一种 HFC（氢氟化碳）。该制

图 1-44 不同规格和品牌的 R134a 制冷剂

冷剂的组成有氢、氟和碳，其化学式为 CH_2FCF_3（四氟乙烷），其分子结构如图 1-45 所示。由于该制冷剂没有氯，因而不会破坏臭氧。R134a 无毒、无腐蚀，也会导致全球变暖。

切记：R12 系统和 R134a 系统的制冷剂一定不能混用，如图 1-46 所示。

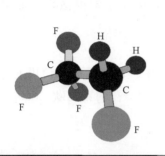

图 1-45 R134a 的分子结构

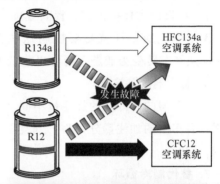

图 1-46 R12 系统和 R134a 系统的制冷剂不能混用

R134a 的特性如下：

（1）热物理性能　R134a 的热物理性能包括分子量、沸点、临界参数、饱和蒸气压和汽化潜热等，均与 R12 相近。

（2）传热性能　R134a 制冷剂的传热性能优于 R12。当冷凝温度为 40~60℃、质量流量为 45~200kg/s 时，R134a 蒸发和冷凝传热系数比 R12 系统要高出 25% 以上。

（3）相溶性

1）与润滑油的相溶性。R134a 中不含有氯原子，不能像 R12 一样在压缩机运动部件之间生成润滑性好的氯化物薄层。

2）与干燥剂的相溶性。R134a 与水的亲和力较大，吸水性强，脱水困难，故应采用新型的沸石干燥剂。

3）与塑料及橡胶的相溶性。R134a 制冷系统中的 O 形圈和连接软管采用与 R134a 相溶性较好的氢化丁腈橡胶（HNBR）来制作。

4）渗透性。由于 R134a 的分子较小，且对橡胶的溶胀性比 R12 大，故 R134a 分子的穿透性较强，在软管中的渗透量较大。

5. R134a 制冷剂的特性及压力与温度关系

R134a 在大气压力下的沸腾点为 -26.9℃，在 98kPa 的压力下沸腾点为 -10.6℃。在常温常压的情况下，如果将其释放，R134a 便会立即吸收热量开始沸腾并转化为气体，对 R134a 加压后，它也很容易转化为液体。R134a 的特性如图 1-47 所示。该曲线上方为气态（蒸气），下方为液态。曲线表示不同压力与温度条件下的制冷剂沸点。

1）如果温度保持恒定，提高压力，那么气态制冷

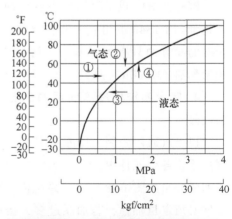

图 1-47 R134a 蒸气-压力曲线

剂就会冷凝成液体。

2）如果压力保持恒定，降低温度，那么气态制冷剂就会冷凝成液体。

3）如果温度保持恒定，降低压力，那么制冷剂就会蒸发成气体。

4）如果压力保持恒定，提高温度，那么制冷剂就会蒸发成气体。

A/C系统的设计就是要控制这些关系，使制冷剂将热量从驾驶室内散出。如果要使R134a从气态转变为液态，既可以降低温度，也可以提高压力，反之亦然。

6. 制冷剂的加注量

不同车型的制冷剂的加注量不同，在上汽通用的所有车型中，制冷系统均使用R134a制冷剂，各车型的加注量分别为：别克君威，850g；别克GL8，1340g；别克赛欧，680g；别克凯越，640g。

7. 替代制冷循环

欧盟对更加环保的A/C系统的要求使制造厂家努力寻求用于HVAC装置的替代制冷剂或替代技术。CO_2空调系统替代目前使用的R134a系统似乎是必然的事。

二、冷冻润滑油

冷冻润滑油除了起到润滑作用以外，还可以起到冷却、密封和降低机械噪声的作用。在制冷系统中的润滑油还有一个特殊的要求，就是要与制冷剂相溶，并且随着制冷剂一起循环。

1. 冷冻润滑油的作用

冷冻润滑油是制冷压缩机的专用润滑油，它是一种在高、低温情况下均能正常工作的特殊润滑油。冷冻润滑油在空调制冷系统中的作用包括润滑、密封、冷却、降低压缩机噪声。

2. 对冷冻润滑油的性能要求

冷冻润滑油在空调制冷系统中完全溶于制冷剂中，并随制冷剂一起在制冷系统中循环。因此，冷冻润滑油的温度有时会超过120℃，而制冷剂的蒸发温度范围为-30~10℃，使冷冻润滑油工作在高温与低温交替的条件下。

3. 与R134a匹配的冷冻润滑油

制冷剂R12以矿物油作为润滑剂，但矿物油与R134a不相溶，目前能与R134a相溶的润滑油只有聚烯基乙二醇（PAG）和聚酯油（ESTER）两类。

4. 制冷系统中冷冻润滑油的分布及加注量

以上汽通用为例，冷冻润滑油分布在制冷系统各个元件中，在各元件中冷冻润滑油的分布如图1-48所示。系统内冷冻润滑油必须定量加注，若加注过多，会积聚在冷凝器或蒸发器内，阻碍制冷剂流动，影响散热和吸热效果，使制冷系统工作不良。如别克君威，250mL；赛欧，220mL；凯越，220mL。

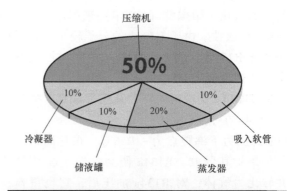

图1-48 制冷剂回路中冷冻润滑油量的分布

第五节　汽车空调制冷系统原理与组成

一、制冷的基本思路

制冷是指空调系统获得冷气而制造和维持必要的冷源的过程，冷源是指温度低于环境温度的物体或场所。

人们在游完泳时，会有冷的感觉，在手臂上涂抹酒精也有凉爽的感觉，这都是因为液体的蒸发带走了热量，如图 1-49 所示。

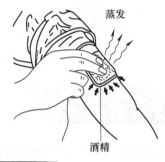

图 1-49　蒸发带走热量

这也就给我们一个启发，利用液体的蒸发可以吸收周围环境的热量。为此，我们制作一个图 1-50 所示的装置，将一个带有开关的容器装在一个绝热良好的盒子内，容器中装有常温下容易挥发的液体，将开关打开时，容器内的易挥发液体便开始蒸发，同时吸收绝热盒子内的热量，吸收了热量的液体转化为气体，从开关排出。盒内的温度便会低于盒外的温度。如果容器内的易挥发液体能得到不断的补充，冷却的效果便会持续下去。

从制冷装置的运作情况看，制冷过程中热量的转移是靠液体的状态变化实现的，我们将这种液体称为制冷剂。

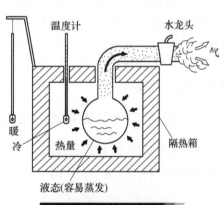

图 1-50　制冷装置

二、制冷循环

为了使前述制冷装置的制冷过程持续下去，就必须不断地向容器中补充制冷剂，从开关放出的制冷剂也应回收加以反复利用。为此，有必要制作一套装置使制冷剂能够在装置中循环，不断地将热量带走。

根据前述物质的沸点与压力的关系，降低压力可以使物质的沸点降低，使其更加容易蒸发而吸收热量；提高压力可以使物质的沸点升高，使其更加容易转化为液体而放出热量。为此，将前述装置从开关放出的气体制冷剂回收回来，使其进入一台压缩机，提高压强，再通过一个称为冷凝器的装置，经强制冷却放出热量变为液体，并将这种液体制冷剂暂时存放在一个储液罐中以备再次使用，如图 1-51 所示。

高压的液体通过一个小孔，可以使其迅速膨胀而压强降低，在这种情况下，液体由于压力的降低而非常容易汽化而吸热。因此，将储液罐中的制冷剂通过一个小孔（膨胀阀）放出，让其进入一个称为蒸发器的容器。由于制冷剂的压强下降，所以很快便会蒸发，吸收蒸发器周围的热量，使蒸发器周围得到冷却，如图1-52所示。

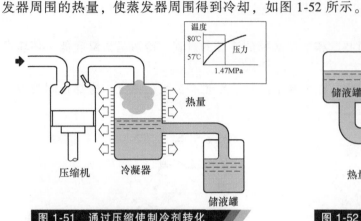

图1-51 通过压缩使制冷剂转化为液体并放出热量

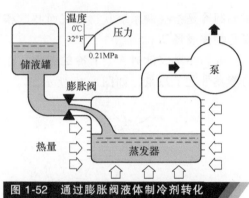

图1-52 通过膨胀阀液体制冷剂转化为气体吸收热量

将上述两个过程组合起来，就可以形成一个制冷循环，储液罐中高压的液态制冷剂从膨胀阀喷出，压力下降，体积迅速膨胀，转化为气体，吸收周围的热量，使周围的温度下降，气态的制冷剂再经压缩机加压形成高压气态的制冷剂，高压气态制冷剂进入冷凝器冷却，从气态转变为液态，同时放出热量，液态制冷剂再进入储液罐，以备再次使用，这就是一个完整的制冷循环。从制冷循环可以看出，所谓制冷就是通过制冷剂的状态变化将一个地方（蒸发器周围）的热量带到另一个地方（冷凝器周围）。制冷循环中的各种装置都是围绕这种热量的转移而设置的。

三、汽车空调制冷系统的功能与组成

制冷系统的主要部件有压缩机、冷凝器、储液干燥器（集液器）、膨胀阀（膨胀管）、蒸发器、导管与软管、压力开关等，如图1-53所示。各主要部件的名称、功用及实物图片对照见表1-5。

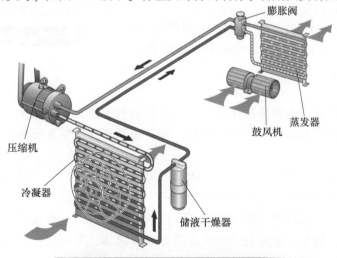

图1-53 汽车空调制冷系统的组成

表1-5 汽车空调制冷系统主要部件的名称、功用及实物图片对照表

元件	功用	图示
压缩机	压缩制冷剂,使制冷剂在系统中循环	
冷凝器	对从压缩机排出的气态制冷剂散热降温,使其变成液态制冷剂	
储液干燥器（集液器）	储存制冷剂、干燥水分、过滤杂质	
膨胀阀（膨胀管）	节流降压	

(续)

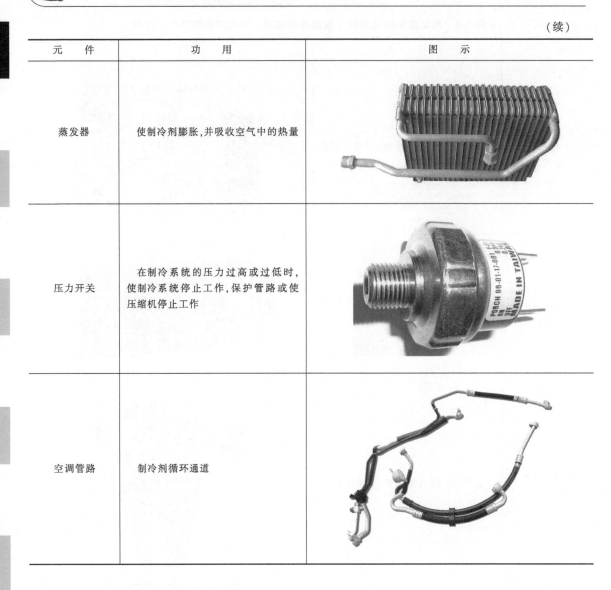

元件	功用	图示
蒸发器	使制冷剂膨胀,并吸收空气中的热量	
压力开关	在制冷系统的压力过高或过低时,使制冷系统停止工作,保护管路或使压缩机停止工作	
空调管路	制冷剂循环通道	

四、汽车空调制冷循环过程

汽车空调制冷系统各部件之间采用铜管(或铝管)和高压橡胶管连接成一个密闭系统。制冷系统工作时,制冷剂以不同的状态在这个密闭系统内循环流动,每一循环有四个基本过程。其工作原理如图1-54所示。

汽车空调制冷系统反复地将制冷剂压缩、冷凝、膨胀、蒸发,不断在蒸发器中吸热汽化,使蒸发器始终保持很低的温度而用于车内空气的降温除湿。在制冷循环系统中,压缩机是动力源。汽车空调系统制冷剂循环流程如图1-55所示。

在汽车空调系统中,压缩机由发动机曲轴上的驱动带驱动旋转,并将蒸发器中因吸收车内热量而汽化的低温低压气态制冷剂R134a,经低压软管和低压阀吸入压缩机。低温低压气态制冷剂经压缩机压缩后,变成高温(约65℃)、高压(约1300kPa)的气态制冷剂,经高压阀和高压软管送入发动机散热器前面的冷凝器。制冷剂在冷凝器中由车外空气冷却成为高温(约55℃)、高压(约1300kPa)的液态制冷剂,并从冷凝器底部流向储液干燥器。经储

第一章　汽车空调基础知识

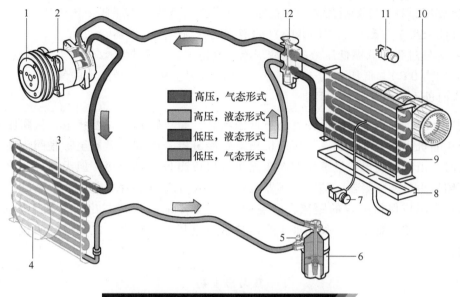

图1-54　汽车空调制冷系统的工作原理

1—电磁离合器　2—压缩机　3—冷凝器　4—辅助风扇　5—压力传感器　6—储液干燥器
7—蒸发器温度传感器　8—冷凝水排水槽　9—蒸发器　10—蒸发器风扇　11—风扇开关　12—膨胀阀

液干燥器过滤、脱水后，由高压软管送入热力膨胀阀。经热力膨胀阀节流降压后，变成低温（约-5℃）、低压（约150kPa）的液态制冷剂进入蒸发器，并在蒸发器内大量吸收蒸发器管壁及周围空气的热量而蒸发汽化，使蒸发器表面及其周围的车内热空气温度降低（由此产生冷源）。当鼓风机将车内热空气或车外热空气强制吹过蒸发器表面时，热空气便被蒸发器冷却而变成冷气送回车内空间，从而达到降低车内温度的目的。液态制冷剂在蒸发器内吸热汽化为低温（约为0℃）、低压（约150kPa）的气态制冷剂，并经低压软管由压缩机再次吸入，从而完成制冷循环。

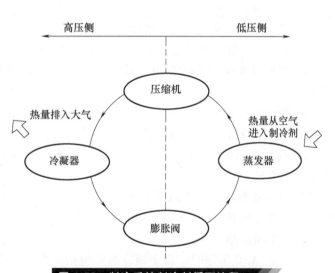

图1-55　制冷系统制冷剂循环流程

学习提示

制冷循环由压缩、冷凝、膨胀和蒸发四个过程组成。

（1）**压缩过程**　压缩机从蒸发器吸入低温低压气态制冷剂，并将其压缩成高温（约65℃）、高压（约1300kPa）气态制冷剂送往冷凝器冷却降温。

（2）**冷凝过程**　高温高压气态制冷剂由发动机散热器前面的冷凝器散热，将其冷凝成高温（约55℃）、高压（约1300kPa）液态制冷剂。

29

（3）膨胀过程　冷凝后的高温、高压液态制冷剂经热力膨胀阀节流降压后，将其转变成低温（约-5℃）、低压（约150kPa）的液态制冷剂送入蒸发器。

（4）蒸发过程　低温低压液态制冷剂流经蒸发器时，不断吸收车内空气的热量而汽化成低温（约为0℃）、低压（约150kPa）气态制冷剂。从蒸发器流出的气态制冷剂又被压缩机吸入而进入下一次制冷循环。

当制冷系统工作正常时，低压管路呈低温状态，高压管路呈高温状态。从膨胀阀出口经蒸发箱至压缩机入口为低压区；从压缩机出口经冷凝器、储液干燥器至膨胀阀为高压区。检查低压区时，由膨胀阀出口经蒸发箱至压缩机入口应当是由凉变冷，但无霜冻。检查高压区时，由压缩机出口经冷凝器、储液干燥器至膨胀阀入口应当是由暖变热（检查时，注意手与被检查部位之间应保持一定的距离，避免烫伤）。如压缩机入口与出口之间无明显的温差，说明制冷剂泄漏或无制冷剂。如储液干燥器特别凉或其入口与出口之间温差明显，说明储液干燥器堵塞。

复习思考题

一、填空题

1. 温度是用来_____，用____来表示。
2. 真空是指_____与_____相比较，单位体积中气体的分子数目减少了的一种现象。
3. _____是热传导过程中物体内能变化的量度。
4. 增加或减少物质的热量，物质的_____可能发生变化，物质的_____也可能发生变化。
5. 所谓空气调节（简称为空调），是指根据人的舒适性方面的要求，对空气的__、____、洁净度及____等进行必要的调节。
6. 汽车空调系统是由____系统、____系统、_____系统、____系统和空气净化系统等多个子系统组成。
7. 制冷系统的主要组成部件有_____、_____、储液干燥器（集液器）、_____、蒸发器、导管与软管、_____等。

二、单项选择题

1. 汽车 A/C 工作时，每个制冷循环包括压缩、冷凝、膨胀、（　　）四个工作过程。
   A. 蒸发　　　B. 做功　　　C. 进气　　　D. 排气
2. 在制冷循环蒸发过程的后期，制冷剂应呈（　　）态，被吸入压缩机。
   A. 液　　　B. 气　　　C. 半液半气　　　D. 固
3. 一般来说人体适宜的温度为（　　），湿度为50%～70%。
   A. 20～28℃　　　　　　　　B. 15～20℃
   C. 12～18℃　　　　　　　　D. 5～12℃
4. 制冷系统正常工作时，低压侧管道里流动的是（　　）。
   A. 低压低温的气体　　　　　B. 低压低温的液体
   C. 高压高温的气体　　　　　D. 以上都不是
5. 在汽车空调的压缩、冷凝、膨胀、蒸发制冷循环中，冷凝过程是制冷剂（　　）。

A. 从气态变为液态 B. 从液态变为气态
C. 从气态变为固态 D. 从固态变为液态

6. 膨胀阀的功能是将（　　）节流减压。
A. 高压制冷剂气体 B. 高压制冷剂液体
C. 低压制冷剂气体 D. 低压制冷剂液体

7. 汽车空调制冷循环四个工作过程的顺序是（　　）。
A. 压缩、冷凝、膨胀、蒸发 B. 压缩、膨胀、蒸发、冷凝
C. 蒸发、冷凝、压缩、膨胀 D. 蒸发、压缩、膨胀、冷凝

8. 空调制冷系统工作时，膨胀阀前后管道应（　　）。
A. 前冷后热 B. 前热后冷
C. 前后一致 D. 以上都不是

9. 制冷系统中，由压缩机排气口到冷凝器入口这一段管路，温度可达（　　）。
A. 40~50℃　　B. 70~80℃　　C. 5~10℃　　D. 0~3℃

10. 在制冷循环蒸发过程的后期，制冷剂应呈（　　）态，被吸入压缩机。
A. 液　　B. 气　　C. 半液半气　　D. 固

11. 汽车空调系统的主要作用是（　　）。
A. 通过制冷来降低驾驶室内的温度
B. 根据需求调节驾驶室的温度
C. 通过暖风水箱进行换热来提高驾驶室温度
D. 通过内外循环风板调节驾驶室空气的清新

12. 以下关于热传递的说法正确的是（　　）。
A. 热量总是从低温区向高温区传递
B. 热量总是从高温区向低温区传递
C. 热量可以在高温和低温区之间自由传递
D. 以上都不正确

13. 制冷剂在空调系统中的两种状态变化是（　　）。
A. 熔化和凝固 B. 升华和凝华
C. 汽化和液化 D. 以上都不正确

14. 下列说法不正确的是（　　）。
A. R12 和 R134a 两种制冷剂不能混用
B. R134a 在液态吸收水分少，气态能吸收大量水分
C. 高温下 R134a 的压力和负荷比 R12 大
D. R12 和 R134a 的冷冻润滑油能混用

三、判断题

（　　）1. 在汽车空调正常工作时，压缩机排出的 R134a 气体在压力不变的情况下，经冷凝器散热后能变成液体。

（　　）2. 汽车空调冷冻润滑油容易吸收水气，故在保存中和使用后无须再将瓶盖密封。

（　　）3. 在汽车空调制冷循环的压缩过程中，制冷剂由气态变为液态。

（　　）4. 制冷剂 R12 和 R134a 可以混用。

（　　）5. 制冷剂 R12 和 R134a 的冷冻润滑油可以混用。

（   ）6. 压缩机是空调系统高、低压侧的分界点。
（   ）7. 压缩机输出端高压管路、冷凝器、储液干燥器、液体管路构成高压侧。
（   ）8. 冷冻润滑油是不制冷的，还会妨碍热交换器的换热效果。
（   ）9. 冷冻油用于对压缩机的运动零件进行润滑而且机油的特性与制冷剂是不相混合的。
（   ）10. 使用 R12 制冷剂的汽车空调制冷系统，可直接换用 R134a 制冷剂。
（   ）11. 用于 R12 和 R134a 制冷剂的干燥剂是不相同的。

四、问答题

1. 汽车空气调节的内容有哪些？
2. 汽车空调的特点有哪些？
3. 膨胀阀式和膨胀管式制冷系统有哪些异同？
4. 对冷冻润滑油的性能要求有哪些？

第二章

空调制冷系统部件结构与检修

在汽车空调制冷系统中,压缩机起着压缩和输送制冷剂气体的作用,是整个系统的心脏。膨胀阀起节流降压作用,同时调节进入蒸发器制冷剂液体的流量,是系统高低压的分界线。蒸发器是输出冷气的设备,制冷剂在其中吸收被冷却空气的热量,使空气降温。冷凝器是放出热量的设备,蒸发器中吸收的热量、压缩机消耗功所转化的热量,一起从冷凝器上散发出去,被冷却空气带走。制冷循环系统中各部件在车上的安装位置如图2-1所示。

图2-1 制冷循环系统部件的安装位置

第一节 压 缩 机

一、压缩机的分类及要求

制冷压缩机是汽车空调制冷系统的心脏,是推动制冷剂在制冷系统中不断循环的动力源。压缩机是制冷系统中低压和高压、低温和高温的转换装置,它在制冷系统中的安装位置如图2-2所示。

1. 汽车空调压缩机的特殊要求

汽车空调压缩机制冷能力要强,要节省动力。压缩机必须在发动机舱有限的空间内安装和固定,因此要求压缩机的体积和质量都要小,同时要能经受恶劣的运行条件,可靠性高。

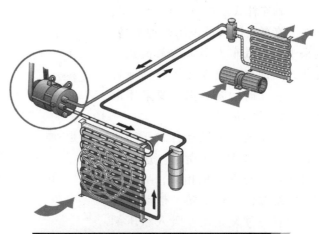

图2-2 压缩机在制冷系统中的安装位置

2. 压缩机的分类

用于汽车制冷系统的压缩机按其运动形式可分为往复活塞式和旋转式两大类，具体分类如图 2-3 所示。汽车制冷系统的压缩机按其工作时工作容量是否变化可分为定排量式和变排量式。

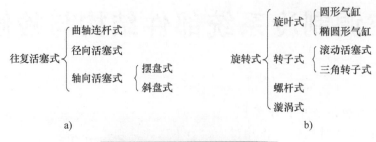

图 2-3 空调压缩机分类

a) 往复活塞式　b) 旋转式

3. 压缩机的发展趋势

（1）轻量化　为配合汽车质量减小的要求，随着铝合金和镁合金压铸技术的进步和制造成本的下降，目前压缩机的很多零件采用铝合金或镁合金来替代铸铁件，使质量大幅度减小，中、小型排量压缩机已基本实现全铝化外壳。

（2）高速化　随着汽车行驶速度的提高，对压缩机的连续运行最高转速也提出了更高的要求。

（3）高效化　随着节约能源意识的提高，汽车厂家对所有耗能零件都提出了提高效率、降低能耗的要求，压缩机作为高耗能零件也不例外。

（4）电子化　随着电子元器件成本的下降和普及，汽车中电子元器件数量也越来越多，高档轿车上电子元器件的比例约占 30%。

二、定排量压缩机

1. 曲轴连杆式压缩机

曲轴连杆式压缩机属传统结构，早期的汽车空调大都采用此种类型，近来中小型汽车大多采用斜盘式和旋转式压缩机，很少使用曲轴连杆式压缩机，而大客车仍主要采用曲轴连杆式压缩机。

（1）结构　曲轴连杆式压缩机的具体结构如图 2-4 所示。这种压缩机的结构与发动机相似，一般采用双缸结构，曲轴回转，带动连杆使活塞进行往复运动，吸入和压缩气体。活塞上部的缸体上装有进、排气阀总成，在曲轴和壳体之间装

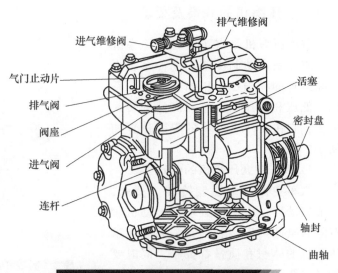

图 2-4 曲轴连杆式压缩机的结构

有防止制冷剂泄漏的轴封。具体组成如下：

1）曲轴连杆机构：由活塞、活塞销、连杆、曲轴、轴承组成。曲轴连杆机构通过活塞销和连杆，将曲轴的旋转运动转换成活塞的往复直线运动，使制冷剂吸入和压缩，实现制冷剂的循环。

2）进、排气阀机构：由进气阀片、排气阀片、阀门片和挡片等组成。当活塞下行时，气缸内压力降低，从蒸发器来的低温、低压气体在压力差的作用下，推开进气阀片进入气缸，如图2-5a所示。当活塞上行时，制冷剂被压缩，压力上升，进气阀片被制冷剂压向关闭位置，如图2-5b所示。

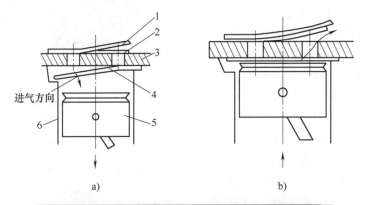

图2-5 曲轴连杆式压缩机进、排气阀工作原理

a）下降行程 b）上升行程
1—限位板 2—排气阀片 3—阀板 4—进气阀片 5—活塞 6—气缸

3）润滑机构：曲轴连杆机构由于高速运转，摩擦副部位必须要有良好的润滑。常见的润滑方式有飞溅润滑和油泵润滑两种。油泵润滑又称强制性润滑，是利用连接于主轴尾端的油泵，将积存于曲轴箱底部的润滑油吸入，通过主轴中的油孔向各轴承及轴封供油。

4）轴密封机构：由弹性挡圈、密封座、O形圈、轴封等组成。

（2）工作过程 曲轴连杆式压缩机的工作过程如图2-6所示。压缩机的活塞在气缸内不断地运动，改变了气缸的容积，从而在制冷系统中起到了压缩和输送制冷剂的作用。压缩机的工作可分为压缩、排气、膨胀、吸气四个过程，活塞下行时进气阀打开，制冷剂进入气缸，活塞上行时，制冷剂被压缩，当达到一定压力时，排气阀打开，制冷剂排出。

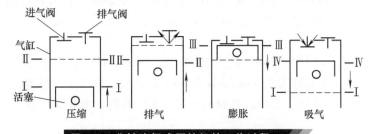

图2-6 曲轴连杆式压缩机的工作过程

2. 斜盘式压缩机

斜盘式压缩机也称斜板式压缩机，是一种轴向往复活塞式压缩机。目前，它是汽车空调

压缩机中使用最为广泛的一种。常见的奥迪、捷达和富康等轿车的空调系统均采用斜盘式压缩机。

（1）结构与原理　旋转斜盘式压缩机结构如图2-7所示，主要零件是主轴和斜盘（图2-8），这种压缩机通常在机体圆周方向上布置有6个或者10个气缸，各气缸主轴为中心布置，每个气缸中安装一个双向活塞，形成6缸机或10缸机。如果是6缸，则3缸在前部、3缸在后部；如果是10缸，则5缸在前部、5缸在后部。双向活塞的两活塞各自在相对的气缸（一前一后）中，活塞一端在前缸中压缩制冷剂蒸气时，另一端就在后缸中吸入制冷剂蒸气，反向时作用相反。各缸均具有进气阀和排气阀，另有一根高压管，用于连接前后高压腔。斜盘与压缩机主轴固定在一起，斜盘的边缘装合在活塞中部的槽中，活塞槽与斜盘边缘通过钢球轴承支承在一起。当主轴旋转时，斜盘也随着旋转，斜盘边缘推动活塞作轴向往复运动。如果斜盘转动一周，前后两个活塞各完成压缩、排气、膨胀、吸气一个循环，相当于两个气缸作用。如果是轴向6缸压缩机，则缸体截面上均匀分布3个气缸和3个双向活塞，主轴旋转一周，相当于6个气缸的作用。

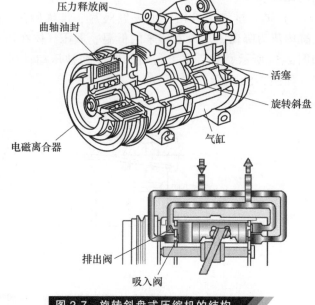

图2-7　旋转斜盘式压缩机的结构

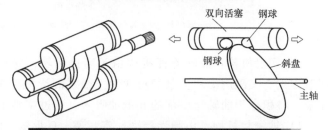

图2-8　旋转斜盘式压缩机的主轴和斜盘

（2）工作过程　旋转斜盘式压缩机的工作过程如图2-9所示，压缩机轴旋转时，轴上的斜盘同时驱动所有的活塞运动，部分活塞向左运动，部分活塞向右运动，图中的活塞在向左运动中，活塞左侧的空间缩小，制冷剂被压缩，压力升高，打开排气阀，制冷剂向外排出，与此同时，活塞右侧空间增大，压力减小，进气阀开启，制冷剂进入气缸。由于进、排气阀均为单向阀结构，所以保证制冷剂不会倒流。

斜盘每转动一周，前后两个活塞各自完成吸气、压缩、排气、膨胀过程，完成一个循环，相当于两个工作循环。这意味着如果缸体截面均布5个气缸和5个双向活塞时，当主轴旋转一周，相当于10个工作气缸。所以称这种有5缸、5个双向活塞布置的压缩机为斜盘式10缸压缩机。

3. 摆盘式压缩机

摆盘式压缩机也称摇板式压缩机，是一种轴向活塞式压缩机，往复式单向活塞结构，又称单向斜盘式。

（1）结构与原理　图2-10所示为摆盘式压缩机剖视图，图2-11所示为摆盘式压缩机工

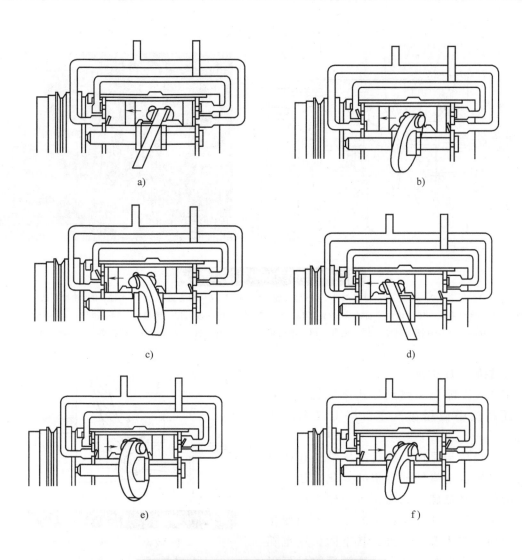

图 2-9 旋转斜盘式压缩机的工作过程

a）压缩开始 b）压缩过程1 c）压缩过程2 d）压缩终了 e）进气开始 f）进气终了

作原理。气缸以压缩机的轴线为中心，均匀分布，连杆连接活塞和摇板，两端采用球形万向联轴器，使摇板的摆动和活塞的移动相协调而不发生干涉。摇板中心用钢球作支承中心，并用一对固定的锥齿轮限制摇板只能摇动而不能转动。主轴和楔形传动板连接在一起。压缩机工作时，主轴带动楔形传动板一起旋转。由于楔形传动板的转动，迫使摇板以钢球为中心，进行左右摇摆移动。摇板和楔形传动板之间的摩擦力，使摇板具有转动的趋势，但是这种趋势被一对锥齿轮所限制，使得摇板只能左右移动，并带动活塞在气缸内做往复运动。其实不难发现，摆盘式压缩机和斜盘式压缩机的工作原理基本相同。斜盘式与摆盘式的结构比较如图 2-12 所示。

（2）工作过程　摆盘式压缩机与曲轴连杆式一样，均有进气和排气阀片，工作循环也具有压缩、排气、膨胀、吸气四个过程，如图 2-13 所示。

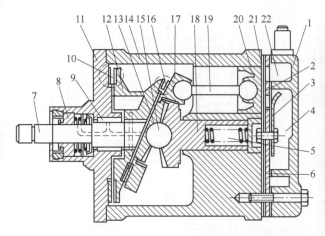

图 2-10 摆盘式压缩机剖视图

1—后盖 2—阀板 3—排气阀片 4—排气腔 5—弹簧 6—后盖缸垫 7—主轴 8—轴封总成 9—滑动轴承 10—端面滚动轴承 11—前缸盖 12—楔形传动板 13—锥齿轮 14—缸体 15—钢球 16—摆盘圆柱滚子轴承 17—摆盘 18—锥齿轮 19—连杆 20—活塞 21—阀板垫 22—吸气腔

4. 旋叶式压缩机

旋叶式压缩机又称刮片式压缩机，是旋转式压缩机中应用在汽车空调上最早的压缩机。

(1) 结构与原理 旋转式压缩机和往复式压缩机都是依靠气缸容积的变化来达到制冷目的的，但是旋转式压缩机工作容积的变化不同于往复式压缩机，它的工作容积变化除了周期性扩大和缩小外，其空间位置也随主轴的转动不断发生变化。这类压缩机可以不用进气阀片，排气阀片则可根据需要来设置。

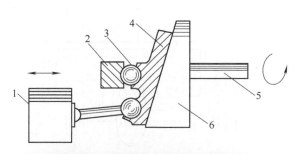

图 2-11 摆盘式压缩机的工作原理

1—活塞 2—压块 3—钢球 4—摆盘 5—主轴 6—楔形传动板

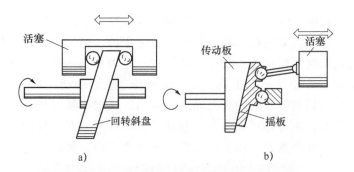

图 2-12 斜盘式与摆盘式压缩机的结构比较

a) 斜盘式 b) 摆盘式

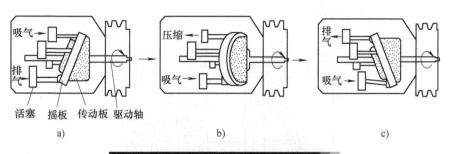

图 2-13 摆盘式压缩机的工作过程

旋叶式压缩机的气缸有两种形状，一种是圆形，一种是椭圆形。叶片有两片、三片、四片、五片等几种。其中圆形气缸配置的叶片为两片、三片、四片 3 种，如图 2-14 所示。椭圆形气缸配置的叶片为四片、五片两种，如图 2-15 所示。

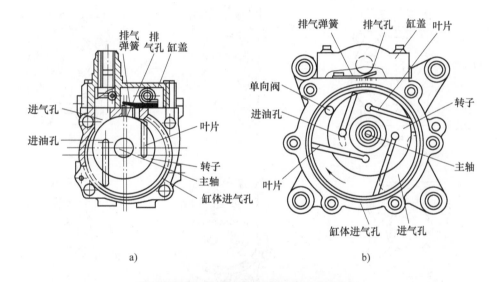

图 2-14 圆形气缸的旋叶式压缩机
a) 日本松下 50 型两叶压缩机　b) 美国纽克 VR 型四叶压缩机

由此可见，旋叶式压缩机容积效率特别高，转子可以高速运转，因此制冷能力强。如图 2-16 所示，旋叶式压缩机的主要零部件有缸体、转子、主轴、叶片、排气阀、后端盖、带有离合器的前端盖和主轴的轴衬。

（2）工作过程　旋叶式压缩机的工作过程如图 2-17 所示。

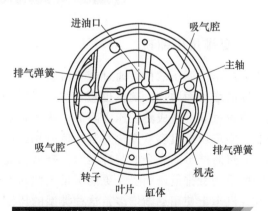

图 2-15 椭圆形气缸的旋叶式压缩机

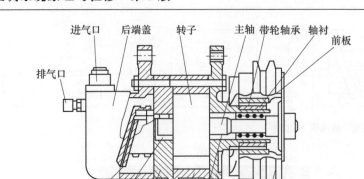

图 2-16 旋叶式压缩机轴向剖视图

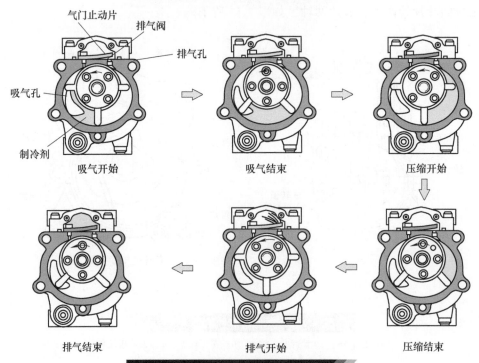

图 2-17 旋叶式压缩机的工作过程

三、变排量压缩机

因为汽车空调压缩机是通过带轮由发动机直接驱动的,所以汽车高速行驶时,排量随发动机转速的增加而增加,功耗也随之增加。这一方面影响汽车的驾驶性能,另一方面,使压缩机制冷量过剩,造成蒸发压力降低,蒸发器结霜,制冷系数降低。为此,对压缩机容量进行控制,实现压缩机容量变化与制冷负荷相匹配的控制,使其在低速时具有高制冷能力和高效率,高速时能节约多余的制冷能力,降低功耗。

因此采用变排量压缩机,更能满足人们对汽车安全性和舒适性的要求。变排量空调压缩机目前在汽车上使用逐渐增多,这种类型的压缩机可以根据空调的工况需要使其排量在一定范围内无级变化,只需要改变活塞的行程。

> **学习提示:**
> 变排量压缩机主要优点如下:
> ① 消除了由于电磁离合器吸合、脱开动作而引起的发动机转速的波动。
> ② 在某些工况下(如低速、爬坡)可防止发动机熄火。
> ③ 减少了空调系统制冷温度的波动。
> ④ 功率消耗减少,最多可减少25%。
> ⑤ 大大改善低温环境中的舒适性。

这里介绍压力调节式变排量(摆盘式)、电磁阀调节式变排量(斜盘式)、旋叶式变排量三种类型的压缩机。

1. 压力调节式变排量压缩机

(1)工作原理 压力调节式变排量压缩机是大众系列的一种连续变容量空调压缩机,它通过改变单向工作斜盘的倾斜度(活塞的工作行程)来改变排量,调节范围在5%~100%。斜盘的倾斜度取决于每个活塞两侧的压力差,活塞右侧的压力受压力箱内压力的影响,压力箱内压力由调节阀和节流管道控制,压缩机的调节阀通过波纹管的伸缩具有输出稳压作用。压力调节式变排量压缩机(图2-18)的旋转运动由输入轴传递给驱动连杆机构,驱动连杆机构通过斜盘将旋转运动转换成5个连杆的轴向运动。滑轨保证斜盘沿轴向运动。

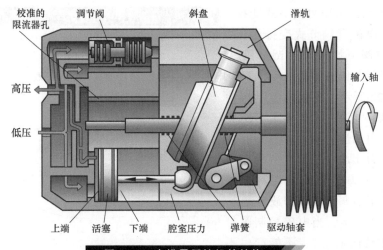

图2-18 变排量压缩机的结构

这种压缩机活塞的工作行程可以根据高、低压压力比率而改变。活塞行程的改变直接影响压缩机的压缩比率,从而调节制冷剂的输出功率,改变制冷效率。在正常工作情况下,压缩机是持续运转的,不发生离合动作。

旋转斜盘的倾斜度决定了活塞的行程。旋转斜盘的倾斜度取决于腔室压力、活塞顶部和底部的压力以及斜盘前后的弹簧力。腔室压力取决于调节阀两侧的高低压力和节流管道的大小。

(2)工作过程

1)汽车空调接通。刚接通汽车空调时,高、低压及腔室压力是相等的,旋转斜盘前后弹簧对斜盘的调节范围为40%。此时压缩机开始的输出功率为40%,即以较小的输出功率工作,以减小对发动机的冲击负荷。

2）高制冷率。高、低压管的相对压力较高时，调节阀打开，从节流管流入的高压经调节阀流回低压端，腔室压力下降。活塞顶部的压力与弹簧1的压力之和大于活塞底部的压力（腔室压力）与弹簧2的压力之和，旋转斜盘的倾斜角度增大，活塞的行程增大，输出功率提高，如图2-19所示。

3）低制冷率。高、低压管的相对压力较低时，调节阀关闭，从节流管流入的高压无法经调节阀流回低压端，腔室压力上升。活塞顶部的压力与弹簧1的压力之和小于活塞底部的压力（腔室压力）与弹簧2的压力之和，旋转斜盘的倾斜角度减小，活塞的行程减小，输出功率降低，如图2-20所示。

2. 电磁阀调节式变排量压缩机

如图2-21所示，与压力调节式变排量压缩机相比，电磁阀调节式变排量压缩机将压力调节阀更换成电磁调节阀，由空调电脑根据各个传感器的信号，调节电磁阀占空比，使压缩机更有效率，制冷效果更好。

1）如图2-22所示，当电磁控制阀关闭时（给电磁线圈通电），产生了不同的压力并使转动腔内的压力减小。然后，加在活塞右侧的压力比加在活塞左侧的压力更大，从而压缩了弹簧并使旋转斜盘倾斜。最终，增加了活塞行程和排放容量。

2）如图2-23所示，当电磁控制阀打开时（不给电磁线圈通电），不能产生不同的压力。加在活塞左侧的压力与加在活塞右侧的压力相等，因而，弹簧伸长并消除了旋转斜盘的倾斜。结果，活塞行程及排放容量变为0。

3）转动腔连接到吸入通道。如图2-24所示，吸入通道（LO压力）和出口通道（HI压力）不同的压力信息提供给电磁控制阀。在负载比控制下与来自空调放大器或空调ECU的信号同时控制电磁控制阀的运转。负载比控制从0～100%线性变化，以改变排放容量。

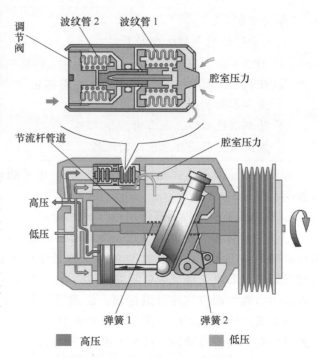

图2-19 高制冷率时变排量压缩机的工作情况

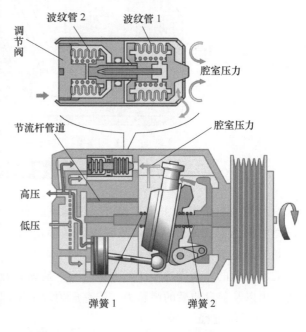

图2-20 低制冷率时变排量压缩机的工作情况

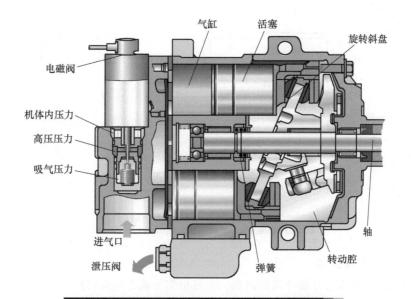

图 2-21 电磁阀调节式变排量压缩机的结构

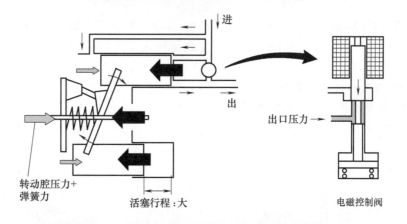

图 2-22 当电磁控制阀关闭时（给电磁线圈通电）

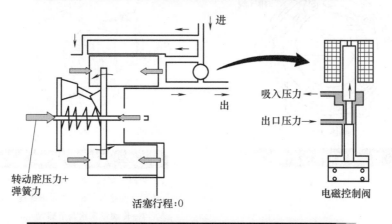

图 2-23 当电磁控制阀打开时（不给电磁线圈通电）

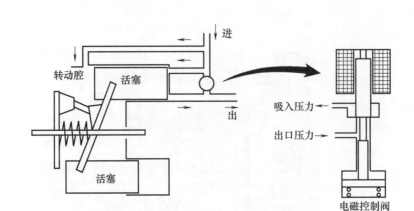

图 2-24 转动腔连接到吸入通道

3. 变排量旋叶式压缩机

图 2-25 所示为一种双叶片旋叶式压缩机,它可根据发动机转速的高低,自动调节制冷量。

四、空调压缩机的检修

以桑塔纳 3000 型轿车上所采用的 SE7PV16A R134a 空调压缩机和电磁离合器的拆装检修为例进行讲解,其内容主要包括两个方面:空调压缩机总成的拆卸与安装、空调压缩机传动带的拆卸与安装。

1. 汽车空调压缩机总成的拆装

汽车空调压缩机总成的分解如图 2-26 所示。

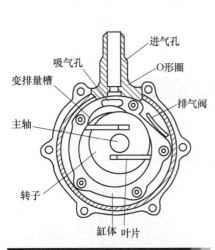

图 2-25 变排量旋叶式压缩机

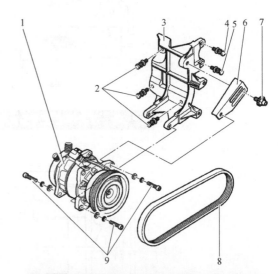

图 2-26 汽车空调压缩机总成分解图
1—空调压缩机 2—六角组合螺栓 3—压缩机支架
4—带肩六角螺栓 5—内六角螺栓 6—传动带张紧支架
7—传动带张紧调节螺栓 8—压缩机传动带
9—内六角组合紧固螺栓

（1）汽车空调压缩机总成的拆卸
1）拆卸空调压缩机上高、低压管，并封闭管口，防止异物进入。
2）拔下电磁离合器线束插头。
3）拆下压缩机传动带。
4）将整车举升到适当高度，旋出压缩机紧固螺栓，从压缩机支架上取下空调压缩机。
（2）汽车空调压缩机总成的安装　汽车空调压缩机总成的安装顺序与拆卸顺序相反。
1）用扭力扳手以规定的力矩拧紧紧固螺栓。
2）更换高、低压管的密封圈。
3）根据情况补充制冷剂。
4）必须使离合器多楔带轮、发动机带轮的带槽处在同一平面内。

2. 汽车空调压缩机传动带的拆装

（1）汽车空调压缩机传动带的拆卸　汽车空调压缩机传动带的拆卸步骤如下：
1）用内六角扳手旋松空调压缩机下方的两个连接螺栓，如图2-27中箭头B所示。
2）沿顺时针方向旋转传动带张紧调节螺栓直至传动带放松，如图2-27中箭头A所示。
3）用套筒扳手将传动带由带轮上向汽车前进方向脱出。若更换传动带，应拆卸发动机前悬置；若仅拆卸空调压缩机，可不拆卸发动机前悬置。
（2）汽车空调压缩机传动带的安装　汽车空调压缩机传动带的安装如图2-28所示，步骤如下：

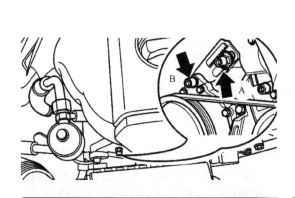

图2-27　汽车空调压缩机传动带的拆卸

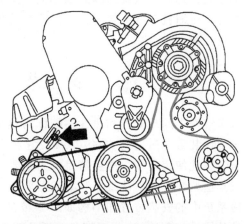

图2-28　汽车空调压缩机传动带的安装

1）将传动带套在带轮上，注意运转方向。
2）用套筒扳手沿逆时针方向旋转调节螺栓，直至传动带张紧。用拇指按压传动带中部，变形量为5~10mm即可。
3）用扭力扳手将空调压缩机下方两个连接螺栓拧紧，力矩为40N·m。

> **学习提示：**
> 在拆装汽车空调压缩机传动带之前，必须做好运转的记号；在拆装过程中，不必打开制冷剂循环，可以直接拆卸和安装压缩机支架及所属零部件；在安装压缩机传动带时，要注意必须将传动带上的筋条完全卡进带轮的楔槽内。

3. 压缩机常见故障

汽车空调系统的大多数运动件都在压缩机上，因此压缩机的检修量最大。一般压缩机常见的故障有卡住、泄漏、压缩机运转不良和异响过大四种。

1）卡住。压缩机卡住即不能转动，其原因通常是润滑不良或者没有润滑。

2）泄漏。压缩机泄漏有漏油和漏气两种情况，泄漏轻微时，只泄漏制冷剂，严重时，既泄漏制冷剂又泄漏冷冻润滑油。

3）压缩机运转不良。压缩机出现运转不良，可用歧管压力表检测压缩机的吸气压力和排气压力，如果两者压力几乎相同，用手触摸压缩机，发现其温度异常的高，其原因是压缩机缸垫窜气，从排气阀出来的高压气通过气缸垫的缺口窜回到吸气室，再次压缩，产生温度更高的蒸气，这样来回循环，会把冷冻润滑油烧焦造成压缩机报废。

4）异响。空调系统的异响主要来源于压缩机和蒸发器风扇。

4. 压缩机的就车诊断

起动发动机，保持转速为1250～1500r/min，把歧管压力表接入制冷系统中，打开空调开关，风扇开到最大位置，触摸压缩机的进气口和排气口，正常情况应是进气口凉、排气口烫，二者之间的温差较大。如果两者温差小，再看歧管压力表，表上显示高低压相差不大，则说明压缩机的工作不良，应拆下修理；如果压缩机较热，再看歧管压力表，表上显示低压侧压力太高，高压侧压力太低，则说明压缩机内部密封不良，应更换压缩机；如果制冷系统的高、低压都过低，则说明系统内部的制冷剂过少，应进行检漏，如果是压缩机出现泄漏，则应更换或修理。压缩机正常运转时，发出清脆均匀的阀片跳动声，如果出现异响，应判断异响的来源，进行修理。

第二节 冷 凝 器

汽车空调中的冷凝器和蒸发器统称为热交换器。其金属材料消耗大，体积大，质量占整个汽车空调装置总质量的50%～70%，它所占据的空间直接影响汽车的有效容积，布置起来很困难，因此使用高效热交换器是极为重要的。

汽车空调装置中的冷凝器和蒸发器要与压缩机相匹配，还应和节流膨胀机构相适应，其在制冷系统中的安装位置和结构如图2-29所示。冷凝器和蒸发器的工作状态，直接影响到制冷系统的能力（制冷量）、压缩机功耗及整个空调装置的经济性。

一、冷凝器的结构

1. 冷凝器的作用

冷凝器的作用是对压缩机排出的高温高压制冷剂蒸气散热降温，使其凝结为液态高压制冷剂。气体状态的制冷剂在冷凝器中得到液化或冷凝，制冷剂进入冷凝器时几乎为100%的蒸气，而当其离开冷凝器时并非为100%的液体，因为仅有一定量的热能在给定时间内由冷凝器排出。

2. 冷凝器中制冷剂的放热过程

冷凝器中制冷剂的放热过程有3个阶段，即降低过热、冷凝、过冷。

进入冷凝器的制冷剂是高压过热气体，首先是降温至冷凝压力下的饱和温度，制冷剂仍为气态。然后，在冷凝压力下，因放出热量而逐渐冷凝成液体，此过程温度保持不变。最后，

第二章 空调制冷系统部件结构与检修

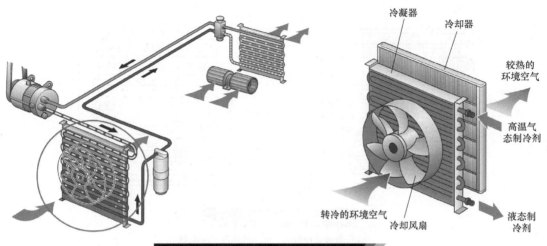

图 2-29 冷凝器的结构及安装位置

继续放出热量，液态制冷剂温度下降，成为过冷液体。

汽车空调冷凝器属于风冷式冷凝器，一般布置在车头部的散热器前面，冷凝温度较高，所以必须保证较好的通风效果以增强冷凝器的散热能力，汽车空调除了有正常行驶时的迎面风冷却以外，一般还配备有电子风扇。

3. 结构形式

汽车空调冷凝器有管片式、鳍片式、管带式以及平行流式 4 种。

（1）管片式冷凝器　管片式冷凝器由安装在一系列薄散热片上的制冷剂螺旋管组成，如图 2-30 所示。

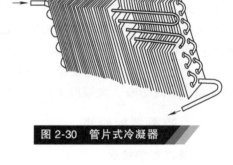

图 2-30 管片式冷凝器

（2）鳍片式冷凝器　一般换热器的管子和散热片是两个独立构件（图 2-31），需用镶嵌、胀管、焊接等办法将它们连接在一起。这种形式由于片、管是一体，抗振性特别好。

（3）管带式冷凝器　管带式冷凝器如图 2-32a 所示，其一般是将小扁管弯成蛇管形，其中放置三角形的翅片或其他类型的散热片。这种冷凝器的传热效率比管片式冷凝器提高 15%~20%。

（4）平行流式冷凝器　平行流式冷凝器也是一种管带式结构，如图 2-32b 所示，其由圆筒集流管、铝制内肋管、波形散热翅片以及连接管组成，是专为 R134a 提供的新型冷凝器。

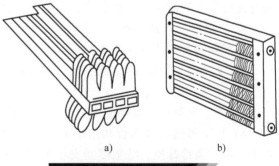

图 2-31 鳍片式冷凝器

如图 2-32 所示，管带式冷凝器与平行流式冷凝器的最大区别是：管带式只有一条扁管自始至终地呈蛇形弯曲，制冷剂只是在这一条通道中流动而进行热交换。 由于其流程长，管带式的管道压力损失大。又由于进入冷凝器时制冷剂是气态，比体积大，需要的通径大；出

47

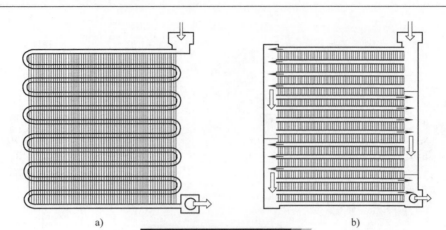

图 2-32 冷凝器的形式
a) 管带式冷凝器 b) 平行流式冷凝器

冷凝器时已完全变成液态，比体积小，只需要较小的通径。而普通管带式结构的管径从头至尾是相同的，这对充分进行热交换是不利的，管道内空间未被充分利用；而且增加了排气压力及压缩机功耗。而平行流式冷凝器则是在两条集流管间用多条扁管相连，将几条扁管隔成一组，进入处管道多，逐渐减少每组管道数，实现了冷凝器内制冷剂温度及流量分配均匀，提高了换热效率，降低了制冷剂在冷凝中的压力损耗，这样就可减少压缩机功耗。由于管道内换热面积得到充分利用，对于同样的迎风面积，平行流式冷凝器的换热量得到了提高。

这种结构的散热性能较管带式冷凝器提高了 30%～40%，通路阻力降低了 25%～33%，内容积减少了约 20%，大幅度地提高了它的热交换性能。

二、冷凝器的检修

1. 冷凝器的检查

如果是冷凝器进、出口处出现泄漏，可能是密封圈老化出现泄漏造成的，需要紧固或更换密封圈；如果是冷凝器本身泄漏，则应拆下进行修理。检查冷凝器的外观，看冷凝器外表面有无污垢、残渣翅片是否倒伏，如果有则会造成冷凝器散热不良。

2. 冷凝器的拆卸步骤

冷凝器的拆卸步骤如图 2-33 所示。

1) 使用专用冷媒回收加注设备将制冷剂抽空。
2) 拆下蓄电池负极接头。
3) 拆下散热风扇电源插头，然后拆下散热风扇组。
4) 拆下散热器进水管和出水管，将端口用干净的棉纱塞住，以免冷却液流出；也可以先用容器收集冷却液，等散热器安装完毕后再倒入膨胀罐中进行使用。
5) 拆下散热器，拆下后要注意妥善放置，勿在散热管带上放重物或磕碰。
6) 拆下 C 管（冷凝器至储液干燥器管路），如图 2-34 中箭头所示，拆下后封闭管口，防止异物进入。
7) 拆下 D 管（压缩机至冷凝器），拆下后封闭管口，防止异物进入。
8) 拆下前保险杠托架。
9) 旋出 4 个螺栓（如图 2-35 中箭头所示），拆下导向件。

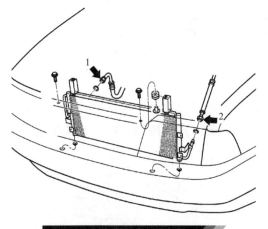

图 2-33 冷凝器总成拆装
1—D 管（压缩机至冷凝器管路）
2—C 管（冷凝器至储液干燥器管路）

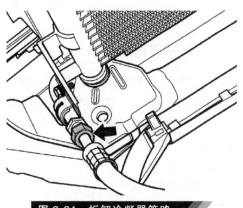

图 2-34 拆卸冷凝器管路

10) 旋出固定螺栓，从车身上拆下冷凝器。

3. 冷凝器的检修方法

1) 如仅仅是因为外表脏污而造成冷凝器的散热片被堵塞，则可用水直接清洗，或用压缩空气吹。但注意不要损伤冷凝器散热片，如发现散热片弯曲，可使用旋具或手钳加以矫正，不必拆卸冷凝器。

2) 如果冷凝器散热风扇有问题，也不必拆卸冷凝器，可直接修理风扇。

3) 如果是冷凝器泄漏，可在泄漏处进行焊补。

4) 如果冷凝器导管脏堵，或导管外部折瘪，可将该处剖开修理，然后进行焊补或更换总成。

5) 修理完毕装配时，注意出口和入口，切勿接错，并且要加入一定量的冷冻润滑油。

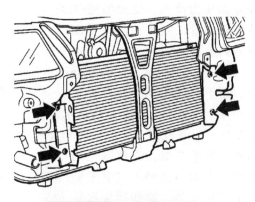

图 2-35 冷凝器的拆装

4. 冷凝器的安装注意事项

冷凝器的安装顺序与拆卸相反。

冷凝器安装在压缩机出口与储液干燥器入口之间。轿车的冷凝器一般装在发动机散热器的前边，利用发动机冷却风扇吸入的新鲜空气和汽车行驶时产生的通风进行冷却。

> **学习提示：**
>
> 安装时应注意以下两点：
>
> ① 连接冷凝器管接头时，要区分哪里是进口，哪里是出口。进口位置应该处于上方，出口位置在下方。因为液态制冷剂会在重力作用下自然流到底部，从出口管流出而进入储液干燥器。反之，冷凝器内会积满制冷剂，这会使冷凝器的传热性能下降，同时会引起系统压力升高，从而导致冷凝器胀裂。
>
> ② 在未安装管接头时，不要长时间打开连接管口的保护盖，以免潮气进入。

第三节 蒸 发 器

一、蒸发器的结构

蒸发器也是一种热交换器,是制冷循环中获得冷气的直接器件。其外形近似冷凝器,但比冷凝器窄、小、厚。蒸发器安装在驾驶室仪表板的后面,其结构和在制冷系统中的安装位置如图 2-36 所示,主要由管子和散热片组成,在蒸发器的下方还有接水盘和排水管。

1. 蒸发器的作用

蒸发器的作用与冷凝器的作用相反,制冷剂起吸热作用,流经蒸发器的空气受到冷却,制冷系统工作时,高压液态制冷剂通过膨胀阀膨胀而压力降低,变成湿蒸气进入蒸发器芯管,吸收散热片及周围空气的热量。

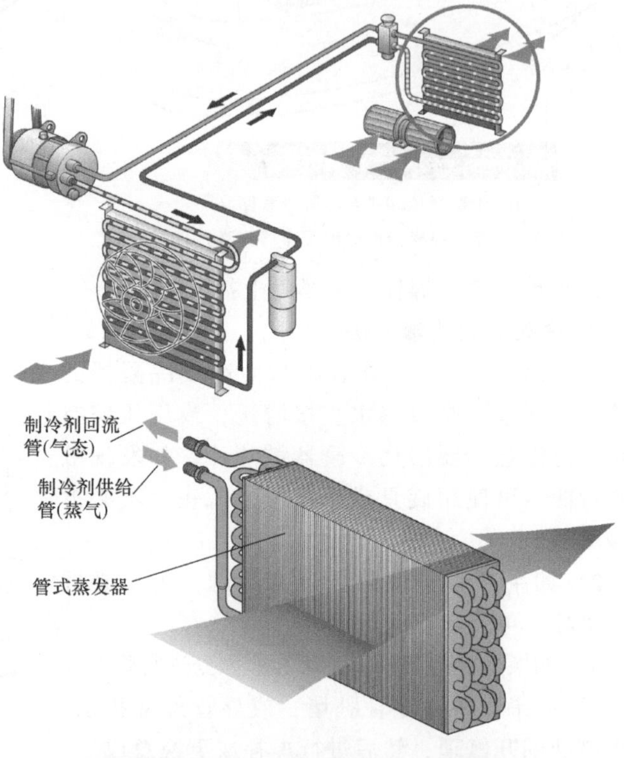

如图 2-37 所示,在蒸发器工作时,由于空气的相对湿度降低,空气中多余的水分会逐渐凝结成水珠,汇集在一起通过出水管道排向车外。另外,为了节能,使鼓风机的空气来源于车厢内已经经过蒸发器冷却过的低温空气,冷却后再次送入车厢(即空调系统工作时,采用内循环模式),如此反复进行循环。由此可见,汽车空调不仅对车厢起降温作用,同时还能起除湿作用。

图 2-36 蒸发器的安装位置和结构

2. 蒸发器的要求

由于车内安放蒸发器(指直接产生冷风或暖风的组件)的空间位置有限,要求蒸发器具有制冷效率高、尺寸小、质量轻等特点。

对于采用膨胀阀的系统,蒸发器出口过热度是由膨胀阀控制的。对于采用固定节流管的系统,靠蒸发器后面的气液分离器来保证压缩机吸入的一定是气体。

3. 蒸发器的类型

蒸发器有管片式、管带式和层叠式 3 种结构。
(1)管片式蒸发器 它由铜质或铝质圆管或

图 2-37 蒸发箱底部的空调排水管

扁管套上的铝翅片组成（见图2-38），经胀管工艺使铝翅片与圆管紧密接触。其结构简单、加工方便，但其传热效率较差。

（2）管带式蒸发器 如图2-39所示，管带式蒸发器由多孔扁管与蛇形散热铝带焊接而成，工艺比管片式复杂，需采用双面复合铝材及多孔扁管材料。该种蒸发器传热效率可比管片式提高10%左右。

图2-38 管片式蒸发器的结构

图2-39 管带式蒸发器的结构

（3）层叠式蒸发器 如图2-40和图2-41所示，层叠式蒸发器由两片冲成复杂形状的铝板叠在一起组成制冷剂通道，每两片通道之间夹有蛇形散热铝带。

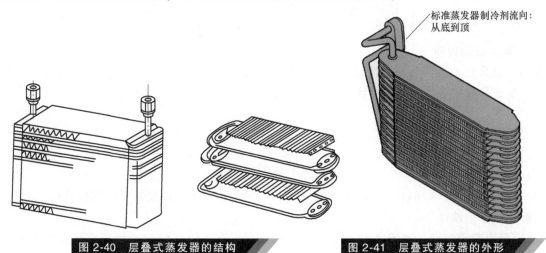

图2-40 层叠式蒸发器的结构　　　　图2-41 层叠式蒸发器的外形

4. 蒸发器内制冷剂的工作过程

在采用膨胀阀的系统中，制冷剂在蒸发器中的工作过程分为两个阶段：

第一阶段是液态制冷剂吸热后沸腾汽化，成为饱和气体，这一阶段是潜热变化，压力、温度基本不变。

第二阶段是制冷剂继续吸热，温度升高，成为过热气体，是显热变化。制冷剂温度升高的程度就是过热度。蒸发器出口要有一定过热度的目的是为了保证压缩机吸入的一定是气态制冷剂，使压缩机内不会发生液击现象。

对于采用膨胀阀的系统，蒸发器的过热度是由膨胀阀控制的。对于采用节流管的系统，是靠蒸发器后面的收集干燥器来保证压缩机吸入的一定是气态制冷剂。

5. RS 蒸发器

RS 蒸发器是新一代超薄型蒸发器,它由一个箱体、管道和冷却叶片组成,如图 2-42 所

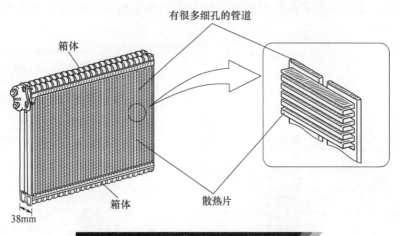

图 2-42 新一代超薄型(RS)蒸发器

示,由于管道为挤压模塑形成的微孔管道,因此不但获得了很好的热量传递性能,也实现了蒸发器的薄壁化构造(38mm)。同时,RS 蒸发器通过缩小冷却叶片高度、管道厚度和散热片间距,促进了热量传递,芯部采用薄型材料,因而大大地实现了小型化和轻量化。

二、蒸发器的检修

1. 蒸发器的拆卸

(1) 蒸发器的拆卸 在拆卸或安装蒸发器前,应先将车辆的电源切断,拆除影响拆卸的导线、端子及其他附件,并对车辆的表面涂层进行保护。蒸发器的分解如图 2-43 所示,其拆卸步骤如下:

1) 拆卸前排乘客侧储物箱。

2) 拆卸仪表板。

3) 拆卸进风罩。

4) 旋出紧固螺母(如图 2-44 中箭头 A 所示),拆下 S 管(蒸发器至压缩机管路),封住已经拆下的管子端口。

5) 旋出紧固螺母(如图 2-44 中箭头 B 所示),拆下 1 管(储液干燥器至蒸发器管路),封住已经拆下的管子端口。

6) 拆下连接螺栓(如图 2-45 中箭头所示)。

7) 拔下感温管插头(图 2-46),小心取出蒸发器。

(2) 蒸发器的安装 蒸发器的安装顺序与拆卸顺序相反,在安装时要注意蒸发器的入口和出口,切勿装反。温度控制元件或感温包要牢固地安装在合适的位置,膨胀阀和感温包要包好保温材料,蒸发器内要加注一定量的冷冻润滑油。

2. 蒸发器的检修

(1) 蒸发器的检修内容 蒸发器的检修内容主要包括:蒸发器外表面是否有积垢、异物;蒸发器是否损坏;用检漏仪检查蒸发器是否有泄漏;观察排气管路是否洁净、畅通。

第二章　空调制冷系统部件结构与检修

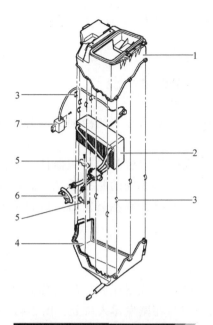

图 2-43　蒸发器的分解图
1—蒸发器壳体　2—蒸发器芯　3—弹簧夹片
4—蒸发器下壳体　5—双孔橡胶圈　6—固定块
7—蒸发器感温管

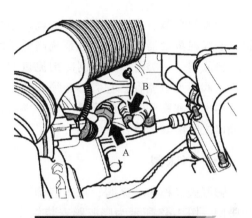

图 2-44　蒸发器管路拆卸

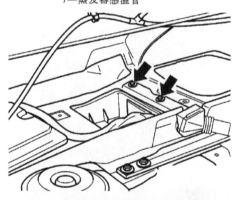

图 2-45　蒸发器连接螺栓位置

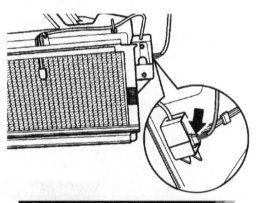

图 2-46　蒸发器感温管插头位置

（2）蒸发器的检修方法

1）检查蒸发器外表面是否有积垢、异物，若有，应使用软毛刷（或软布、棉纱）和清水清洗。**注意不要用硬毛刷和高压水冲刷，不要弄弯吸热片。**

2）检查蒸发器的内部盘管是否有泄漏现象。若有泄漏现象，应由专业修理人员对泄漏处进行焊补。

3）测试蒸发器内部压力，如图 2-47 所示，用专用接头分别将蒸发器的进、出口连接到高低压

图 2-47　测试蒸发器内部压力

组合表的截止阀上，并用压缩机向蒸发器加压，压力一般应为 1.5MPa 左右，停止加压后 24h 压力应无明显下降。也可用肥皂水涂在系统各处进行检漏。

第四节 热力膨胀阀和节流管

膨胀阀和节流管是现代汽车空调常用的节流装置，主要用来解除液态制冷剂的压力，使制冷剂能在蒸发器中蒸发，是系统高低压的分界点。

膨胀阀是一类可以调节制冷剂流量的节流设备；节流管则是固定流量的节流器件。无论是膨胀阀还是节流管，它们都必须安装在蒸发器的进口前。采用膨胀阀的制冷系统，需要在冷凝器出口和膨胀阀之间配置储液干燥器；采用节流管的制冷系统，则在蒸发器出口和压缩机进口之间配置集液器。

一、膨胀阀

膨胀阀又称为节流阀，汽车空调系统使用的膨胀阀为温度控制式膨胀阀，故又称为热力膨胀阀。图 2-48 所示为膨胀阀安装位置及外形。热力膨胀阀安装在蒸发器入口处，图 2-49 所示为桑塔纳 2000 系列轿车空调系统膨胀阀、蒸发器、鼓风机和暖风加热器芯的安装位置。

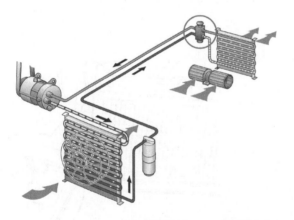

图 2-48 膨胀阀的安装位置及外形

汽车空调的节流膨胀装置主要是热力膨胀阀，另外，还有组合式阀、电子膨胀阀等。

1. 热力膨胀阀的作用

热力膨胀阀的工作特性好坏，直接影响整个制冷系统能否正常工作。热力膨胀阀以蒸发器出口的过热度为信号，自动调节制冷系统的制冷剂流量。

> **学习提示：**
>
> 热力膨胀阀一般有以下三个作用：
>
> ① 节流降压。使从冷凝器来的高温、高压液态制冷剂节流降压成为容易蒸发的低温、低压雾状制冷剂进入蒸发器，将制冷剂分成高压侧和低压侧，但工质的液体状态没有改变。
>
> ② 自动调节制冷剂流量。由于制冷负荷的改变以及压缩机转速的改变，要求流量作相应调节，以保持车内温度稳定。膨胀阀能自动调节进入蒸发器的流量，以满足制冷循环要求。

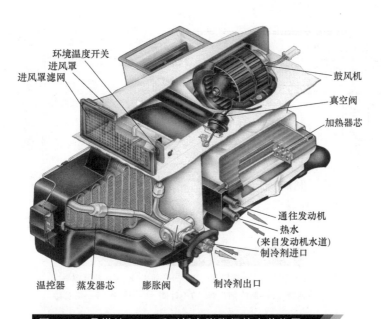

图 2-49 桑塔纳 2000 系列轿车膨胀阀的安装位置

③ 控制制冷剂流量，防止液击和异常过热发生。膨胀时以感温包作为感温元件控制流量大小，保证蒸发器尾部有一定量的过热度，从而保证蒸发器容积的有效利用，避免液态制冷剂进入压缩机而造成液击现象，同时又能控制过热度在一定范围内。

大多数汽车空调制冷系统在运行过程中，其冷负荷是变化的。如系统刚开始降温时，车内的温度较高，这时就要求蒸发器的制冷剂流量增大，而当车内温度较低时，冷负荷减少了，这时要求蒸发器的制冷剂流量减小。因此，热力膨胀阀的作用就是根据系统冷负荷需要调节制冷剂流量，使制冷系统能正常地工作。

2. 热力膨胀阀的结构原理

汽车空调制冷系统常用的热力膨胀阀有内平衡式膨胀阀、外平衡式膨胀阀和 H 形膨胀阀三种。H 形膨胀阀结构紧凑、工作可靠，因此现代汽车普遍采用。

（1）内平衡式膨胀阀 图 2-50 所示是内平衡热力膨胀阀。图中 2 是感温包，内装惰性液体或制冷剂液体，当蒸发器出口温度较高时，感温包内液体温度随之上升，从而压力也增高。高压作用在膜片上侧，当数值大于蒸发器进入压力和过热弹簧压力总和时，针阀 7 离开阀座，阀门开启，制冷剂流入蒸发器。针阀 7 开启后，较多的制冷剂进入蒸发器，蒸发器内压力上升，回气温度降低，膜片下侧压力增加，上侧压力降低，阀门关闭。由于膜片上、下侧压力经常处于不平衡状态，所以阀门不断地开启、闭合。

具体受力分析如下，膨胀阀膜片承受三个力的作用：

向下的力：p_f——感温包内制冷剂气体对膜片的压力；

向上的力：p_e——蒸发器进口处制冷剂压力（通过内平衡孔连通）；

p_s——弹簧的弹力。

其工作原理是：

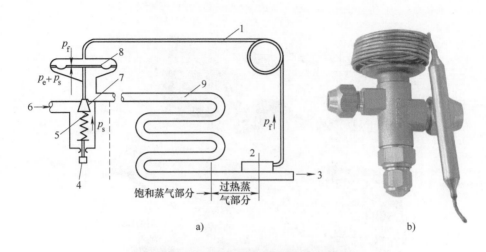

图 2-50 内平衡式膨胀阀工作原理
1—毛细管 2—感温包 3—制冷剂出口 4—调整螺针
5—弹簧 6—制冷剂入口 7—针阀 8—膜片 9—蒸发器

当 $p_f = p_e + p_s$ 时,膜片不动,阀处于某一开度,制冷剂保持一定流量。

当 $p_f > p_e + p_s$ 时,即若制冷装置负载增大(例如车厢内温度升高),制冷剂提前全部蒸发,过热度增大,蒸发器出口处气态制冷剂的温度升高,使感温包内压力 p_f 增大,使 $p_f > p_e + p_s$,这时膜片通过推杆将阀针朝下推,使阀的开度增大,进入蒸发器的制冷剂流量增加,制冷量亦增加。

当 $p_f < p_e + p_s$ 时,与 $p_f > p_e + p_s$ 的情况相反。

如此调节,使制冷量与制冷负载相匹配。

(2)外平衡式膨胀阀 制冷剂在蒸发器内部管道流过时,由于有流动阻力存在,在蒸发器出口处会产生压力下降,其内部管道越长则压力下降就越大。对内平衡式来讲,为了打开阀门,就要有更大的过热度,而要增大过热度,就必须减少制冷剂的流量,这样就使制冷量下降,故内平衡式只适用于对制冷量要求不大的轿车及货车驾驶室空调,而对大客车空调则要用外平衡式,如图 2-51 所示。

在内平衡式膨胀阀的基础上,堵住内平衡孔,在膜片下方至蒸发器出口处加一外平衡管,即变成了外平衡式膨胀阀。此时 p_e 变成了 p'_e 即蒸发器出口处的压力。显然 $p'_e < p_e$,即要达到同样的阀开度,外平衡式所需的过热度小一些,故蒸发器的容积效率可以提高。

(3)H 形膨胀阀 H 形膨胀阀的结构如图 2-52 所示,主要由膜片、感温元件、球阀和调节弹簧组成。因为其内部结构与字母"H"相似,所以称为 H 形膨胀阀,又称为整体式膨胀阀。H 形膨胀阀是把感温包缩到阀体内的回气管路上,从而提高了阀的工作灵敏度。但这种结构加工难度较大,膜片中心开孔也会影响膜片的开阀特性,其工作原理如图 2-53 所示。

1)结构。在 H 形膨胀阀上,设有低压与高压两个通道和四个管路接头,分别与制冷系统的低压管路和高压管路连接。在图 2-52 所示的结构示意图中,上面一个通道为低压通道,下面一个通道为高压通道。低压通道的入口接头经制冷管路与蒸发器出口连接、出口接头经

第二章 空调制冷系统部件结构与检修

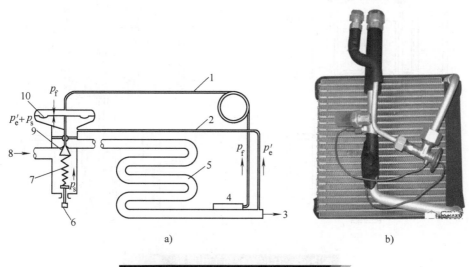

图 2-51 外平衡式膨胀阀工作原理

1—毛细管 2—外平衡管 3—制冷剂出口 4—感温包 5—蒸发器
6—调整螺钉 7—弹簧 8—制冷剂入口 9—阀 10—膜片

制冷管路与空调压缩机入口连接；高压通道的入口接头经制冷管路与储液干燥器连接、出口接头经制冷管路与蒸发器入口连接。温度传感器装在制冷剂从蒸发器至压缩机的气流中。制冷剂温度变化，传感器膨胀或收缩，直接推动阀门（钢球和过热弹簧）。H 形膨胀阀的结构保证了低压侧压力直接作用于膜片下侧。任何形式的膨胀阀作用，都是向蒸发器供应能在其内部完全蒸发的足够的制冷剂，它并不负责控制蒸发器的温度。

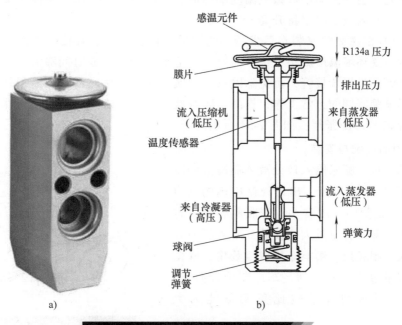

图 2-52 H 形膨胀阀的外形及结构

a）外形 b）结构

57

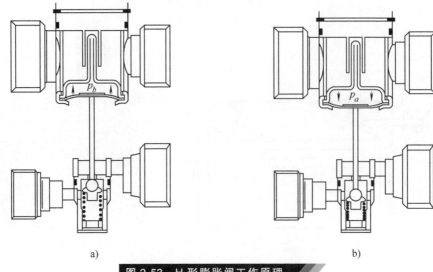

图 2-53 H形膨胀阀工作原理
a)热负荷较小时的开度 b)热负荷较大时的开度

2)控制过程。在高压液体进口和出口之间,设有一个由球阀组成的节流阀,节流阀开度的大小由感温元件和调节弹簧控制。感温元件内部充注有制冷剂,安放在低压通道上直接感受蒸发器出口蒸气的温度。转动调节螺栓即可调节弹簧的预紧力,从而便可通过调节节流阀的开度和流入蒸发器的制冷剂流量来调节车内空气的温度。

当蒸发器出口蒸气温度升高时,感温元件内部制冷剂吸热膨胀压力升高,迫使球阀压缩预紧弹簧使节流阀开度增大,进入蒸发器的制冷剂流量增大,蒸发器制冷量增大,车内空气温度降低。反之,当蒸发器出口蒸气温度降低时,节流阀开度减小,制冷剂流量减小,蒸发器制冷量减少,车内空气温度将升高。

3)优点。H形膨胀阀安装在蒸发器的进出管之间,阀上端直接暴露在蒸发器出口介质中,感应温度不受环境温度影响,也不需要通过毛细管避免造成时间滞后。由于该膨胀阀无感温包、毛细管和外平衡接管,可免除因汽车颠簸、振动而使充注系统断裂外漏以及感温包包扎松动而影响膨胀阀的正常工作,提高了膨胀阀的抗振性能。有的带低压保护开关和恒温器,称为组合式H形膨胀阀,如图2-54所示。

3. 膨胀阀的选配与安装

膨胀阀的容量与膨胀阀入口处液体制冷剂的压力(或冷凝温度)、过冷度、出口处制冷剂的压力(或蒸发温度)及阀的开度有关。膨胀阀容量一定要与蒸发器相匹配,容量过大会使阀经常处于小开度下工作,阀开闭频繁,影响车内温度稳定,降低阀门寿命;容量过小,不能满足车内制冷量要求。一般情况下,膨胀阀容量应比蒸发器能力大10%~20%。

安装膨胀阀时有下列要求:
1)膨胀阀一般应直立安装,不允许倒置。

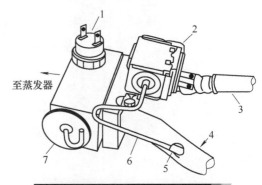

图 2-54 组合式 H 形膨胀阀
1—低压开关 2—恒温器 3—出液管 4—进液管
5—感温插孔 6—感温管 7—H形膨胀阀

2）感温包一般安装在蒸发器水平出口管的上表面，要包扎牢靠，保证感温包与管子有良好的接触，接触面要清洁、紧贴，并用隔热防潮胶包好。必要时膨胀阀阀体也用隔热胶包好。

3）外平衡管要装在感温包后边管段的上表面处。

4）对于外调式膨胀阀，必须在发动机正常运转情况下进行调整，并由熟练的空调技术人员调好。

二、膨胀阀的拆装

1. 膨胀阀的拆卸

膨胀阀在拆卸前，应将制冷剂从系统内排出并回收，操作前应将车辆的电源切断，拆除影响拆卸的导线及端子并做好记号。下面以桑塔纳3000型轿车的空调系统为例来介绍膨胀阀的拆装。膨胀阀的安装位置如图2-55所示，其拆卸步骤如下：

1）拆下蒸发器。

2）取下感温管上包裹的绝缘带。

3）松开感温包，若膨胀阀为外平衡式，应先拆下平衡管路。

4）如图2-56中箭头A所示，旋出螺栓，拆下固定块。

5）如图2-56中箭头B所示，拆下膨胀阀上连接冷凝器的制冷剂液体管，拆卸管接头处的O形圈。

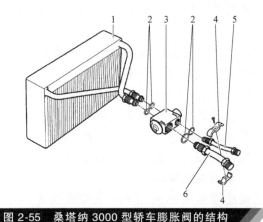

图2-55 桑塔纳3000型轿车膨胀阀的结构

1—蒸发器芯 2—O形圈 3—膨胀阀
4—固定块 5—高压管 6—低压管

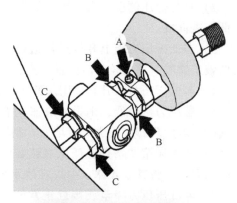

图2-56 膨胀阀的拆卸

6）检查膨胀阀内的滤网，若堵塞，应清洁或更换。

7）如图2-56中箭头C所示，拆下膨胀阀连接蒸发器的制冷剂气管，拆卸管接头处的O形圈。

8）拆下膨胀阀的支撑架，从蒸发器上取下膨胀阀。

2. 膨胀阀的安装

膨胀阀的安装顺序与拆卸顺序相反，具体步骤如下：

1）安装膨胀阀的支架，将膨胀阀装上蒸发器。

2）在膨胀阀与蒸发器管接头上安装O形圈，连接蒸发器进口到膨胀阀出口的管路，拧紧到合适的力矩。

3）在膨胀阀与冷凝器管接头上安装 O 形圈，连接冷凝器液体管到膨胀阀进口的管路，拧紧到合适的力矩。

4）通过支架插入感温包，再用绝缘带包裹感温包，如图 2-57 所示。感温包插入的位置：$a = 150mm$，$b = 130mm$；插入深度为 85mm。

三、膨胀阀的检修

膨胀阀的常见故障是发生冰堵或脏堵、阀口关闭不严、滤网堵塞及感温包或动力头焊接处发生泄漏等。膨胀阀的检查方法有两种：一是在车上检查膨胀阀；二是在台架上实验检查膨胀阀。

1. 在汽车上测定膨胀阀的性能

若在汽车上直接测定膨胀阀性能，以确定膨胀阀的故障原因，可在发动机散热器前放一个大的轴流风扇，模拟汽车行驶时的迎面风速，按下列步骤进行测试：

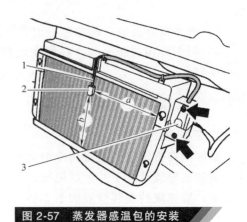

图 2-57 蒸发器感温包的安装

1—感温管　2—支架　3—蒸发器感温包

1）将歧管压力表组件与空调系统相连，起动发动机，将转速调至 1000～1200r/min，空调温控器（或拨杆）调至最冷（MAX）位置，让空调系统运行 10～15min。

2）查看低压侧压力表读数，如果偏低，在膨胀阀周围包上 51℃ 左右的温湿布，继续观察低压表读数。

3）若低压压力能上升至正常值或接近正常值，则说明系统内有水汽，应设法消除（更换储液干燥器，并用较长时间抽真空，再充注制冷剂，重新检测系统）。

4）若低压压力未升高，则从蒸发器出口处小心卸下膨胀阀感温包，将感温包握在手中。

5）若压力仍偏低，则说明膨胀阀有问题，应将其卸下，在台架上进行检查。在拆除膨胀阀时，若发现膨胀阀进口有堵塞，则在清洗和维修膨胀阀后，应更换储液干燥器。

6）按上述第②条查看低压表读数时，若低压读数偏高，则从蒸发器出口处小心卸下膨胀阀感温包，将其放入冰水中（在冰水中加些盐，使其温度降至 0℃）。

7）若低压压力降至或接近正常值，则可能是感温包隔热包扎不严或安放位置不对，对其重新定位并包扎后再测定。

8）若低压压力仍然偏高，则应卸下膨胀阀，移至台架上进行检查。

9）测试结束后，应关闭所有空调控制器，降低发动机转速，直至关机，取下压力表组。

2. 在台架上实验检查膨胀阀

1）将膨胀阀从制冷系统中取下来，若过滤网（如果有过滤网的话）上有污物，要取下并清洗干净。

2）按图 2-58 所示将歧管压力表组与制冷剂罐、膨胀阀连接好，软管与低压表之间接一个带开关的过渡接头。

3）关闭高、低压手动阀，并将水盆中水的温度调节至 52℃，然后将膨胀阀感温包放在温水中。

4）拧开制冷剂罐的阀门，慢慢开启高压手动阀，

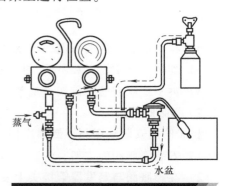

图 2-58 在台架上检查膨胀阀

至高压表读数为 483kPa。

5) 对应最大流量的低压表读数应该在 296~379kPa 之间。若读数高于 379kPa，表示膨胀阀供应制冷剂过量；若读数低于 296kPa，则表示系统制冷剂量不足。

6) 膨胀阀流量的调整可以通过调整弹簧压力来实现。先拧开膨胀阀出口接头，用内六角扳手调整螺母。顺时针旋转时，制冷剂供应量减小；逆时针旋转时，制冷剂供应量增大。

7) 将感温包放在冷却液温度为 0℃ 的冰水中，打开高压压力开关，高压表压力应为 483kPa，此时可测其最小制冷剂供应量。

四、膨胀节流管

膨胀节流管（孔管）是用于许多轿车制冷系统的一种固定孔口的节流装置，有人称它为孔管、固定孔管。膨胀节流管直接安装在冷凝器出口和蒸发器进口之间，如图 2-59 所示，用于将液态制冷剂节流降压。由于不能调节流量，液体制冷剂很可能流出蒸发器而进入压缩机，造成压缩机液击。所以装有膨胀节流管的系统，必须同时在蒸发器出口和压缩机进口之间安装一个集液器，实行气、液分离，避免压缩机发生液击。

膨胀节流管系统目前使用的温度控制方法有循环离合器膨胀节流管系统（CCOT, Cycling Clutch Orifice Tube）、可变容积膨胀节流管系统（VDOT, Variable Displacement Orifice Tube）、固定膨胀节流管离合器系统等。膨胀节流管的结构如图 2-60 所示。它是一根细铜管，

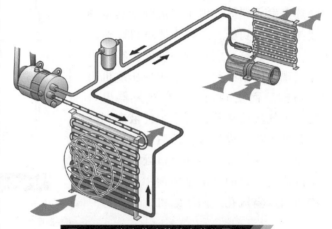

图 2-59 膨胀节流管的安装位置

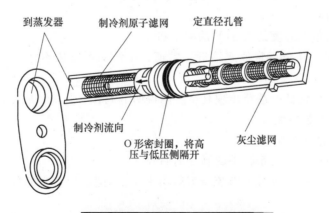

图 2-60 膨胀节流管的构造

装在一根塑料套管内。在塑料套管外的环形槽内装有密封圈。有的还有两个外环形槽，每槽各装一个密封圈。把塑料套管连同膨胀节流管都插入蒸发器进口管中，密封圈就是密封塑料套管外径和蒸发器进口管内径间的配合间隙用的。膨胀节流管两端都装有滤网，以防止系统堵塞。安装使用后，系统内的污染物集聚在密封圈后面，使堵塞情况更加恶化，就是这种系统内的污染物堵塞了孔管及其滤网。**膨胀节流管不能维修，坏了只能更换**。

膨胀节流管制冷系统的最大特点是：用节流管取代了复杂的膨胀阀，用集液器替代了储液干燥器。因而其结构非常简单。膨胀节流管系统的工作原理如图 2-61 所示。

制冷剂经过压缩，在冷凝器里液化成高压液体后，经过节流管的节流降压作用，又变成低温的低压制冷剂，在蒸发器内吸热蒸发成气体。由于节流管不具备调节液体流量的功能，所以当压缩机高速运转时，蒸发器有可能蒸发不彻底，在其出口易出现液体制冷剂。为了避免压缩机出现"液击"而受到损坏，在蒸发器出口安装一个气液分离器，使多余的液态制冷剂在此处再蒸发成气体，然后送到压缩机进行压缩。在气液分离器出口处，设置了一个溢流孔，目的是把制冷剂中分离出的冷冻机油从溢流孔送回压缩机。

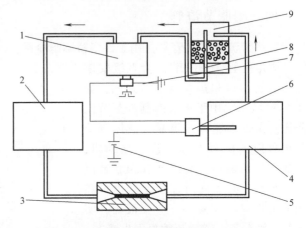

图 2-61 膨胀节流管系统的工作原理

1—压缩机　2—冷凝器　3—膨胀节流管　4—蒸发器　5—电源
6—温度控制器　7—电磁离合器　8—溢流孔　9—气液分离器

五、膨胀节流管的拆装与检修

节流管的主要故障是堵塞，一旦发生堵塞，一般只能更换，而且同时还需要更换集液器。拆装节流管需要专门工具。在拆卸之前，首先应判断故障，对其进行检测。

1. 节流管的检测

1) 将歧管压力计与系统连接，发动机转速调至 1000~1200r/min，将空调控制器调至最冷（MAX）位置，让空调系统运行 10~15min。

2) 查看低压表读数。若系统无其他问题且制冷剂量合适，而低压表读数偏低，则说明节流管可能堵塞。

3) 将低压开关断路。

4) 在节流管周围包上温度约为 51℃ 的温湿布。

5) 若低压表读数上升至正常值或接近正常值，则说明系统内有水汽，节流管正常，应更换集液器。

6) 若低压表读数仍偏低，甚至出现真空，则说明节流管有脏堵，应更换节流管。

2. 有拆卸口的节流管拆装

(1) 拆卸未损坏的节流管

1) 用冷媒回收与充注机将系统中的制冷剂回收。

2) 把蒸发器进口管拆下（此时节流管就露出来了），把进液管中的所有碎片、污物清理干净。

3) 倒一点冷冻润滑油到节流管的密封部分。

4)把拆卸工具(如图2-62所示,它是在T形套筒中加了一个开槽的圆管)上的槽对准节流管上的柄脚(凸起)并插入。

5)转动T形手柄,使开口圆管夹住节流管。

6)握住T形手柄(千万别转动),顺时针转动外面的细长形六角套筒,这样节流管就会被拉出。

(2)拆卸已破碎的节流管 若节流管已破碎,用一般工具很难取出。此时,应用图2-63所示的专用工具将其取出,方法如下:

1)将蒸发器进液管中的所有碎片(节流管的)清除出去,在进液管中加几滴冷冻润滑油。

2)将专用工具的螺纹锥伸到坏节流管中的铜质孔中,用手转动T形手柄,直至确信已接触到节流管。

3)转动工具的外壳,直到坏节流管被拉出。

4)若拉出的仅是节流管中的铜管,其塑料套管仍留在蒸发器进液管中,则应将拉出的铜管卸掉,再把工具插入塑料管中,将塑料管拉出。

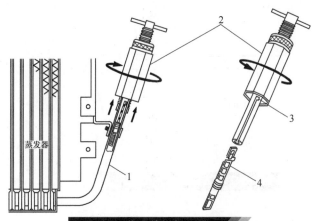

图 2-62 节流管拆卸工具

1—蒸发器进液管 2—节流管拆卸工具 3—切口 4—节流管

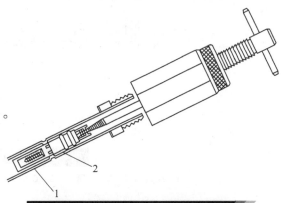

图 2-63 取破碎节流管的专用工具

1—蒸发器进液管 2—破碎节流管拆卸工具

(3)安装节流管

1)将蒸发器进液管清理干净。

2)在节流管外表涂上冷冻润滑油。

3)将节流管装入拆装工具,然后推入进液管中,直到碰到凸起推不动为止。

4)装O形密封圈,将进液管与蒸发器连接好。

5)若已拆下集液器,将新的集液器装上。

3. 无拆卸口的节流管拆装

(1)拆卸

1)缓慢排放系统中的制冷剂。

2)从汽车上拆下液管。注意液管安装方向,以便按同样方向将其装回。

3)确定节流管的位置(图2-64)。在液管上找到圆形凹陷或三个凹口,这些凹口均为节流管的出口端。

4)用截管器在液管上切除63.5mm长管段,如图2-65中的A所示,使其在两端弯头处露出至少25.4mm,如图2-65中的B所示。

注意:不要在截管器的进给螺纹上加过大压力以避免扭曲液管。不应使用钢锯,如必须使用钢锯,应冲洗液管两端面以去除污染物,如金属屑等。

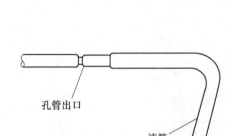

图 2-64 确定节流管的位置

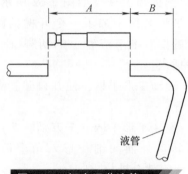

图 2-65 切去旧节流管

(2) 更换固定节流管（图 2-66）

1) 液管各端面套上压紧螺母。
2) 使压紧环锥形部分朝向压紧螺母，向液管各端面套上压紧环。
3) 用洁净的冷冻油润滑两只 O 形密封圈，并将其分别套在液管的每一截面上。

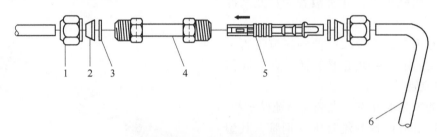

图 2-66 更换固定节流管

1—压紧螺母　2—压紧环　3—O 形密封圈　4—节流管套　5—节流管　6—液管

4) 把内部装有节流管的节流管套装在液管的两截面，用手拧紧两个压紧螺母。注意图 2-66 中箭头所标明的流动方向，应朝着蒸发器方向流动。
5) 用台虎钳夹住节流管套以拧紧压紧螺母。确保软管弯头与被拆卸时的排列方法相同，以便于重新放置液管。
6) 拧紧各压紧螺母的力矩为 87~94N·m。

(3) 系统装复

1) 按照维修程序，对系统进行检漏。
2) 控制维修程序，对系统进行抽真空。
3) 按照维修程序，对系统充注制冷剂。
4) 重复或继续进行检测。

第五节　储液干燥器、集液器及管路接头

一、储液干燥器

由于汽车空调正常工作时，制冷剂的供应量大于蒸发器的需要量，所以高压侧液态制冷

剂会有一定的储存量。而且随着季节的变化，在系统不运行或检修、更换系统内的零件时，可将系统中的制冷剂收到高压侧进行储存，以免制冷剂泄漏。因此，在汽车空调系统中需设置储液干燥器。

1. 储液干燥器的作用

1) 储存制冷剂。储液干燥器可以暂时储存一部分制冷剂，使气、液分离。它还可作为储存罐使用，即接收冷凝器流出的液态制冷剂并一直将其保留到蒸发器需要排出时为止。根据工况不同，各种要求条件也有所变化。

2) 过滤水分、杂质。储液干燥器能过滤水分和杂质。储液干燥器中放置了干燥剂，一般为硅胶形状，可以吸收汽车空调系统的水分，这点对于汽车空调系统是十分重要的。假如制冷剂中含有水分，将会腐蚀功能部件，还可能在膨胀阀的节流小孔处冻结，造成制冷剂管路堵塞；如果在蒸发器中冻结，则将阻碍制冷剂流动。干燥剂有效地防止了此类故障。

3) 防止气态制冷剂进入蒸发器。储液干燥器的位置和设计结构可防止气态制冷剂进入蒸发器。由冷凝器出口进入储液干燥器的制冷剂并不是100%的液体，尤其是在大气温度较高冷凝器散热困难时，气态的制冷剂流入储液干燥器的比例会很高。流入蒸发器的气态制冷剂由于没有经过形态变化，所以不能吸热，从而影响制冷效果。

4) 提供缓冲空间。储液干燥器还提供了系统内液态制冷剂的缓冲空间，能及时调整和补充供给恒温膨胀阀液态制冷剂的流量，以保证系统内制冷剂流动的连续性和稳定性。

5) 部分储液干燥器上部出口端装有一个玻璃视窗，用于观察制冷剂在工作时的流动状态，由此可判断制冷剂量是否合适，如图2-67a所示。

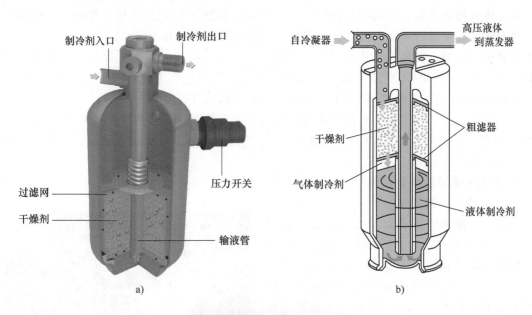

图2-67 储液干燥器

a) 储液干燥器的结构　b) 观察储液干燥器中制冷剂的流动状态

6) 有些车型的储液干燥器上装有压力开关，可在系统压力不正常时，中止压缩机的工作。

7) 有些储液干燥器上装有维修阀，供维修制冷系统安装压力表和加注制冷剂。

2. 储液干燥器的组成

储液干燥器接收冷凝器排出的制冷剂。它装在冷凝器周围或下流处膨胀阀之前，其安装位置如图2-68所示，由储液干燥器体、过滤器、干燥剂、引出管和观察窗玻璃（有些空调系统具备）等构成，如图2-67所示。

（1）储液罐 储液罐能临时性地存储一些在冷凝器中液化的制冷剂，当蒸发器负荷变化时，要求流量相应变化，及时供给蒸发器。储液罐的容量约为系统工质体积的1/3，罐体有钢制和铝制两种。

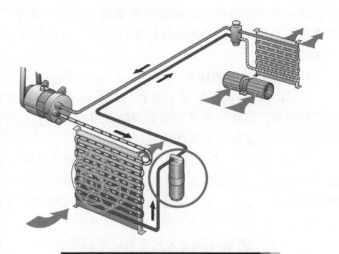

图2-68 储液干燥器的安装位置

（2）干燥剂 干燥剂是一种能从气体、液体或固体中去掉潮气的固体物质，如硅胶、分子筛等。

（3）过滤器 制造系统中没有处理干净的微量碎屑、尘土、制冷剂中的脏物及制冷剂对系统部件内壁发生侵蚀而脱落的杂质，如果积聚在膨胀阀（或塑料节流管）内，将阻碍制冷剂流通。因此，管路中必须安装过滤器，并需要经常清洗滤网（或更换过滤器）。

3. 视液镜

视液镜也称观察窗，其功用是在加注制冷剂时，观察制冷剂加注量是否到位，也用来判断空调系统制冷量是否不足，是否由于制冷剂泄漏导致制冷剂减少。

视液镜由玻璃、壳体及连接管嘴3部分组成。玻璃须耐压，耐高、低温，壳体和接管嘴一般连成一体，由钢锻件机加工而成。玻璃和壳体有两种连接方式：一种是螺母垫圈压接；另一种是直接烧结在壳体上，即在炉中达到一定温度熔接在壳体孔上。

在不少汽车空调系统中，视液镜多安装在储液干燥器上，有的则安装在高压管路系统上，如图2-69所示；另外，采用CCOT系统时，由于气液分离器上不能装视液镜，视液镜应安装在高压管路系统上。

4. 储液干燥器的安装和维护

（1）储液干燥的安装

安装立式储液干燥器时，其与立面的倾斜角度不得大于15°，进口应和冷凝器出口相连通。储液干燥器进口处，通常打有标记，安装时一定要记住，制冷剂是从干燥器下部流入膨胀阀进口的，接反了储液干燥器，会导致制冷量不足。干燥器是接入系统的最后一个部件，应防止湿气进入系统和干燥器。

（2）储液干燥器的维护 储液干燥器内的干燥剂失效时，湿气会集聚在膨胀阀孔口，结成冰块，系统发生堵塞，必须更换。如出液口残破，液体管路内会发生不正常的气体发闪，

图2-69 视液镜的安装位置

应更换旧储液干燥器。排湿时,必须彻底抽真空,要选用可靠的真空泵。为了防止杂质在系统内循环,膨胀阀进口、压缩机进口和储液干燥器内部,均装有滤网,要是滤网堵塞,必须更换储液干燥器。

二、储液干燥器的拆装与检修

储液干燥器的常见故障是滤芯被脏物堵塞或吸水饱和,从而导致制冷剂流通不畅,造成制冷系统制冷不足或不制冷。

1. 储液干燥器的检测

1)用手触摸储液干燥器进出管路,并观察视窗。如果进口很烫,而且出气管接近大气温度,从视窗中看不到或很少有制冷剂流过,或者制冷剂很浑浊,则可能是储液干燥器中的滤网堵了或干燥剂散了并堵住了储液干燥器的出口。

2)检查易熔塞是否熔化,各接头处是否有油污。

3)检测视窗是否有裂纹,周围是否有油污。

2. 储液干燥器的拆卸与安装

以桑塔纳 3000 为例,介绍储液干燥器的拆装方法。

(1)拆卸步骤 储液干燥器的结构见图 2-70。

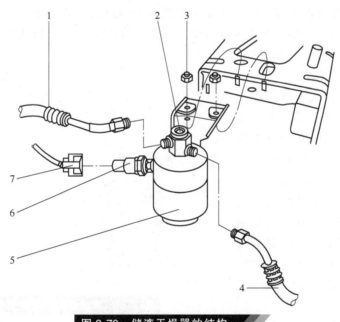

图 2-70 储液干燥器的结构

1—L 管(储液干燥器至蒸发器) 2—视窗 3—紧固螺母 4—C 管
(储液干燥器至蒸发器) 5—储液干燥器 6—组合开关 F129 7—连接插头

1)在拆卸之前,用冷媒回收加注设备将制冷剂抽空。

2)拔下高低压开关连接插头(图 2-71 中箭头 A 所示)。

3)拆下 C 管(冷凝器至储液干燥器,如图 2-71 中箭头 B 所示),封住管口。

4)拆下 L 管(储液干燥器至蒸发器,如图 2-71 中箭头 C 所示),封住管口。

5)拆卸连接螺栓(图 2-71 中箭头 D 所示),取出储液干燥器。

(2)安装步骤 储液干燥器一般安装在冷凝器旁或者其他通风好、散热好、远离热源的地方。安装时要尽量直立安装，倾斜度不要大于15°。如果倾斜度过大，液态与气态制冷剂就不能完全分离。安装前一定先要确定储液干燥器的进口端和出口端，否则容易装错。一般在其进、出口端作有标记，如进口端用英文"IN"（此端应与冷凝器出口相接）表示，出口接用"OUT"表示，或者直接打上箭头。

三、集液器

集液器也叫积累器，用于膨胀管（孔管）式的制冷系统，其安装在蒸发器出口处低压侧的管路中。由于膨胀管无法调节制冷剂的

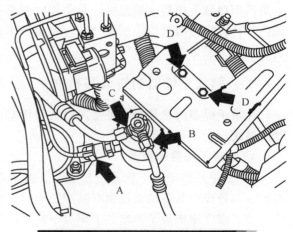

图 2-71　储液干燥器管路的拆卸

流量，因此蒸发器出来的制冷剂不一定全部是气体，可能有部分液体。为防止液态制冷剂液击压缩机损坏，在蒸发器出口处安装一个集液器，如图 2-72 所示，一方面将制冷剂进行气液分离，另一方面起到与储液干燥器相同的作用，其结构如图 2-73 所示。制冷剂进入集液器后，液体部分沉在集液器底部，气体部分从上面的管路出去进入压缩机。在容器底部，出气管弯处装有带小孔的过滤器，允许少量的积存在管弯处的润滑油返回压缩机。但液体制冷剂不能通过，因而要用特殊过滤材料。

1. 集液器工作原理

制冷剂从顶部进入容器，其中液态制冷剂沉入容器底部，而在顶部的气态制冷剂被引出管引向压缩机。在容器底部的引出管上有一小孔，允许少量冷冻润滑油流回压缩机，以保持压缩机工作时的润滑需要，此小孔也允许少量液态制冷剂流回压缩机。由于在到达压缩机之前，这些液态制冷剂还将继续在管路中汽化，所以不会引起"液击"现象。

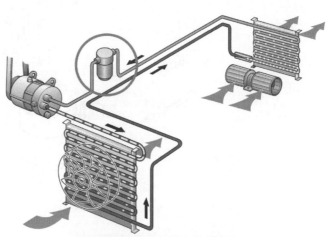

图 2-72　集液器的安装位置

2. 集液器与一般储液干燥器的区别

1）集液器安装在制冷系统的低压区，而储液干燥器则安装在系统的高压区。

2）集液器和储液干燥器存储的都是液态制冷剂，但集液器存储的这些制冷剂会在低压区慢慢地自然蒸发，离开集液器的只是气态制冷剂，因而起到气液分离的作用。而储液干燥器留下的是多余的液态制冷剂，用以调节运行的需要。

3. 集液器的优点

1）保证压缩机不会吸入液态制冷剂，只能吸入气态制冷剂，因而压缩机不会发生"液击"现象。

2）能减少压缩机的排气脉冲，使系统工作更平衡。

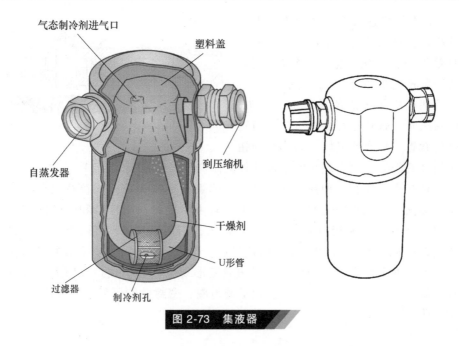

图 2-73 集液器

3）在制冷剂不足的情况下，能维持一定量的润滑油回流，从而提高系统对制冷剂泄漏的容忍度。

四、制冷系统的连接部件

汽车制冷系统的连接部件主要是连接蒸发器、冷凝器和压缩机的管路组件，通常分为软管和硬管两大类。软管又分金属软管（波纹管）、橡胶软管和热塑性软管，通常硬管和金属软管必须配合使用，硬管较多使用铝管或铜管，金属软管多为不锈钢波纹管。

硬管和金属软管通常是在制冷系统管路走向固定的情况下使用，橡胶软管或热塑性软管安装方便，走向不受限制。

1. 连接软管

由于汽车空调的各部件一般分散安装在汽车的各个部位，例如压缩机与发动机连成一体，冷凝器与干燥器安装在车架前端，而蒸发器又安装在车身内，这3部分的悬置体不同（发动机通过发动机悬置橡胶垫组件与车架相连，车身又通过车身悬置橡胶块组件与车架相连）。当汽车在颠簸的道路上高速行驶时，这3组部件以各自的振动频率和振幅，按不同的方向位移，故制冷系统不能全部用刚性金属管连接，必须在两端或中间用柔性橡胶软管连接。因而橡胶软管成了汽车空调区别于其他空调的一种特殊部件。

2. 管路接头

制冷部件之间通过接管和软管相连，连接有两种方法。一种是压接式，接管由外套和芯管两部分组成，软管套入外套与芯管的夹层中，然后将外套铆压在软管上；另一种是卡箍式，接管插入软管后，用卡箍夹紧，适用于维修及非批量配套产品采用。不论哪种方法，接管插入端都有几条倒钩形胀环，确保与软管内壁连接可靠，新型的软管卡箍有定位钩，以保证轴向定位长度，如图2-74所示。

接管的另一端（与制冷部件相连）有喇叭口式、轴向O形圈式、径向O形圈式（即筒形密封式)、压板式及快速接头式等几种,后3种的密封性能好,目前被普遍采用。筒形密封式不仅密封效果好,还允许有少量轴向位移,已普遍应用于各种连接场合。

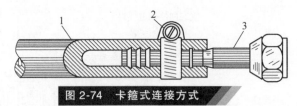

图 2-74 卡箍式连接方式

1—软管 2—软管夹 3—插入接头

金属软管两端应尽量避免采用螺纹接头,因为在紧固螺纹时,软管很可能被扭转。扭转剪切应力会使软管过早疲劳损坏,同时这种扭力有使接头松开的趋势,因而现在的空调部件上倾向于采用压板式接口。

除上述各种接头,还有一种弹簧锁定接头。弹簧锁定接头是美国福特汽车公司发明的专利,广泛用于美国福特汽车公司的各种车型上。它由阴接口、阳接口和弹簧锁定连接器3部分组成,如图2-75所示。阴接口6由管子扩口而成,阳接口5上装有两个O形密封圈,弹簧锁定连接器包括罩1、卡紧弹簧2,装在阳接口上。这种结构的特点:安装非常方便,两根管子对插即可;无需扳手拧紧,不会发生管子扭曲变形现象;管子接口处所需安装空间小,便于管路布置;属于径向密封结构,并且有两道密封圈,密封性能可靠;与其他接口形式相比,这种接头重量明显减轻。

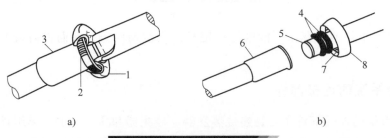

图 2-75 弹簧锁定接头

a) 连接方式 b) 带O形圈连接方式

1、8—罩 2、7—卡紧弹簧 3、6—阴接口 4—O形密封圈 5—阳接口

连接方法如下:

1) 把两个新的完好的专用O形圈沾一点与压缩机相同的润滑油,装到阳接口上(注意:R134a的O形圈与润滑油不能与R12的混淆)。

2) 把阳接口插入阴接口,并推到位(即让卡紧弹簧翻到阴接口上面),使两根管子连接起来,如图2-75a所示。

拆卸方法如下:

1) 把专用工具(图2-76)装到弹簧锁定连接器上。

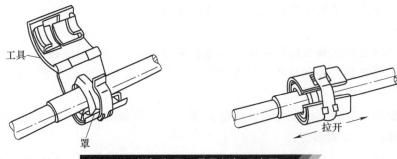

图 2-76 拆卸专用工具及拆卸示意图

2）上紧工具，使其中的弯钩进入罩中，使卡紧弹簧撑大，以便能放出阴接口。
3）把阴接口与阳接口拉开。
4）卸下专用工具。

3. 充注接口

汽车空调系统的高、低压端都设置有充注接口，一般都带有阀门结构，目的是既便于充注制冷剂，又能防止制冷剂的泄漏。

复习思考题

一、填空题

1. 在汽车空调制冷系统中，_____起着压缩和输送制冷剂气体的作用，是整个系统的心脏。

2. 膨胀阀起_____作用，同时调节_____，是系统高低压的_____。

3. 汽车空调装置中的冷凝器和蒸发器要与_____相匹配，还应和_____相适应。

4. 冷凝器中制冷剂的放热过程有三个阶段，即_____、_____、_____。

5. 对于采用膨胀阀的系统，蒸发器出口过热度是由_____控制的。

6. 对于采用固定节流管的系统，是靠蒸发器后面的_____来保证压缩机吸入的一定是气体。

7. 采用膨胀阀的制冷系统，需要在冷凝器出口和膨胀阀之间配置_____；采用节流管的制冷系统，则在蒸发器出口和压缩机进口之间配置_____。

8. 汽车空调制冷系统常用的热力膨胀阀有_____、_____和_____三种。

9. 膨胀阀的容量与膨胀阀_____、过冷度、_____及阀的开度有关。

10. 膨胀节流管制冷系统的最大特点是：用节流管取代了复杂的_____，用集液器替代了_____。

二、单项选择题

1. 引起制冷系统发生异响的原因主要发生在（　　）。
A. 压缩机　　　B. 冷凝器　　　C. 低压开关　　　D. 蒸发器

2. 下列汽车空调部件中，不是热交换器的是（　　）。
A. 供暖水箱　　B. 冷凝器　　　C. 蒸发器　　　　D. 鼓风机

3. 制冷系统高压侧工作压力偏低、而低压侧的偏高，可能的原因是（　　）。
A. 制冷剂过多　B. 压缩机不良　C. 散热不良　　　D. 制冷剂过少

4. 空调制冷系统中压缩机的作用是（　　）。
A. 控制制冷剂流量　　　　　　B. 完成压缩过程
C. 将制冷剂携带的热量散发至大气中　D. 控制蒸发

5. 空调系统中冷凝器的安装要求之一是（　　）。
A. 上接出液管，下接进气管　　B. 上、下管可随便连接
C. 上接进气管，下接出液管　　D. 上接排气管，下接吸气管

6. 汽车空调系统中储液干燥器安装在（　　）侧。
   A. 微压　　　　B. 低压　　　　C. 中压　　　　D. 高压
7. 制冷系统正常工作时，储液干燥器进出管的温度是（　　）。
   A. 基本一致　　B. 进高出低　　C. 进低出高　　D. 温差明显
8. 汽车空调储液干燥器安装在（　　）。
   A. 低压管道上　　　　　　　　B. 低压或高压管道上
   C. 高压管道上　　　　　　　　D. 以上都不是
9. 汽车空调制冷压缩机，一般来说，排气管比吸气管的直径要（　　）。
   A. 大些　　　　B. 一样大　　　C. 小些　　　　D. 大小不一定
10. A/C 正常工作时，蒸发器流动的是（　　）的制冷剂。
    A. 高压低温液态　　　　　　　B. 低压低温气态
    C. 高压高温气态　　　　　　　D. 高压中温液态
11. 开启空调开关后，视液镜的气泡在 3~5min 内消失，则制冷剂量是（　　）。
    A. 过多的　　　B. 过少的　　　C. 合适的　　　D. 以上都不对
12. A/C 工作时，从视液镜上能看到条纹，则为（　　）过多。
    A. 机油　　　　B. 冷冻润滑油　C. 制冷剂　　　D. 水分
13. 空调系统中蒸发器的作用是（　　）。
    A. 控制制冷剂流量　　　　　　B. 吸收车厢中的热量
    C. 散发制冷剂热量　　　　　　D. 以上都不是
14. 汽车空调系统中储液干燥器的作用有（　　）。
    A. 储液　　　　B. 吸湿　　　　C. 过滤杂质　　D. 以上都是
15. 在汽车空调的压缩、冷凝、膨胀、蒸发制冷循环中，冷凝过程是制冷剂（　　）。
    A. 从气态变为液态　　　　　　B. 从液态变为气态
    C. 从气态变为固态　　　　　　D. 从固态变为液态
16. 在制冷系统中，被压缩机压缩、冷凝器液化后的 R134a 经（　　）减压节流后进入蒸发器蒸发制冷。
    A. 集液器　　　B. 冷凝器　　　C. 膨胀阀　　　D. 储液干燥器
17. 安装在干燥器与蒸发器之间的是（　　）。
    A. 膨胀阀　　　B. 冷凝器　　　C. 压缩机　　　D. 鼓风机
18. 制冷剂在蒸发器中的过程是（　　）。
    A. 吸热气化过程　　　　　　　B. 降温冷凝过程
    C. 吸热冷凝过程　　　　　　　D. 降温气化过程
19. 一个完整的空调系统主要由（　　）组成。
    A. 压缩机、冷凝器、电磁阀、蒸发器
    B. 压缩机、气液分离器、冷凝器、蒸发器
    C. 压缩机、过滤器、膨胀阀、冷凝器
    D. 压缩机、冷凝器、膨胀阀、蒸发器
20. 汽车空调制冷的原理是利用制冷剂液体在（　　）内蒸发或沸腾变为气态制冷剂，吸热来降低车内温度的。
    A. 冷凝器　　　B. 蒸发器　　　C. 压缩机　　　D. 膨胀阀

21. 利用紧贴在低压管道上的毛细管来自动调节开度的膨胀阀，属于（　　）平衡式膨胀阀。
    A. 外　　　　　B. 内　　　　　C. 内外　　　　　D. 压力
22. 空调器运行后，储液干燥器外壳有一层白霜，说明（　　）。
    A. 制冷剂过量　　B. 干燥器脏堵　　C. 制冷剂泄漏　　D. 干燥器老化
23. 甲说，用手握住膨胀阀的感温包会导致系统的压力变化；乙说，冷却膨胀阀的感温包会使系统压力发生变化。你认为（　　）。
    A. 甲正确　　　B. 乙正确　　　C. 两人均正确　　　D. 两人均不正确

三、判断题

（　　）1. 冷凝器应安装在车上不易通风的地方，让制冷剂更容易液化。
（　　）2. 在汽车空调制冷循环的压缩过程中，制冷剂由气态变为液态。
（　　）3. A/C正常工作时，储液干燥器两边管道温差很小，则可判断储液干燥器没有堵塞。
（　　）4. 储液干燥器上一般有安装箭头标记，在安装时箭头连进液管，箭尾连出液管。
（　　）5. 蒸发器上的负温度系数的热敏电阻，应安装在蒸发器的出风口中央。
（　　）6. 膨胀阀和孔管的作用基本相同，但膨胀阀安装在高压侧，而孔管则安装在低压侧。
（　　）7. 在压缩机加注冷冻润滑油时，加注量可随意确定。
（　　）8. 冷凝器不是热交换器，它的作用只是将气态制冷剂变成液体制冷剂。
（　　）9. A/C正常工作时，高、低压管内流动的都是制冷剂气体。
（　　）10. 在汽车空调的制冷循环过程中，制冷剂经过蒸发器然后到达膨胀阀。
（　　）11. A/C工作时，储液干燥器两边的管道温差大，出现露水，则可判断储液干燥器有堵塞。
（　　）12. 制冷压缩机的作用是对气体制冷剂加压，提供冷凝温度，便于冷凝器散热。
（　　）13. 冷凝器一般安装在水箱前面。
（　　）14. 压缩机吸收的是高温低压的制冷剂蒸气。
（　　）15. 蒸发器的作用是将经过节流升压后的制冷剂在蒸发器内沸腾汽化。
（　　）16. 膨胀阀也称节流阀，安装在蒸发器的入口处，它是汽车空调系统的高压与低压的分界点。
（　　）17. 经过蒸发器的风量不够，不但会使制冷效果差，还会引起蒸发器结霜。
（　　）18. 制冷剂在冷凝器中冷凝是向外吸热。
（　　）19. 从汽车空调膨胀阀流出的制冷剂为低压气态。
（　　）20. 斜板式压缩机与曲轴连杆式压缩机都有活塞装置，所以其工作原理是一样的。
（　　）21. 膨胀阀和节流管都是汽车空调系统的节流装置，膨胀阀装在系统的高压侧，节流管装在低压侧。
（　　）22. 储液干燥器安装在蒸发器出口处。
（　　）23. 集液器是一种特殊形式的储液干燥器，是用于回气管路中的气液分离器。
（　　）24. 孔管式空调系统的储液干燥器安装在冷凝器后边。
（　　）25. 节流膨胀阀式空调系统的储液干燥器安装在蒸发器后边。

(　　) 26. 蒸发器安装应稍微后倾，以利排水。
(　　) 27. 蒸发器表面的温度越低越好。
(　　) 28. 如果制冷系统内有水分，将造成系统间歇制冷。
(　　) 29. 如果汽车空调系统膨胀阀的感温包暴露在空气中，将使低压管表面结霜。
(　　) 30. 制冷系统工作时，压缩机的进、出口应无明显温差。
(　　) 31. 压缩机的电磁离合器，是用来控制制冷剂流量的。

四、问答题

1. 压缩机的作用是怎样的？
2. 变排量压缩机的主要优点有哪些？
3. 管带式冷凝器与平行流式冷凝器的区别在哪里？
4. 制冷剂在蒸发器中的工作过程是怎样的？
5. 热力膨胀阀的作用是怎样的？
6. 内平衡式膨胀阀的工作原理是怎样的？
7. H 型膨胀阀的优点有哪些？
8. 储液干燥器的功用有哪些？
9. 制冷系统中混有水分会造成哪些问题？
10. 集液器与储液干燥器的区别有哪些？

第三章

汽车空调系统电气控制

第一节 空调常用保护与控制装置

为了使汽车制冷系统能正常运行且当制冷系统出现故障时不致损坏整个制冷系统和压缩机，能使车内温度维持在预先设定的温差范围内，制冷系统设有保护和控制装置。

一、制冷剂压力开关

有些汽车为了使制冷系统运行正常，设有压力开关电路。压力开关也称为压力继电器或压力控制器，分为高压开关、低压开关、双重压力开关和高、低压双向复合开关（三位压力开关）四种，安装在制冷系统高压管路上（图3-1）或储液干燥器上（图3-2）。

1. 高压开关

压力开关又称为制冷系统的压力继电器，一般安装在制冷系统的高压管路（图3-3）或储液干燥器上，其作用是当制冷系统工作压力异常（过高）时，自动切断电磁离合器线圈电路，使压缩机停止运转或接通冷凝风扇高速档使冷凝风扇高速运转，从而防止制冷系统压力过高或过低而损坏压缩机和制冷部件。

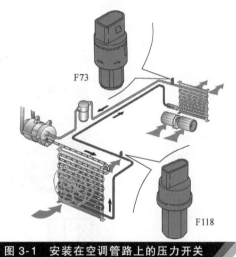

图3-1 安装在空调管路上的压力开关
F73—低压开关　F118—高压开关

一般系统压力过高的原因有以下几种：一是冷凝器过脏阻塞了冷却风道，导致冷凝器无法充分冷却；二是维修中制冷剂添加过多，导致压力过高；三是系统管路发生堵塞。

触点常开（动合）型压力开关的结构如图3-4a所示，其作用是当制冷系统压力升高到一定值时，接通冷凝风扇高速档电路高速运转，增强冷凝器的散热效果，降低制冷剂温度与压力。

触点常闭（动断）型压力开关的结构如图3-4b所示，其常闭触点串联在空调压缩机电磁离合器线圈电路中，当制冷系统压力升高到一定值时，作用在膜片上的制冷剂压力推动推杆使触点断开，切断电磁离合器线圈电路，从而使压缩机停止运转，避免制冷剂压力进一步升高而损坏压缩机或制冷部件。当高压管路的压力恢复正常值时，触点在复位弹簧作用下恢复闭合状态，压缩机又可正常工作。触点常闭型压力开关触点的断开压力和闭合（恢复）压力依车而异，断开压力一般为2.1~3.5MPa，闭合（恢复）压力一般为1.6~1.9MPa。

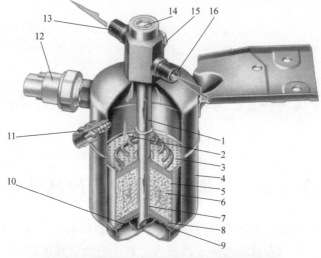

图 3-2 安装在储液干燥器上的压力开关

1—输液管 2—弹簧 3—多孔盖板 4—罐体 5—杯壳（底多孔） 6—干燥剂 7—连接管 8—过滤布 9—胶垫 10—滤网 11—制冷剂充注阀 12—高低压力开关 13—出口 14—观察窗 15—易熔塞 16—进口

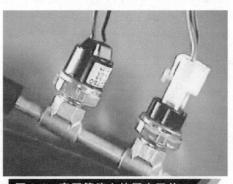

图 3-3 高压管路上的压力开关

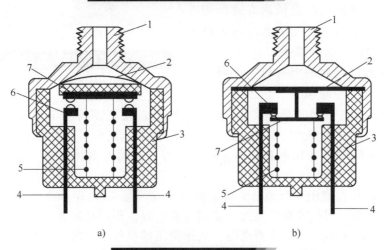

图 3-4 高压保护开关

a) 常开型高压开关 b) 常闭型高压开关

1—管路接头 2—膜片 3—外壳 4—接线柱 5—弹簧 6—固定触点 7—活动触点

2. 低压开关

低压开关有两种，一种设在高压回路中，其主要目的是保护压缩机在缺少制冷剂的情况下不空转，以免压缩机因缺乏润滑油而磨损，同时，也起到低温环境保护作用，以免在过低温度的环境下使制冷系统工作而造成蒸发器表面结冰，增加功耗。

低压开关又称为制冷剂泄漏检测开关，其触点为常闭触点，并与空调压缩机电磁离合器线圈电路串联。低压开关的作用是在制冷系统严重缺少制冷剂，导致高压侧压力低于一定值［一般为 0.2MPa，如桑塔纳 2000 系列轿车空调系统为（0.196±0.1）MPa］时，触点断开切断电磁离合器线圈电路使压缩机无法运转，防止压缩机在没有润滑保障的情况下运转而损坏，低压开关的结构如图 3-5 所示。

另一种低压开关设在低压回路中（图 3-6），通过感受吸气压力，用来控制高压旁通阀的除霜作用，即当低压压力低到某一规定值时，接通高压旁通阀（电磁阀），让部分高压蒸气直接进入蒸发器，以达到除霜的目的。这种低压开关一般用于大客车汽车空调，当系统吸气压力降低时，压力调整弹簧和压力差弹簧的弹力相抵消，动作板复原，微动开关动作，接点通电，高压旁通阀开启。在正常运转时，高压旁通阀的接点一直是开着的。

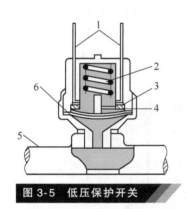

图 3-5 低压保护开关

1—导线 2—弹簧 3—动触点 4—支座
5—压力导入管 6—膜片

图 3-6 安装在集液器上的低压开关

3. 双重压力开关

图 3-7 所示为双重压力开关的结构，它其实是由一个高压开关和一个低压开关复合而成，同时具有低压开关和高压开关的功能。双重压力开关装在制冷系统的高压端，当系统内制冷

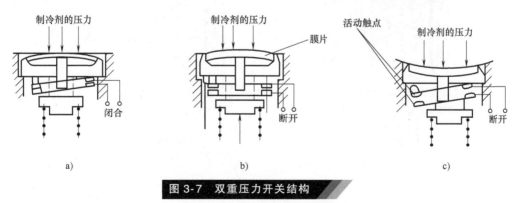

图 3-7 双重压力开关结构

a）压力正常时 b）制冷剂的压力过低时 c）制冷剂的压力过高时

剂的压力正常时,双重压力开关的触点闭合(图3-7a);若系统制冷剂泄漏致使压力过低或已没有制冷剂循环时,双重压力开关中的低压开关动作,切断压缩机电磁离合器电源,以保护压缩机免受破坏(图3-7b);若由于散热不良或制冷剂过多等原因而使系统压力超过设计值时,双重压力开关中的高压开关动作,切断压缩机离合器电源(图3-7c)。

4. 三位压力开关

三位压力开关内部由隔膜、碟形弹簧、轴和接点组成。接点可分为低压及高压异常时会动作的接点和用于控制冷凝器风扇或发动机散热器风扇的接点。

三位压力开关的作用如下:

1) 防止因制冷剂泄漏而损坏压缩机。

2) 当系统内制冷剂高压异常时,保护系统不受损坏。

3) 在正常工作状况下,冷凝器风扇低速运转,实现低噪声,节省动力;当系统内高压升高时,风扇高速运转,以改善冷凝器的散热条件,实现了风扇的二级变速。

三位压力开关一般安装在储液干燥器上,感受制冷剂高压回路的压力信号,其工作过程如图3-8所示(以R134a制冷剂为例)。

当制冷剂压力不大于0.196MPa时,由于隔膜、碟形弹簧和弹簧的弹力大于制冷剂压力,因此高低压接点断开(OFF),压缩机停转,实现低压保护,如图3-8a所示。

当制冷剂压力为0.2~3MPa时,制冷剂压力高于开关的弹簧压力,弹簧挠曲,高低压接点接通(ON),压缩机正常工作,如图3-8b所示。

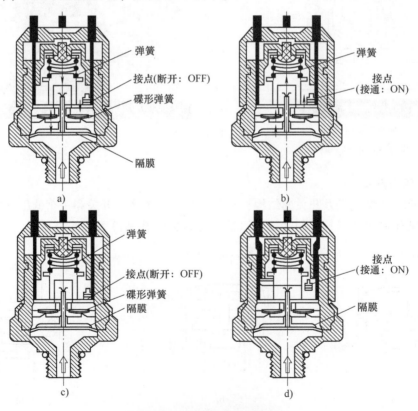

图3-8 三位压力开关

a) 低压保护 b) 压缩机正常工作 c) 高压保护 d) 中压保护

当制冷剂压力大于或等于 3.14MPa 时，制冷剂压力大于隔膜、碟形弹簧压力，高低压接点断开，压缩机停转，实现高压保护，如图 3-8c 所示。

当制冷剂压力大于 1.77MPa 时，压力就大于隔膜弹力，隔膜会反转，将轴推上，以接通冷凝风扇高速接点，风扇以高速运转，实现中压保护，如图 3-8d 所示。当压力降至 1.37MPa 时，隔膜恢复原状，轴下落，接点断开，冷凝风扇又以低速运转。

三位压力开关的工作情况示意如图 3-9 所示。

常见压力开关的开关形式及作用如表 3-1 所示，其有关技术参数如表 3-2 所示。

5. 压力传感器

有些高档轿车用压力传感器来感测系统压力（图 3-10），测量压力是否正常，它的结构与歧管压力传感器类似，一般为压敏电阻式。当空调制冷剂压力较低时，信号值接近 0V，当空调制冷剂压力较高时，信号值接近 5V，此传感器除用于压力控制外，还作为冷凝器风扇的控制信号，其功能主要有：

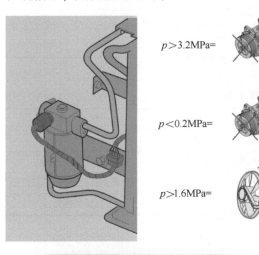

图 3-9　三位压力开关的功能

图 3-10　东风本田思铂睿空调系统压力传感器安装位置

表 3-1　压力开关的开关形式及作用

序号	种类	开关形式	特性	作用
A	低压开关	C—H$_l$	常闭	高压回路压力低于规定值时，使压缩机停转
B	高压开关	C—H$_h$	常闭	高压回路压力高于规定值时，使压缩机停转
C	低压开关	D—L$_l$	常开	低压回路压力低于规定值时，接通除霜电磁阀
D	高压开关	F—H$_h$	常开	高压压力高于规定值时，使冷凝风扇高速运转

(续)

序号	种类	开关形式	特性	作用
E	高低压力复合开关	(图)		是 A、B 两种形式的组合，设在高压回路中，也可以是 A、D 两种形式的组合
F	高中低三位压力开关	(图)		是 A、B、D 三种形式的组合，设在高压回路中
说明	©—压缩机　⑩—除霜电磁阀　⑤—冷凝风扇　H_h—高压回路中的高压力　H—高压压力　L—低压压力 H_l—高压回路中的低压力　H_m—高压回路中的中等压力　L_l—低压回路中的低压力			

注："↑"为压力升高的动作方向，"↓"为压力降低的动作方向。

表 3-2　压力开关的技术参数

压力开关性质	开关值	开关动作	作用
高压	压力≥3.14MPa	电路断开（关）	压缩机停转
中压	压力≥1.77MPa	电路接通（开）	冷凝风扇高速运转
	压力≥1.37MPa	电路又断开（关）	冷凝风扇回到低速运转
低压	压力≥0.196MPa	电路断开（关）	压缩机停转

1）压力过高或过低时，使压缩机停止运转。

2）压力达到一定值时，加快冷凝器风扇的运转速度。

6. 空调压力开关的检修

(1) 压力开关的检查

1）将歧管压力表组件和软管接到高、低压检修阀上。当系统中的制冷剂压力高于 0.21MPa 时，低压开关就应接通。否则为性能不良，应予更换。

2）在制冷系统工作时，用纸板或其他板挡住冷凝器的散热，以恶化其冷却效果，这时冷凝器的温度会逐渐升高，当高压侧压力达到 2.1~2.5MPa 时，电磁离合器应立即断电，然后拿开纸板，待高压侧压力降低到 1.9MPa 时，电磁离合器应立即通电，使压缩机工作。否则为性能不良。

3）高压开关的触点是常闭式。用万用表测量其两个接线端，如果是断路，说明已损坏，如果电阻为零，则说明性能良好。

4）低压开关的触点，在没有压力的作用下是常开的。用万用表测量其两接线端，如果性能正常的话，应该是断路，否则为性能不良。

5）在有压力的情况下检测压力开关准确度较高。低压开关一般在 0.2MPa 左右触点闭合；高压开关在 2.65MPa 左右触点断开。

(2) 桑塔纳 3000 空调压力开关的检查

1）装上歧管压力表组件。
2）使发动机在大约 2000r/min 的转速下运转。
3）用万用表检查压力开关的工作情况。压力开关插接器如图 3-11 所示。

（3）控制电磁离合器

1）制冷剂压力变化时，检查压力开关端子 1 与端子 2 之间的导通性。

2）低压侧：压力降至 0.196MPa 时应不导通，压力升高至 0.225MPa 时应导通。高压侧：压力升至 3.14MPa 时应不导通，压力降至 2.25MPa 时应导通。

（4）控制冷却风扇

1）制冷剂压力变化时，检查压力开关端子 3 与端子 4 之间的导通性。

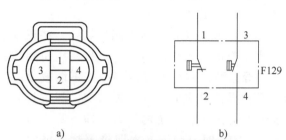

图 3-11 空调压力开关插接器

a）空调压力开关插接器外形　b）空调压力开关插接器内部线路

2）压力升至 1.77MPa 时应导通，风扇高速运转，压力降至 1.37MPa 时应不导通，风扇又恢复低速运转。

如果导通情况不符合要求，说明压力开关性能不良，应更换。

二、过热过压保护装置

1. 易熔塞和泄压阀

（1）易熔塞　在一些早期采用 R12 空调系统的汽车上，储液干燥器顶端上安装有一易熔塞，易熔塞是一个设有轴向通孔的螺塞，孔内填充有易熔材料，并借螺塞的螺纹安装在储液干燥器上，如图 3-12 所示，当冷凝压力过高时，易熔合金立即熔化，将容器内的高压制冷剂全部排空泄放，起到安全保护作用。

易熔塞的作用是当储液干燥器内部制冷剂温度达到一定值（一般为 105℃ 左右，如桑塔纳 2000 系列轿车空调系统为 103~110.5℃）时，易熔塞中的易熔材料熔化，将制冷剂通过易熔塞散发到大气中，避免高温、高压导致制冷部件损坏。

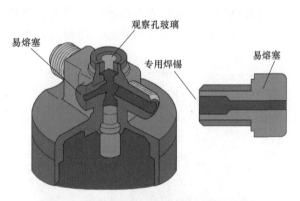

图 3-12 易熔塞的安装位置及结构

当冷凝器通风不良或冷气负荷过大使冷凝器散热不足时，就会导致冷凝器和储液干燥器内部制冷剂压力和温度异常升高。当制冷剂压力达到 3MPa 以上、温度达到易熔材料的熔点（约 105℃ 左右）时，易熔材料就会熔化，将高温、高压制冷剂排到大气中，避免制冷部件损坏。

（2）高压泄压阀　高压泄压阀的作用是防止高压侧压力异常升高，保护压缩机和冷凝器。高压泄压阀一般安装在压缩机排气口处。当冷凝器散热条件不好时，冷凝器温度和压力可能过高，当汽车制冷系统内制冷量过多时，系统压力也可能过高，高压泄压阀的压力调整范围为 2.4~2.8MPa，当压力超出该调整范围时，高压泄压阀被迫打开，让制冷剂放出，直至压力降低到调整值为止。在弹簧的作用下自动关闭，保证制冷系统正常工作。

图 3-13 所示为高压泄压阀的结构。在正常情况下，由于弹簧的压力作用，将密封塞压向阀体，与 A 面凸缘紧贴，制冷系统内制冷剂不能放出。当系统内压力异常升高时，弹簧被压缩，阀被打开，制冷剂被释放出来，系统内压力立即下降。当压力降至约 2.8MPa 时，弹簧又立即将密封塞推向阀体 A 面，将阀关闭。

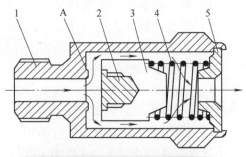

图 3-13 高压泄压阀的结构

1—阀体　2—密封塞　3—下弹簧座
4—弹簧　5—上弹簧座

采用泄压阀，制冷剂只会释放出很少的一部分，因此不存在上述易熔塞的缺点，空气也不会进入系统，而且便于判断故障原因。

图 3-14 所示为泄压阀在压缩机上的安装，这是通用公司的 V5 型可变排量压缩机，它将几种压力开关都装在了压缩机上。

2. 高压传感器

大众奥迪车系的空调系统用高压传感器 G65 取代空调压力开关 F29，是一种新型电子压力传感器，如图 3-15 所示，用于监控制冷剂回路。高压传感器被集成安装于高压管路内，这种传感器记录制冷剂压力，并将压力物理量转化为电信号。

3. 冷却液过热开关

冷却液过热开关又称为冷却液温度开关，其功用是防止在发动机过热的情况下使用空调。过热开关一般安装在发动机散热器或冷却液管路上，以便监测发动机冷却液温度。

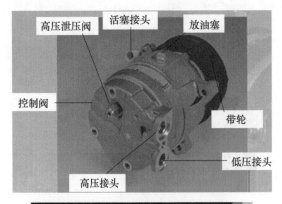

图 3-14 V5 型压缩机上的泄压阀

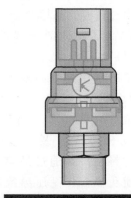

图 3-15 高压传感器

4. 过热开关与热力熔断器

过热开关有两种，一种装在压缩机缸盖上，作用是使电磁离合器电源中断，压缩机停转；另一种装在蒸发器出口管路上，作用是使泄漏警告灯点亮。采用这两种结构的目的都是防止由于缺少制冷剂，造成压缩机因缺乏润滑油而过热损坏。当系统处于高温高压状态或低温低压状态下，此开关保持常开，当系统处在高温低压状态时，此开关闭合。系统的高温低压状态通常是在缺少制冷剂时出现的，此时，如果压缩机继续运转，将会因缺少润滑而过热损坏，过热开关将使压缩机停止运行,直至故障排除为止。

空调器过热开关的结构见图 3-16。当制冷剂温度升高到一定值,膜片下的蒸发压力使膜片上升,推动螺钉,带动动触点与定触点接触,过热开关接通,在过热开关后面串接一个过热时间继电器。当过热状态是持续的而不是瞬时的情况下,泄漏警告灯才点亮。

图 3-17 所示为热力熔断器的工作原理,它与过热开关配合使用,由温度感应熔丝、绕线式电阻加热器等组成。当过热开关闭合时,通向电磁离合器线圈的电流通过热力熔断器中的加热器,使加热器温度升高,直到把熔断器熔化,这样电磁离合器电路中断,压缩机停止运转。

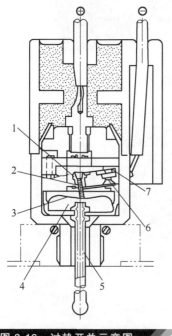

图 3-16 过热开关示意图

1—调整螺母 2—调整螺钉 3—膜片 4—制冷剂
5—温度传感器 6—动触点 7—定触点

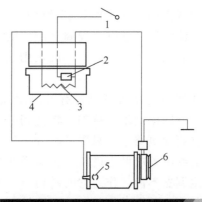

图 3-17 热力熔断器工作原理

1—环境温度开关 2—温度感应熔丝 3—绕线式电阻加热器
4—热力熔断器 5—过热开关 6—电磁离合器线圈

三、空调开关

空调开关用于开启空调,如图 3-18 所示,电磁离合器控制压缩机的运行和停止。在自动空调系统中,散热器风扇和新鲜空气鼓风机同步起动。在手动空调系统中,新鲜空气鼓风机必须置于一档速度。当一个表明空调已起动的信号发至发动机控制单元时,发动机怠速将提升,以补偿压缩机运转所需的额外负荷。空调开关可置于环境温度开关的下游,从而确保空调在 5℃ 以下不会起动。

图 3-18 空调开关

四、控制继电器

汽车空调控制电路中有各种类型的继电器,如图 3-19 所示,其作用是便于控制各种功能并能减少流入控制开关的电流,延长开关使用寿命。一般继电器分常开和常闭两种。空调常用继电器的安装位置如图 3-20 所示。

图 3-19 常见汽车空调继电器

常开型继电器一般用于电磁离合器控制、冷凝器风扇控制、怠速提升装置控制等。只要有控制电流流过，继电器线圈上产生的磁力将活动芯棒吸入，使触点接通，反之则断开，见图 3-21。

常闭型继电器用在只要有控制电流流过，触点就断开的电路上。例如，将空调电源继电器串接在起动电路中，只要汽车开关处于起动位置，此继电器的触点就断开，保证在汽车起动时，空调器不能工作。它的结构与常开型继电器相似，仅铁心动作相反。怠速继电器也属于此类。

如图 3-22 所示，继电器的检查方法如下：

图 3-20 空调常用继电器的安装位置

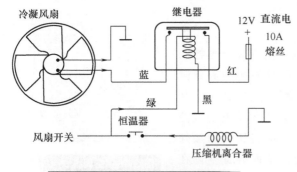

图 3-21 冷凝器风扇电路图

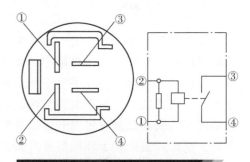

图 3-22 常开型继电器接线图

1）检查接线端①②之间是否导通、是否有焊点脱落。
2）检查接线端①②之间是否导通、接线是否焊牢。
3）在接线端①②之间加电压，检查③④之间是否导通。若不通，则更换。

五、电磁离合器

电磁离合器是汽车空调自动控制系统中的执行部件,受温度开关(恒温器)、压力开关(压力继电器)、车速继电器和电源开关等元件的控制,它一般装在压缩机前端。

1. 电磁离合器的种类及工作原理

电磁离合器由离合器压力板、带盘(转子)及电磁线圈组成,其分解图如图3-23所示。

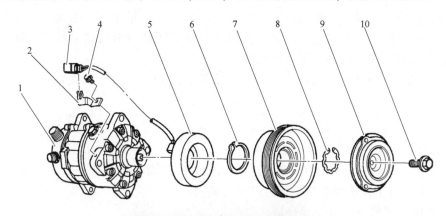

图 3-23 电磁离合器分解图

1—空调压缩机 2—插头固定支架 3—螺栓 4—线束插头 5—电磁线圈 6—挡圈
7—带盘 8—卡环 9—离合器吸盘 10—六角组合螺栓

电磁离合器有固定线圈式和旋转线圈式两种,前者的电磁线圈固定在压缩机壳体上不转动,后者的电磁线圈与带盘连在一起是转动的。

(1)固定线圈式离合器 固定线圈式电磁离合器的结构如图3-24所示。

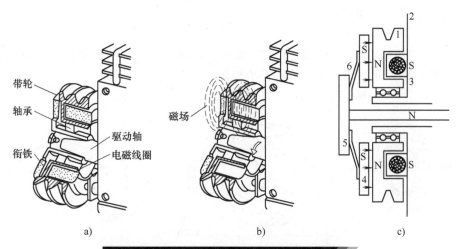

图 3-24 固定线圈式电磁离合器的结构

a)电磁离合器分离 b)电磁离合器接合 c)工作原理

1—带轮 2—压缩机壳体 3—电磁线圈 4—摩擦板 5—压力盘 6—弹簧爪

电磁线圈安装在压缩机端盖上不转动,转子靠轴承和卡簧保持在电磁线圈上面,转子的外部即为带盘。衔铁(离合器板)装在压缩机曲轴的端头。固定线圈式电磁离合器主要由带轮、电磁线圈、压力盘、轴毂总成组成，电磁线圈的一端搭铁，另一端经空调继电器与电源相连。当接通空调开关时，空调继电器接通，压缩机的电磁线圈通电，产生较强的磁场，使压缩机的电磁离合器从动盘和自由转动的带轮吸合，从而驱动压缩机主轴旋转，制冷系统工作。空调继电器断电时，切断了电磁离合器线圈的电流，磁场就消失，此时靠弹簧作用把从动盘和带轮分开，使压缩机停止工作。

（2）旋转线圈式离合器　其工作原理与固定线圈式离合器相同，但电磁线圈位置不同。在旋转线圈式结构中，电磁线圈是转子的一部分，与转子一起转动，电流通过装在压缩机上的电刷流到电磁线圈中，建立磁场。磁场使衔铁与转子接触，由衔铁、转子和线圈组成的整个电磁离合器的装置的转动带动了压缩机的转动。

这两种电磁离合器在衔铁及转子上都开有几条集流槽，以利于聚集磁场，增加两者的吸引力。

> **学习提示：**
> 电磁离合器的使用注意事项
> ① 由于电磁离合器的接合与分离是高速进行的，在衔铁板和转子表面会有很多离合的痕迹。这些痕迹对工作不会造成危害，是允许的。
> ② 对电磁线圈施加的电压要合适。
> ③ 线圈和转子之间的间隙很重要，线圈与转子应靠得尽量近，以便获得更强的磁场作用，但是此间隙不能过小，以免转子拖曳线圈（对定圈式离合器而言）。
> ④ 转子和衔铁之间的间隙也很重要。假如此间隙太小，当离合器分离时，转子要拖曳衔铁。但假如此间隙太大，则当离合器工作时，它们之间接触太少。这两种状态都可以造成离合器性能不良。它们两者之间的合理间隙应该是当离合器无电流时，两者不发生拖曳现象；当离合器有电流时，能保证不发生打滑现象。

2. 电磁离合器的拆卸与安装

（1）拆卸（图3-25）

1）拆卸空调压缩机传动带。如图3-26所示，用力矩扳手拆卸六角组合螺母，旋出离合器吸盘。如图3-27所示，用卡簧钳将卡环取出。

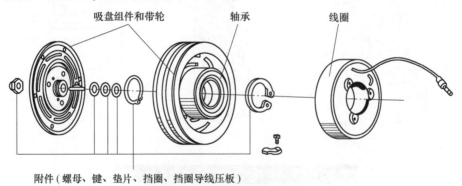

图 3-25　拆卸电磁离合器

2）拆卸转子。如图3-28所示，将专用工具组合成二爪拉器形式，轻轻钩住转子的下沿。**注意两侧夹持部位应在同一水平面上。**顺时针转动，使转子脱出。

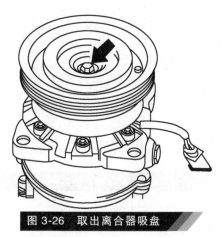
图 3-26 取出离合器吸盘

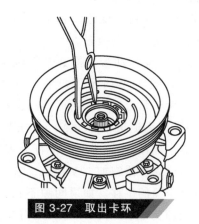
图 3-27 取出卡环

3）拆除前盖挡圈。如图 3-29 所示，用卡簧钳将挡圈取出。安装时线圈凸缘必须与压缩机前盖上凹槽相配，防止线圈移动，并正确放置导线。

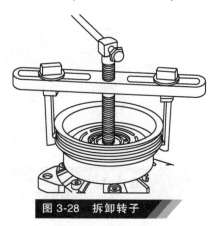
图 3-28 拆卸转子

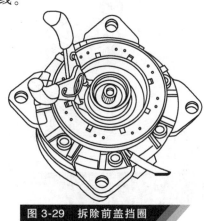
图 3-29 拆除前盖挡圈

（2）安装 安装顺序与拆卸相反。

1）安装转子。如图 3-30 所示，将专用工具组合使用，并置于中心部位，用锤子轻击四周，使转子安装到位。

2）安装离合器吸盘。如图 3-31 所示，将图示工具压在离合器吸盘中心孔部位，用锤子轻击，使离合器吸盘安装到位。

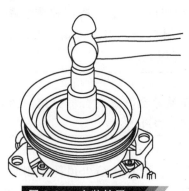
图 3-30 安装转子

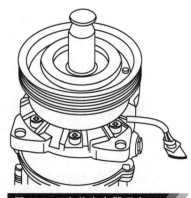
图 3-31 安装离合器吸盘

3. 电磁离合器的检修

1)检查压盘是否变色、剥落或损伤。如果有损坏,更换离合器装置。

2)用手转动传动带,检查带轮轴承的间隙和阻力,如图3-32所示。如果出现噪声或发现间隙过大、阻力过大,则更换离合器。

3)用百分表测量带轮(A)与压盘(B)之间的间隙,如图3-33所示。将百分表归零,然后给压缩机离合器施加12V电压。在施加电压时,测量压盘的位移。如果间隙不在规定的

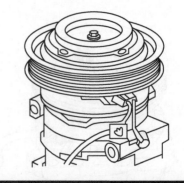

图3-32 检查带轮轴承的间隙和阻力

范围内(间隙为0.35~0.6mm),则需要使用调整垫片进行调整。调整垫片有多种厚度可供选择,如0.1mm、0.3mm和0.5mm等。另外,还可以用塞尺来测量间隙,如图3-34所示。

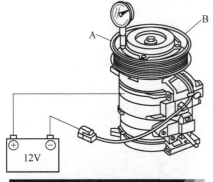

图3-33 测量带轮与压盘之间的间隙(百分表)

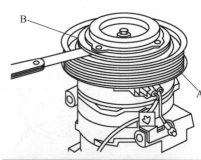

图3-34 测量带轮与压盘之间的间隙(塞尺)

4)测量电磁线圈的电阻,如图3-35所示。如果电阻不符合技术要求(正常电阻为4~5Ω,20℃),则更换电磁线圈。

六、压缩机保护元件

1. 压力释放阀

如果不向冷凝器提供充足的通风量,或如果冷负荷变得太大,冷凝器和储液罐/干燥器高压的压力将变得异常高,有管子爆裂的危险。为了防止此问题,当高压侧压力在3.43MPa和4.14MPa之间时,压力释放阀(图3-36)被打开来降低压力。

> **学习提示:**
> 通常,如果制冷系统压力上升异常的高,压力开关导致电磁离合器分离。为此,很少需要运行泄压阀。即使易熔塞此前只触发了一次,也不能再用。

2. 温度开关

如图3-37所示,叶片贯通式压缩机有一个温度开关,它在压缩机顶部检测制冷剂温度。如果制冷剂温度变得太高,双金属开关变形,并将杆向上推,脱开开关的触点。结果电流不通过电磁离合器,会使压缩机停机。这样防止了压缩机咬死。

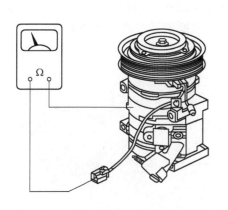

图 3-35 测量电磁线圈电阻

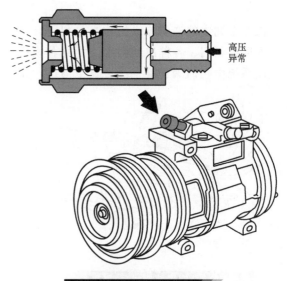

图 3-36 压力释放阀

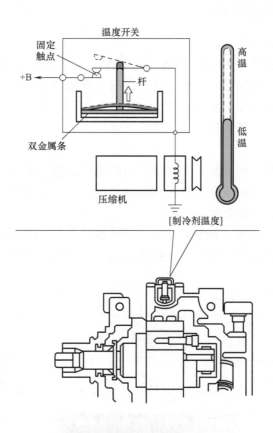

图 3-37 温度开关

第二节　汽车空调的真空控制装置

汽车空调中的许多操纵机构都是利用真空作为动力来驱动控制的，例如暖气系统的热水阀、温度控制门、各种出风门等。别克君威轿车的进气执行器的执行机构如图3-38所示。真空控制系统由止回阀、真空罐、真空马达、真空选择器、真空换能器等真空元件组成。

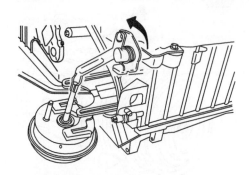

图3-38　真空罐控制进风门

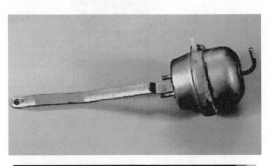

图3-39　单膜片式真空驱动器的外形

一、真空源和真空驱动器

1. 真空源

汽车上的真空源来自发动机进气歧管，随着发动机工作状态的改变（进气压力改变），真空源是在不断变化的。为保证在各种发动机工况下系统都有稳定的最大真空度，真空系统中必须配备真空罐、单向阀或单向继动器。其作用是向系统提供稳定的真空压力，同时也使真空系统在发动机熄火时，仍能保持一定的真空度。

2. 真空驱动器

真空驱动器实际上是一种带膜片的真空盒，能传送位移。有的真空膜盒自带弹簧。真空驱动器的作用是根据真空度的变化而进行机械动作的，用来控制风门和热水阀，目前汽车上所用的真空驱动器一般有两种类型：

（1）单膜片式真空驱动器　单膜片式真空驱动器的外形如图3-39所示，其结构如图3-40所示，真空接口通过胶管连接真空源，连杆连接风门。当真空源接通时，膜片压缩弹簧提起

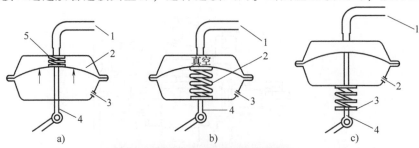

图3-40　单膜片式真空驱动器

a）弹簧装在真空室内的真空驱动器　b）弹簧装在大气室内的真空驱动器　c）弹簧装在外部的真空驱动器
1—接通真空源　2—真空　3—气孔　4—连杆　5—弹簧

连杆；当真空源被断开时，弹簧伸张使膜片带动连杆复位。该类真空驱动器通常用来控制全开或全闭的风门。

（2）双膜片式真空驱动器　双膜片式真空驱动器的外形如图3-39所示，其结构如图3-42所示。采用双膜片式真空驱动器控制的风门有三个位置：全开、全闭、半开闭。也可以同时控制两个风门，一个打开、一个关闭，或者两个同时半开闭。

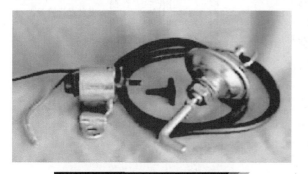

图 3-41　双膜片真空驱动器

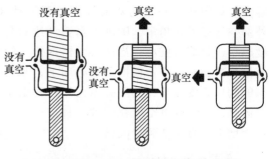

图 3-42　双膜片式真空马达内部结构

3. 真空选择器

真空选择器即真空开关，如图3-43所示。通过操作功能选择操纵杆，可以使真空通到需要的地方，例如除霜门、内外进风门、暖风/冷气出风门、中央风门与足部风门等。

4. 真空止回阀

真空系统还常装有一种止回阀，也叫真空保持器，如图3-44所示，通常安装在真空罐上。

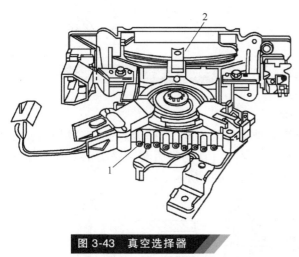

图 3-43　真空选择器

1—真空选择阀门　2—功能选择操纵杆

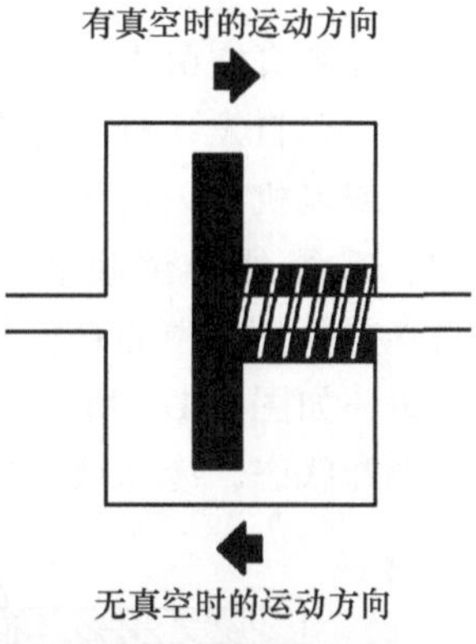

图 3-44　真空止回阀

二、真空换能器

真空换能器是利用某种能量的变化来操纵真空能量工作的装置，图3-45所示为真空换能器的原理图。在换能器上，有一个双通针阀，一头控制真空源的通路，一头控制铁心上的大气阀门。铁心下端通大气，铁心外绕有一个电磁线圈。线圈的电压为12V，而电流大小由空调的温控放大器来控制。由于橡胶膜片的密封作用，外面的大气只能通过柱塞阀来和真空系统串气。温控放大器输出的电流信号越强，所产生的电磁场信号越强，向下推移铁心的位移越多。针阀和铁心上的双通针阀口开得越大，外部空气渗入量越多，则进入真空马达的真空度越小，收缩量就小。当从放大器内传出的电流信号减弱时，弹簧就推动铁心向上，双通针阀的阀口开度减小，甚至关闭大气与真空系统的通路，系统的真空度就增大，真空马达收缩量就增大，直至达到最大值。

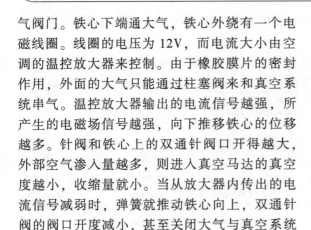

图 3-45 转换器

1—转换器架　2—双通针阀　3—标准气压
4—铁心　5—橡胶隔膜　6—线圈　7—弹簧

三、加热器控制

控制进入加热器的冷却液的流量方式一般有两种：一种是拉绳钢索式控制阀，如图3-46所示；另一种是真空开关阀。目前自动空调系统中采用的多为后者。

真空开关阀的构造如图3-47所示，阀门的开启和关闭受一个封闭的真空膜盒控制。其真空源一般来自发动机进气歧管且经过真空加力器（真空罐）。

采暖时，真空膜盒的右侧与真空管路相通，膜片受到真空引力，克服弹簧力作用带动活塞右移，来自发动机冷却系的冷却液进入加热器，在鼓风机的风扇作用下，热的空气进入驾驶室，系统处于供暖状态，如图 3-47c 所

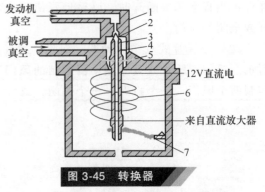

图 3-46 钢索控制的热水阀

1—护套　2—钢索　3—固定支架

示。当真空膜片盒中的真空源被切断时，弹簧力推动膜片左移，冷却液的通路被切断，驾驶室不采暖，如图 3-47a 所示。当膜片右侧处于半真空时，真空吸力与弹簧力的共同作用使活塞处于半开状态，冷却液会以较小的流量通过，如图 3-47b 所示。

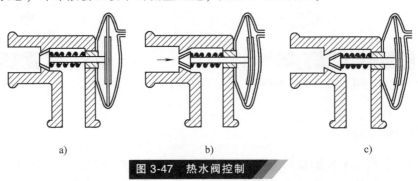

图 3-47 热水阀控制

a) 无真空作用　b) 有部分真空作用　c) 全真空作用

四、真空罐

真空罐的作用是稳定来自进气歧管的真空度。因为当发动机工作时,其进气管中的真空度会在0.101~33.7kPa之间波动,这将会影响由真空控制的工作系统的调控精度,因此必须进行稳压。

真空罐的结构如图3-48所示,主要由真空室和真空保持器组成。整个真空室是一个金属罐,里面是一个真空保持器,工作过程如下:

真空保持器被空心膜阀和膜片隔成三个腔。发动机进气管与中腔相连,右腔分别与真空室和真空执行系统相连。当发动机进气管的真空度大于真空罐的真空度时,由于空心膜阀右移而接通真空室,使其真空度提高,同时膜片克服弹簧的弹力左移,使真空室与真空执行系统的气口打开,形成通路;当发动机进气管的真空度小于真空罐时,空心膜阀外面压力将其压扁,关闭与真空室的通路,同时膜片右移,关闭气口,如此反复,保持真空罐内的真空度为一恒定值。

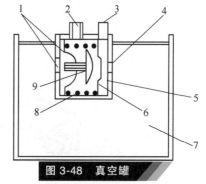

图3-48 真空罐

1、4—气孔 2—发动机歧管接口 3—真空出口
5—真空保持器 6—膜片 7—真空罐
8—弹簧 9—空心膜阀

五、模式门的控制

所谓模式门,即指在汽车空调仪表板上有许多模式开关(按钮),用来人为地控制各种模式的风门开闭。汽车空调模式门有除霜门、内外进风门(指内、外风循环)、暖风/冷风出风门、中央风门和脚向风门等,可用绳索操纵,也可用真空操纵(近来发展到用电动机操纵)。图3-49所示是桑塔纳2000GSi轿车空调风门真空线路。其中,真空来自发动机(通过制动加力泵)或真空储气罐,真空储气罐上设有单向阀以防止真空罐中的真空倒流向发动机。真空通向选择按钮开关和真空开关。当按下所要选择的模式门按钮后,开关处的真空就按需要分别流向除霜门、脚向风门和外进风门等处的真空阀,真空阀的拉杆拨动这些风门动作,它只有开和关两种动作。当汽车空调手柄拨到取暖位置时,与手柄相接触的真空开关被推开,真空通过真空开关至外循环模式按钮开关处,接着通向进风罩真空阀,将外进风门打开,新鲜空气即进入车内。不论外循环模式按钮是否按下,只要冷暖拨杆拨至取暖模式,即自动转入外循环模式,图3-50为风门控制示意图。

有些温度自动控制系统中,内外进风口处各设有一组双金属片式温度控制器,如图3-51所示。它们根据感应到的内外空气温度差,打开真空调节器内的泄流孔,改变真空度的大小,进而改变真空驱动器推杆的伸出程度,实现新鲜空气阀门开度的大小调节。

六、单向阀和单向继动器

正常的真空系统有一个真空单向阀或单向继动器,用于防止发动机进气歧管的真空度低于动作所要求的值。大多数真空系统有一个真空阀,真空单向阀或单向继动器通常放在真空罐和真空源之间的管路上。

1. 单向阀

当发动机吸气歧管中的真空度高于真空罐中的真空度时,单向阀打开,即单向阀是靠发动机的真空度打开的。此时,单向阀把真空罐连通。正常的发动机真空度也打开了真空膜盒,

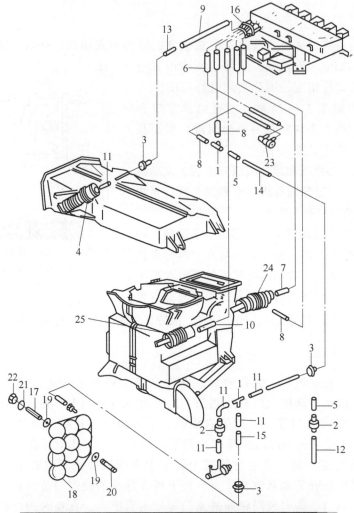

图 3-49 桑塔纳 2000GSi 轿车空调风门真空线路图

1—三通管 2—单向阀 3—橡胶圈 4—进风罩真空阀 5~12—真空软管 13~15—真空钢管 16—真空管接座 17—套管 18—真空罐 19、21—垫圈 20—螺栓 22—螺母 23—四通管 24—除霜及中央风门真空阀 25—脚向风门真空罐

如图 3-52 所示，使控制系统中的真空信号到达真空驱动器。若发动机的吸气真空度低于真空储气罐的压力，单向阀关闭，真空膜盒也关闭，控制器到真空驱动器的回路中断，真空储气罐中的真空度不会下降。

图 3-52a 表示发动机真空度使单向阀打开，来自转换器的真空信号到达真空驱动器；图 3-52b 表示发动机真空度下降时，弹簧使膜片上抬，使真空驱动器保持一定的真空度。在加速或发动机停转时，发动机进气歧管中的真空度会下降，真空储气罐被用来驱动汽车空调系统及汽车上其他附属设备中的真空元件动作。

2. 单向继动器

单向继动器有两个作用：防止进气歧管真空度下降时真空系统的真空度下降；避免系统在这种情况下按正常状态运转。

单向阀及单向继动器的主要问题是膜片不密封及阀座不合适。发现上述故障（首先确认系统没有渗漏），应更换单向阀或单向继动器。

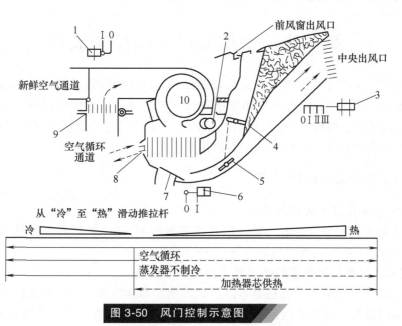

图 3-50 风门控制示意图

1—空气进风罩真空阀 2—左右出风口导管 3—除霜及中央风门真空阀 4—除霜风门
5—中央风门 6—脚向风门真空阀 7—脚向风门 8—加热器芯 9—蒸发器 10—新鲜空气鼓风机

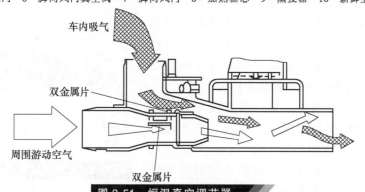

图 3-51 恒温真空调节器

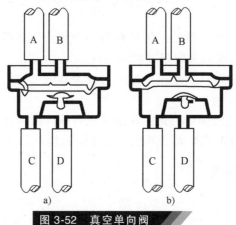

图 3-52 真空单向阀

a) 单向阀打开 b) 发动机真空度下降

A—到真空驱动器 B—来自转换器的真空 C—发动机真空 D—单向阀真空

第三节 空调温度自动控制装置

温度自动控制装置（简称 ATC）能为车厢提供并保持舒适的温度，并且很少需要甚至不需要人为地进行控制操作。当温度自动控制系统出现故障，压缩机的起停、加热器水流量的大小、鼓风机的转速、各模式风门（如内外空气转换风门、冷热转换风门、除霜转换风门等）的开度都将出现异常，影响汽车空调的正常工作。

一、电-气动式温度控制装置

1. 电-气动式温度控制装置的作用

电-气动式温度控制装置控制、调节的是压缩机的起/停、加热器水流量的大小、鼓风机的转速、各风门的开度及内外空气转换风门的开闭等。

2. 电-气动式温度控制装置的结构及工作原理

电-气动式温度控制装置由传感器电路、放大器、晶体管和动力伺服机构等组成。

（1）温度传感器　常见的温度传感器有 3 种：车内传感器、风道传感器和大气传感器。近年来有的系统中还加入了太阳辐射强度传感器。车内传感器通常被安放在能感受到车内平均温度的地方，风道传感器要放在能感受到从蒸发器或加热器出风的地方，大气传感器一般放在新鲜空气进口等能感受到大气温度的地方，太阳辐射强度传感器则放在仪表板前能够感受到太阳辐射的地方。

奥迪 100 轿车的车内温度传感器安放在仪表板中，有微型抽风机将少量车内空气吸入，使其通过温度传感器，如图 3-53 所示。

这些传感器的相同之处在于对微小的温度变化都很敏感，温度传感器主要采用负温度特性热敏电阻，即温度升高时，电阻减小；温度降低时，电阻增大。

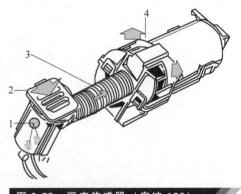

图 3-53　温度传感器（奥迪 100）
1—温度传感器　2—空气进口
3—连接软管　4—微型抽风机

（2）放大器与转换器　放大器的作用是输出一个与从传感器来的输入电压成比例的放大电压。放大器由晶体管、电容器及电阻器组成。

转换器（也叫真空电磁阀）的作用是把来自放大器的电信号转变成真空信号，真空信号用来调节动力伺服机构。

（3）动力伺服机构　动力伺服机构的作用是把各种调温门（如热水阀）拨到所要求的位置。它由真空动力装置、放置真空阀、补偿门的连接机构（与温度门相连）等构成。

二、蒸发器温度控制器

1. 作用

蒸发器温度控制器简称温控器，又称为恒温器。除电-气动式温度控制装置外，一种最基本的也是最简单的温度控制装置是温度开关系统，它由恒温器和离合器回路组成。恒温器是汽车空调系统中控制温度的一种开关元件，通过感受蒸发器表面温度、车内温度、大气温度等（一般认为恒温器感受的是蒸发器的表面温度）来控制压缩机的起与停，起到调节车内温度及防止蒸发器结霜的作用。恒温器一般放在蒸发箱中或靠近蒸发箱的冷气控制板上。

2. 结构及工作原理

为了充分发挥蒸发器的最大冷却能力，同时又不致造成蒸发器表面的冷凝水（即除湿水）结冰、结霜而堵塞蒸发器换热片之间的空气通道，蒸发器表面的温度应当控制在 1~4℃ 范围内。温控器的作用就是根据蒸发器表面温度的高低，接通和切断空调压缩机电磁离合器线圈电路，使蒸发器表面温度保持在规定的（一般为 1~4℃）范围内。

3. 常用的蒸发器温度控制器

常用的温控器有波纹管式、双金属片式和热敏电阻式三种。

（1）波纹管式温度控制器　波纹管式温度控制器外形和结构如图 3-54 所示。控制开关上有一毛细管接到感温筒上，筒内充有制冷剂。毛细管的另一端通至波纹管。波纹管与可摆动的作用臂连接，作用臂的下端固定在框架上，并可绕框架上的固定螺钉摆动，上端有活动触点，并通过与固定触点的接通或切断来控制流向压缩机电磁离合器的电流。

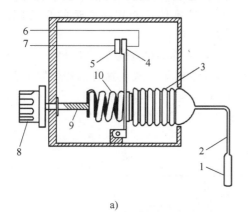 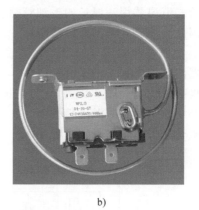

a)　　　　　　　　　　　　　　b)

图 3-54　机械波纹管式温度控制器

a）结构　b）实物

1—感温筒　2—毛细管　3—波纹管　4—活动触点　5—固定触点　6—接电磁离合器
7—接蓄电池　8—温度调整钮　9—调整螺钉　10—弹簧

波纹管式温控开关工作时，其感温筒插在蒸发器管路的散热片之间，如图 3-55 所示。如果蒸发器表面温度上升，则感温筒内的制冷剂膨胀，通过毛细管的连接，波纹管伸长。由于其右端被固定在框架上，左端克服弹簧的压力，推动作用臂左摆，使触点闭合，从而压缩机电磁离合器线圈通电，制冷系统工作；当蒸发器表面温度下降时，感温筒内的制冷剂收缩，致使波纹管收缩并带动作用臂右摆，使触点分开并切断通往压缩机电磁离合器的电流，制冷系统又停止工作。

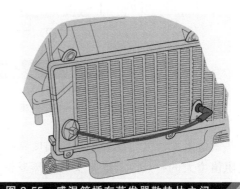

图 3-55　感温筒插在蒸发器散热片之间

（2）双金属片式恒温器　这种恒温器没有毛细管，直接靠空气通过表面而进行工作。它的人工温度调整方法与波纹管式相同。

双金属片式恒温器的工作原理如图3-56所示，由两片对温度变化胀缩程度不同的金属片组成，上面有一个动触点，壳体上有一个定触点。在设定温度范围内，双金属片平伸，触点闭合，电流接通，压缩机电磁离合器吸合。由于温度变化，这两片金属产生不同的变形而弯曲，使触点分开，中断电磁离合器的电流，使压缩机停止转动。

当冷空气通过恒温器时，引起恒温器的双金属片中的一片收缩成弓形。随着空气温度的不断降低，这片金属不断收缩，直到把触点分开。当温度增加时，另一片金属受热伸长，把触点拉回到一起。

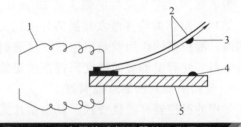

图3-56 双金属片式恒温器的工作原理

1—导线　2—双金属　3—动触点　4—定触点　5—壳体

双金属片式恒温器结构简单，价格便宜，但由于它必须放在蒸发箱中，布置有一定困难。而波纹管式恒温器用一根长的毛细管感应温度，恒温器本体可布置在稍远的合适部位，布置方便。因此波纹管式恒温器比双金属片式恒温器应用广泛。

（3）热敏电阻式温度控制器　热敏电阻式温控器又称为电子控制式温控器，由热敏电阻式蒸发器温度传感器、电子放大电路、电磁离合器继电器等组成。这种温控器具有反应迅速、控制精度高等优点。图3-57所示为丰田航行者牌中型客车空调系统用电子温控器电路原理图，主要由热敏电阻式温度传感器、四只晶体管（VT_1、VT_2、VT_3、VT_4）、电阻、电容和二极管等电子元件以及一只继电器组成。

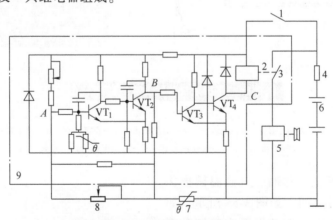

图3-57 热敏电阻式电子温控器原理

1—点火开关　2—继电器磁化线圈　3—继电器触点　4—熔断丝　5—压缩机电磁离合器线圈
6—蓄电池　7—热敏电阻　8—温度调节电位器　9—电子式温控器

热敏电阻式温度传感器采用负温度特性的热敏电阻，具有温度升高电阻值减小、温度下降电阻值增大的特点，其通常安装在蒸发器出风口一侧，如图3-58所示。

目前热敏电阻式温度控制器都采用了专用集成电路模块，其电路大大简化，安装调试更加方便，且提高了可靠性，但其基本工作原理是相同的。

4. 蒸发温度调节器

有的汽车如克莱斯勒汽车上采用蒸发温度调节器（简称ETR）代替蒸发压力调节器，在自动温控系统中起作用。它的动作类似电磁截流阀，由一个安装在蒸发箱后面的 ETR 电子开关控制蒸发温度调节器工作，这个开关含有一个插在蒸发器芯子中间的感温包。ETR 也安装在压缩机吸气阀里面，只能更换，不能维修。

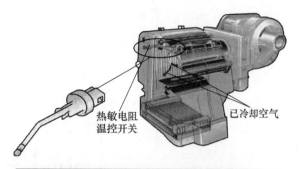

图 3-58 安装在蒸发器出风侧的热敏电阻

当系统正常工作时，蒸发温度调节器及其开关通常是打开的，但如果蒸发温度降至 1.67℃ 以下，蒸发温度调节器开关就会合上，调节器电流被接通，阀关闭，从蒸发器到压缩机的制冷剂就中断流动。

蒸发温度调节器与蒸发压力调节器的不同点在于蒸发温度调节器只有开与关两个位置动作，而蒸发压力调节器在开与关之间动作。

第四节　汽车空调系统的发动机控制

一、发动机的怠速提升控制

当汽车临时停车和慢速行驶时，发动机处在小负荷或空载负荷运行工况。此时，非独立空调系统会出现压缩机所需转矩增大，而发动机的负荷增大的矛盾，其结果会造成发动机的怠速工况不稳定，甚至导致发动机熄火，影响汽车的低速和怠速性能。现代轿车采用电控发动机，怠速的提升是通过怠速控制装置来实现的，发动机电子控制单元接收到空调开关 A/C 信号时，通过直接开大节气门（节气门直动式），或开大节气门旁通空气道（旁通空气道式）来提高发动机的转速，如图 3-59 所示。

如图 3-60 所示，空调工作信号是发动机 ECU（电子控制单元）的重要传感器信号之一，当空调制冷系统启动，ECU 接收该信号后，驱动由步进电动机带动的怠速控制阀门，将旁通气道开度加大，增加怠速时的进气量，使发动机转速增加，制冷压缩机正常工作。这种怠速提高装置可以根据发动机负荷变化的状况，精确地控制发动机根据空调压缩机等其他负载稳定地工作。大众系列轿车多采用节气门直动式怠速控制方式。

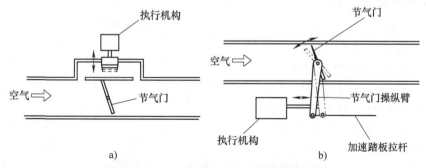

图 3-59　微机控制怠速系统的控制方式

a）旁通空气道式　b）节气门直动式

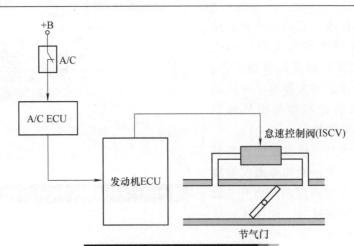

图 3-60 微机控制怠速系统

二、发动机失速控制

发动机带空调怠速运转时，一旦有其他影响因素使发动机转速下降，将造成发动机失速而熄火。为防止这种情况发生，有的空调控制电路中设有防止发动机失速的控制电路，空调的控制单元通过检测点火线圈的脉冲来计算发动机的转速。当发动机的转速低于一定值时，将压缩机电磁离合器切断，见图 3-61。

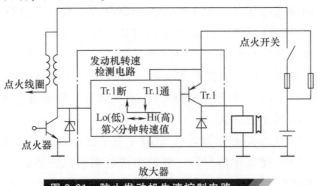

图 3-61 防止发动机失速控制电路

三、传动带保护控制

当动力转向的油泵、发电机等附件与空调压缩机采用同一传动带驱动时，如果压缩机出现故障而锁死时，传动带将被损坏。为了防止这种情况的产生，有些空调的控制电路中采用了传动带保护控制装置。传动带保护控制装置的原理如图 3-62 所示。空调放大器（或 ECU）同时接收发动机的转速信号和压缩机的转速信号，并对这两个转速进行比较，当这两个转速

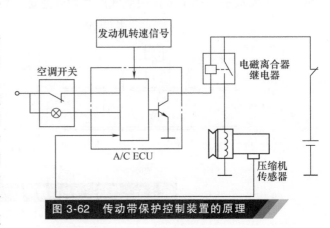

图 3-62 传动带保护控制装置的原理

的信号出现的差异超过某一限值时,空调放大器便认定压缩机出现故障,随后就切断压缩机电磁离合器的电源,使压缩机停止工作,以保证其他附件的正常运转。

四、加速控制装置

当汽车加速超车时,为了保证发动机有足够的动力,应当切断压缩机离合器电路,这样就卸除了压缩机的动力负荷,以尽量大的发动机功率来供汽车加速所需。常用的加速控制装置有三种方式:一是利用与节气门杠杆连接的机械开关;二是利用能感应进气管真空度的真空开关(此类开关和压缩机离合器的电路串联);三是在一些电喷车上利用节气门位置传感器信号和曲轴位置传感器信号感知发动机处于加速状态,由发动机电脑完成空调电路切断。

1. 机械式加速切断装置

机械式加速切断装置如图 3-63 所示,这种机械式断开器由加速开关和延迟继电器组成。加速开关一般装在加速踏板下,也有装在其他位置通过连杆或钢索来操纵的。当加速踏板踏下行程达到最大行程的 90% 时,加速开关的延迟继电器切断电磁离合器线圈电路,使压缩机停止工作,解除了压缩机的动力负荷,发动机的全部输出功率用来克服加速时的阻力。当踏板行程小于 90% 或加速开关打开延时十几秒后则自动接通电磁离合器线圈电路,压缩机又自动恢复工作。

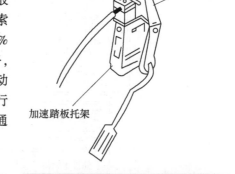

图 3-63　机械式加速切断装置

2. 真空式加速切断装置

真空式加速切断装置由发动机进气歧管真空度控制,当汽车处于匀速行驶或加速较慢时,进气歧管真空度较低,开关闭合,空调正常工作;当汽车急加速或怠速行驶时,进气歧管真空度较大,开关断开,空调停止工作。

3. 车身计算机控制式加速切断装置

有些高级轿车上不设置专门的加速切断装置,但同样具有加速切断功能。例如日产风度轿车,这种车的空调加速切断是由车身计算机控制完成的。加速时,车身计算机控制由节气门位置传感器和曲轴位置传感器采集节气门开度和发动机转速信号,当感知出急加速状态时,车身计算机控制停止压缩机继电器的工作几秒钟以实现加速切断。

五、压缩机双级控制

有些车辆为了提高车辆的燃油经济性采用了压缩机双级控制,如图 3-64 所示。在空调上

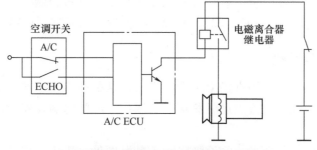

图 3-64　压缩机的双级控制电路

101

有两个开关：一个是 A/C 开关，另一个是 ECHO 开关。在接通 A/C 开关时，空调 ECU 根据蒸发器温度传感器的信号，在较低的温度控制压缩机电磁离合器的通断，在接通 ECHO 开关时，空调 ECU 便在较高的温度控制压缩机电磁离合器的通断，这样就可以减少压缩机工作的时间和汽车的燃料消耗，同时在压缩机停机时，发动机的负载减少，汽车的动力输出可以提高。

六、双蒸发器控制

现在有些车辆在前排和后排都有蒸发器，且两个蒸发器都采用一个压缩机，这样就面临着前后蒸发器分别控制的问题。为此，在两个蒸发器的入口处，安装两个电磁阀，用来分别控制前排座位和后排座位的温度，其示意图如图 3-65 所示。

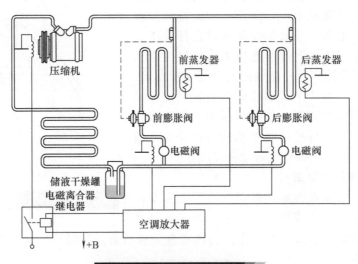

图 3-65 双蒸发器控制

第五节 汽车空调电路分析

由于车型的不同，车内所装的空调系统也有所不同，汽车空调系统种类繁多，电路形式多样，因此空调系统控制电路由简单到复杂，由单一功能控制到多功能控制也有所不同，但是其电气系统都是有一定的规律可循。汽车空调系统有压缩机、冷凝器、膨胀阀、蒸发器及鼓风机等主要部件，所以在分析电路时，只要分成蒸发器风机控制、冷凝器风扇控制、温度控制（压缩机控制）、通风系统控制和保护电路等即可清楚地了解空调系统的电路控制原理。

一、鼓风机控制电路

汽车空调系统的蒸发器采用直接蒸发式的结构，这种结构由换热器和鼓风机组成。鼓风机将车内的空气吸出，强制气流流过蒸发器空气侧，气流则将蒸发器内液态制冷剂蒸发时产生的冷量带入车内。

要使车内有一个舒适的环境，除了要控制送风温度外，还应根据环境变化和乘员的不同需要，控制鼓风机的转速，以控制送风速度。鼓风机转速的控制方式有以下三种。

1. 鼓风机开关和调速电阻控制

这种控制方式由鼓风机开关和调速电阻两部分组成，调速电阻一般装在空调蒸发器组件上，利用气流进行冷却，鼓风机开关一般装在控制面板内，设置不同档位，供调速用。在设置时，鼓风机开关既可以控制电源正极又可以控制鼓风机搭铁电路。调节鼓风机开关，改变调速电阻接入方式，改变鼓风机电路中的电流以调节鼓风机转速。

鼓风机的控制档位一般有 2、3、4、5 速四种，最常用的是 4 速，如图 3-66 所示。

鼓风机开关处于 1 位时，鼓风机电路中串入三个电阻，鼓风机低速运转；鼓风机开关处于 2 位时，鼓风机电路中串入两个电阻，鼓风机中低速运转；鼓风机开关处于 3 位时，鼓风机电路中串入一个电阻，鼓风机中高速运转；鼓风机开关处于 4 位时，鼓风机电路中不串入任何电阻，鼓风机以最高速运转。

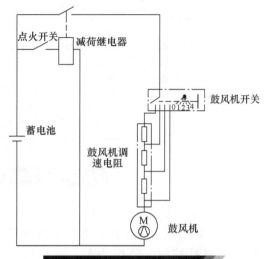

图 3-66 鼓风机控制电路

需要说明的是，调速电阻一般装在蒸发器组件上，利用气流进行冷却，其外形如图 3-67 所示。

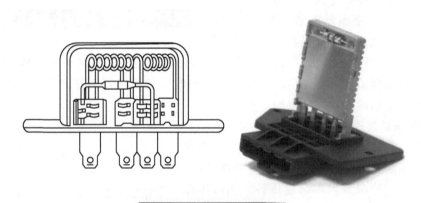

图 3-67 调速电阻

2. 晶体管控制

现代中高档轿车为实现风速的自动控制，鼓风机的转速一般由大功率晶体管控制。如图 3-68 所示，空调自动控制器根据车内温度传感器信号、车外温度传感器信号和其他信号计算并输出一控制信号给大功率晶体管的基极，大功率晶体管根据基极电流的不同控制鼓风机使其产生不同的转速。空调处于制冷状态时，如果车内温度比所选定的温度高很多，鼓风机将高速运转；如果车内温度降低，鼓风机将低速运转。空调处于取暖状态时，如果车内温度比所选定的温度低很多，鼓风机将高速运转；如果车内温度上升，鼓风机将低速运转。

3. 晶体管与调速变阻器组合型

鼓风机控制开关有自动（AUTO）档和不同转速的人工选择模式，如图 3-69 所示。当鼓

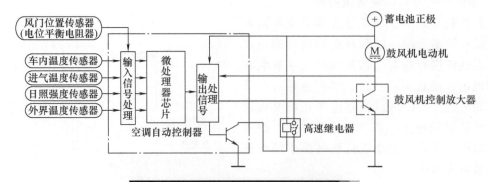

图 3-68 晶体管控制的鼓风机电路

风机转速控制开关设定在 AUTO 档时，鼓风机的转速由空调电脑根据车内、车外温度及其他传感器的参数控制。若按动人工选择模式开关，则空调电路取消自动控制功能，执行人工设定功能。

二、冷凝器风扇控制电路

汽车空调系统的冷凝器将车内的热量排向大气，其结构也是由换热器和风机组成。

对于一般客车，冷凝器不装在散热器前，需单独设置冷凝器风扇。冷凝器风扇一般只受空调开启信号控制。轿车空调的冷凝器一般都装在散热器前，散热器和冷凝器共用冷却风扇，一般根据冷却液温度信号和空调信号共同控制，同时满足散热器散热和冷凝器散热需要。下面分析一些较典型的冷凝器风扇电路。

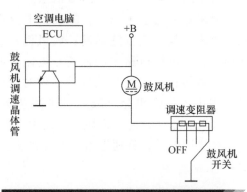

图 3-69 晶体管与调速变阻器组合型

1. 空调开关直接控制

这种控制电路比较简单，如图 3-70 所示，空调开关置于 ON 位置时，冷凝器风扇继电器线圈通电，继电器触点闭合，冷凝器风扇高速运转，同时压缩机电磁离合器通电工作。

2. 空调开关和冷却液温度开关联合控制

有些汽车的发动机冷却系统和空调冷凝器共用一个冷却风扇进行散热，如图 3-71 所示，这种风扇有低速和高速两种转速，分别受空调继电器和高速风扇继电器控制，控制冷凝器风扇的信号是空调开关和冷却液温度开关。

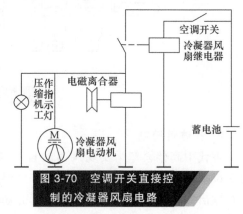

图 3-70 空调开关直接控制的冷凝器风扇电路

当空调开关接通时，空调继电器通电，触点闭合，电流经调速电阻进入冷凝器风扇电动机，风扇低速运转；不开空调时，当冷却液温度达到 96℃时，双温开关的低温触点闭合，冷凝器风扇低速运转；当发动机冷却液温度升至 105℃时，双温开关的高温触点闭合，高速风扇继电器通电，风扇高速运转，以加强散热。

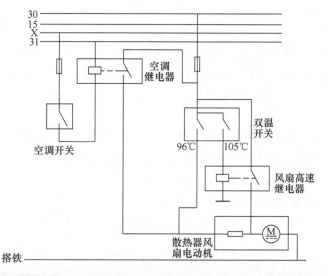

图 3-71　空调开关和冷却液温度开关控制的冷凝器风扇电路

3. 制冷剂压力开关与冷却液温度开关联合控制

目前很多轿车采用制冷剂压力开关和冷却液温度开关组合的方式对冷却风扇进行控制。丰田雷克萨斯 LS400 轿车冷却风扇控制系统的电路如图 3-72 所示,该控制系统中有两个并排的冷却风扇,控制冷却风扇的信号是冷却液温度开关和高压开关。冷却液温度开关和高压开关处于不同状态,则冷却风扇继电器形成不同组合,从而控制冷却风扇使其不运转、低速运转或高速运转。

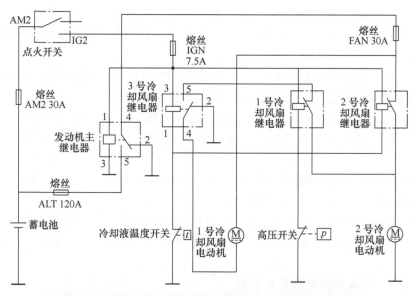

图 3-72　丰田雷克萨斯 LS400 轿车冷却风扇控制电路

(1) 空调不工作时　不开空调的情况下,发动机冷却液温度开关控制冷却风扇。

1) 发动机冷却液温度低于 83℃ 时,冷却液温度开关处于常闭状态,3 号冷却风扇继电器和 2 号冷却风扇继电器通电,3 号冷却风扇继电器 4 号端子与 5 号端子接通,2 号冷却风扇继电器常闭触点断开。同时，由于空调不工作，高压开关处于常闭状态，1号冷却风扇继电器通电，其常闭触点断开。两个冷却风扇电动机断电，均不工作，使发动机尽快暖机。

2) 发动机冷却液温度高于93℃时，冷却液温度开关打开，2号和3号继电器断电。虽然高压开关使1号继电器通电，其常闭触点打开，但并不影响冷却风扇的工作。12V电压加至1号冷却风扇电动机和2号冷却风扇电动机，两冷却风扇高速运转，以满足发动机冷却系统散热需要。

（2）空调工作时　使用空调时，高压开关和冷却液温度开关联合控制冷却风扇。

1) 开空调，高压侧压力小于1.35kPa，且冷却液温度低于83℃时，冷却液温度开关处于常闭状态，高压开关打开，2号继电器和3号继电器通电，1号继电器断电，继电器将两冷却风扇电动机串联在一起，两冷却风扇低速运转，以满足冷凝器散热需要。

2) 开空调，高压侧压力大于1.35kPa，且冷却液温度高于93℃时，高压开关和冷却液温度开关都打开，1、2、3号继电器均断电，12V电压加至两冷却风扇电动机，两冷却风扇高速运转。

综上所述可知，两个冷却风扇的工作同时受冷却液温度和空调信号影响，而处于同时不转、同时低速转或同时高速转3种状态之间循环，其工作原理如图3-73所示。

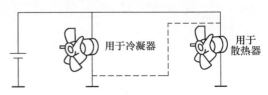
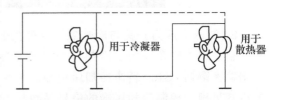

图3-73　两个冷却风扇工作原理

4. 散热器风扇控制器控制

除采用继电器控制风扇的转速外，还可采用专用控制器对风扇进行控制。它根据空调信号和冷却液温度信号联合控制风扇的转速。图3-74所示为捷达王轿车散热器风扇控制电路，其控制过程如下：

1) 当发动机冷却液温度达95℃时，热敏开关F18内的低温触点闭合，12V电源电压经触点接通风扇电动机的低速档，散热器风扇进入低速运转状态。

2) 当发动机冷却液温度达102℃时，热敏开关F18内的高温触点闭合，12V电压经闭合的触点到风扇控制器ICK的T2端，控制器②端输出12V电压，使风扇进入高速运转状态。

3) 当开启空调后，风扇控制器T1端、T4端均为12V高电平，如果此时管路压力低于1.6MPa，控制器P端为低电平，在此前提下，①端输出12V电压，风扇高、低速交替运转。

4) 当空调管路压力超过1.6MPa时，位于空调高压管路上的组合压力开关F1的③、④端内触点闭合，12V电压经闭合的触点到风扇控制器P端，控制器②端输出12V电压，风扇高速运转。

5. 制冷剂压力开关与微电脑组合控制

多数高级轿车都采用这种布置和控制方式，如图3-75所示，两个散热风扇有3种不同的运转工况，其工作原理如下所述。

1) 空调开关已接通，但制冷剂压力未达到1.81MPa时，只有辅助散热风扇电动机运转。

2) 一旦制冷剂压力达到1.81MPa时，主、辅风扇电动机同时运转。

3) 无论空调开关是否接通，只要发动机水温达到98℃以上，主散热风扇（散热器风扇

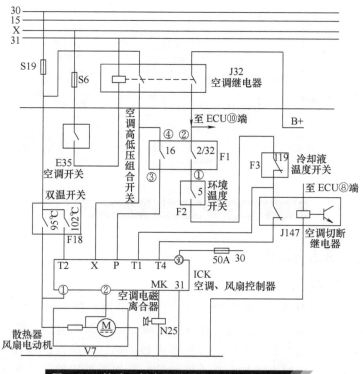

图 3-74 捷达王轿车散热器风扇控制电路

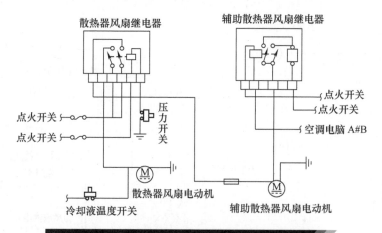

图 3-75 制冷剂压力开关与微电脑控制组合型

电动机）高速运转。丰田公司在部分 1UZ-FE 和 1MZ-FE 发动机上采用了电控液压电动机冷却风扇系统，用于雷克萨斯、凯美瑞等车型，与一般的电控风扇系统有较大差异。如图 3-76 所示，在此系统中，风扇电脑通过电磁阀控制作用在液压电动机上的油液压力，这样就可以根据发动机工况和空调状态而自动控制冷却风扇的转速，其工作过程如下。

油泵单独设计或与动力转向泵组合为一体，由传动带驱动，建立一定油压，受电脑控制。电磁阀调节从油泵到液压电动机的油量，该液压电动机直接驱动冷却风扇，已通过液压电动机的压力油回到油泵。

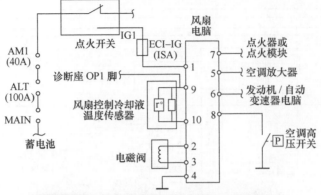

图 3-76 电控液压电动机冷却风扇电路

三、压缩机电磁离合器控制

1. 压缩机电磁离合器的控制方式

压缩机电磁离合器的控制方式根据控制开关的位置分为两种：控制电源型和控制搭铁型，如图3-77所示。电源控制方式是由开关直接控制电源，当开关闭合时，瞬间产生的大电流流经开关至执行器构成的回路，长期工作后容易造成触点烧蚀。所以，现在大多数轿车均不采用这种控制方式。而搭铁控制方式是由开关控制继电器线圈的回路，这种控制方法的优点是以小电流信号控制大电流通断，从而有效地防止触点烧蚀，目前大多数轿车采用这种控制方法。

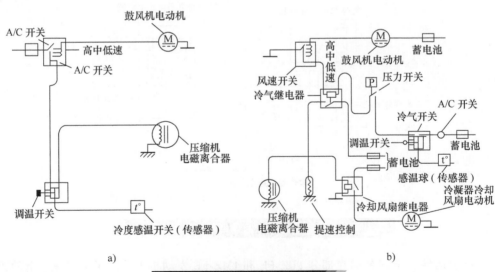

图 3-77 压缩机的控制方式
a) 控制电源型 b) 控制搭铁型

2. 压缩机工作时机控制

控制压缩机工作时机的方式可分为3种：手动空调压缩机的控制、半自动空调压缩机的控制和全自动空调压缩机的控制。

（1）手动空调压缩机的控制　手动空调压缩机工作的前提是：从蓄电池正极出发经过各

个开关压缩机电磁离合器到蓄电池负极构成回路，即空调开关（A/C开关）闭合、恒温器触点闭合、压力开关闭合、鼓风机开关闭合。此时压缩机电磁离合器继电器（冷气继电器）工作，蓄电池电源才能提供给压缩机电磁离合器线圈。

图3-78所示为汽车空调压缩机电磁离合器/鼓风机控制电路。空调及鼓风机开关、温度控制器及电磁离合器控制电磁离合器线圈的通断。压缩机由发动机驱动工作，同时与发动机并联的压缩机工作指示灯2亮。通常情况下，空调及鼓风机开关闭合，压缩机就开始工作，可是空调压缩机不能始终运转，否则不但浪费能源，还有可能导致车内温度过低。而车内温度的高低是由温度控制器来控制的，它一般安装于车内，当车内温度高于设定温度时，温度控制器触点闭合，压缩机旋转，空调系统工作使车内温度降低；当车内温度低于设定值时，温度控制器触点断开，电磁离合器断电，压缩机停止工作，指示灯熄灭，这时鼓风机仍然工作，空调停止工作后，车内温度升高，当车内温度高于设定温度时，温度控制器触点闭合，电流通过电磁离合器线圈使压缩机再次工作，这样循环控制，就可使车内温度控制在设定的范围内。

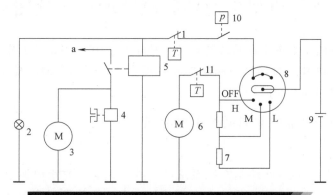

图3-78 压缩机电磁离合器/鼓风机控制电路

1—温度控制器 2—压缩机工作指示灯 3—冷凝器风扇电动机 4—电磁离合器 5—冷气继电器 6—鼓风机电动机 7—鼓风机调速电阻 8—空调及鼓风机开关 9—蓄电池 10—压力开关 11—冷却液温度开关 a—接蓄电池正极

（2）半自动空调压缩机的控制 如图3-79所示，半自动空调压缩机工作的必备条件是空调开关闭合、温度开关（热敏电阻）工作、压力开关闭合、鼓风机开关闭合、发动机工作、压缩机工作、制冷剂温度开关闭合。当点火开关和鼓风机开关接通时，加热器继电器就接通。如空调器开关此时接通，则压缩机电磁离合器继电器由空调放大器接通，从而使压缩机电磁离合器接合，压缩机工作。

在下述情况下，压缩机电磁离合器脱开，压缩机被关掉。

1）鼓风机开关位于OFF（断开），当鼓风机开关断开，加热器继电器也断开，电源不再传送至空调器。

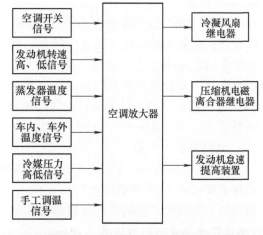

图3-79 半自动空调压缩机工作电路示意图

2) 空调器开关位于 OFF（断开），空调放大器（它控制压缩机电磁离合器继电器）的主电源被切断。

3) 蒸发器温度太低，如蒸发器表面温度降至3℃或以下，则空调放大器的电源被切断。

4) 双重压力开关位于 OFF（断开），如制冷回路高压端压力极高或极低，这一开关便断开。空调放大器检测到这一情况，就切断压缩机电磁离合器继电器。

5) 压缩机锁止（仅限某些车型），压缩机与发动机转速差超过一定的值，空调放大器就会判断压缩机已锁止，并切断压缩机电磁离合器继电器。

(3) 全自动空调压缩机控制　全自动空调压缩机一般由发动机微机控制。其控制原理参见第五章汽车空调自动控制系统。

3. 通风系统的控制

目前很多轿车空调的通风系统采用电控方式，对气源门、温度门、送风门的控制均由计算机或放大器统一完成，实现最佳送风方式的控制。

第六节　典型空调控制电路的综合读图分析

空调系统控制电路是汽车空调系统的重要组成部分，其功用是协调空调系统各装置之间的工作，正确完成空调系统的各种控制功能和各项操作。不同车型的控制电路虽有所不同，但基本原理和基本电路却有相同之处。

一、桑塔纳3000轿车空调系统电路分析

1. 电路组成

图 3-80 所示为桑塔纳 3000 轿车空调系统电子控制电路，它由电源电路、进气门电磁阀控制电路、鼓风机控制电路、空调电磁离合器控制电路、散热器风扇控制电路以及空调保护电路等组成。该空调系统在原型号的基础上，对蒸发器、储液器、冷凝器、压缩机等总成和零件作了很大改进，使它的降温效果有了明显提高。

桑塔纳 3000 轿车空调系统的工作受发动机控制，发动机必须能正常工作，发动机 ECU（J220）的 T80/8 端子输出高电平时，压缩机切断继电器 J26 才能吸合，制冷系统才能工作。

2. 工作原理

(1) 电源电路　空调系统由 30 号线和 X 号线供电，30 号线为常带电与蓄电池正极连接，X 号线受点火开关及卸荷继电器（中间继电器）的控制。当卸荷继电器线圈得电吸合，其常开触点闭合后，30 号线上的蓄电池电压就会加至 X 号线上，使连接在 X 号线上的鼓风机、空调电磁离合器以及散热器风扇控制部分（除风扇冷却液温度控制外）等均得电。

(2) 进气门电磁阀控制电路　进气门电磁阀 N63 线圈的电流通路为：X 号线（电源）→空调熔断器 S16→内循环开关 E159→进气门电磁阀 N63 线圈→搭铁→蓄电池负极。

(3) 鼓风机控制电路

1) 鼓风机电动机 V2 的供电受控于鼓风机继电器 J32，当闭合点火开关，X 号线通电，鼓风机继电器吸合，V2 才会得电工作。

鼓风机共有四种不同的转速，以满足不同送风量的要求，转速的变换是由鼓风机风速开关 E9 通过切换调速电阻 N23 来实现的。

当点火开关处于 ON 位置时，X 号线通电，由此形成了以下的电流通路：X 号电源线→

第三章　汽车空调系统电气控制

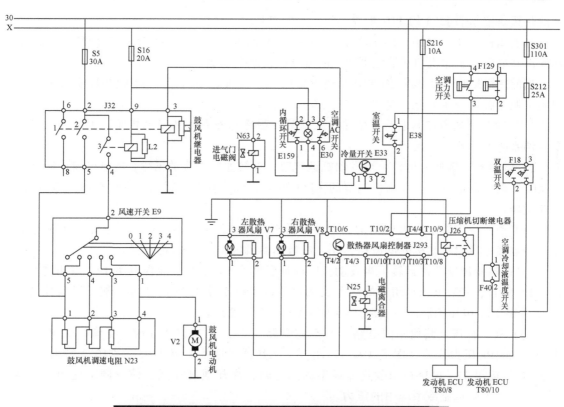

图 3-80　上海桑塔纳 3000 轿车空调系统电子控制电路

熔断器 S16→鼓风机继电器 J32 内的线圈 L2→搭铁→蓄电池负极。

当将鼓风机的风速开关置于 1、2、3、4 档时，就形成了以下的电流通路：蓄电池正极→30 号线→熔断器 S5→继电器 J32 内的线圈 2 的已闭合常开触点→风速开关 E9 的 2 端。此时，E9 若在 1~4 位，则鼓风机电动机 V2 均会得电工作，可从 1 位到 4 位，使鼓风机以依次升高的四种不同速度进行转动，实现对通风量的控制。当 E9 处于 0 位时，鼓风机将停止工作。

2）当 E9 鼓风机开关在 0 位，打开 E30 空调 A/C 开关时，鼓风机继电器 J32 吸合，以保证在启动空调系统时，鼓风机与空调系统同步工作。其电流通路如下：X 号线电源→熔断器 S16→空调 A/C 开关 E30→鼓风机继电器 J32 内的线圈 L1→搭铁→蓄电池负极。

上述这一电流通路使 J32 内继电器常开触点 2 得电闭合，从而又形成了如下的电流通路：蓄电池正极→30 号线→熔断器 S5→继电器 J32 内的线圈 L1 的已闭合常开触点 2→鼓风机调速电阻 N23→鼓风机电动机 V2→搭铁→蓄电池负极。

（4）空调电磁离合器控制电路　空调电磁离合器的状态除了受 X 号线、空调 A/C 开关 E30、冷量开关 E33、室温开关 E38、空调冷却液温度开关 F40 以及制冷液管路空调压力开关 F129 的控制外，还受散热器风扇控制器 J293 和发动机 ECU 的控制。如果不满足上述任一单元所设定的条件时，空调电磁离合器的供电都将被切断，从而使压缩机停止工作。

开启空调后，12V 电压从 X 号线经熔断器 S16、空调 A/C 开关 E30、冷量开关 E33、室温开关 E38、空调压力开关 F129（低压开关）、空调冷却液温度开关 F40 后分成三路：第一路到发动机控制单元 ECU 的 T80/10 端，作为空调请求信号；第二路到散热风扇控制器 J293 的 T10/3 端，作为散热器风扇低速档工作信号；第三路经空调压缩机切断继电器 J26 触点加

111

至散热风扇控制器J293的T10/8端,作为电磁离合器工作信号。

当发动机ECU(J220)的T80/10端收到空调请求信号时,发动机ECU(J220)的T80/8端输出高电压,压缩机切断继电器J26电流通路使继电器吸合。

当散热风扇控制器J293的T10/8端为高电平时,风扇控制器的T10/10端输出12V电压控制空调电磁离合器吸合,空调工作。

(5) 散热器风扇控制电路 散热器风扇除了受冷却液温度和发动机舱温度的控制外,还受空调系统工作状态的控制。

1) 散热器风扇低速运转:当发动机运转时,如接通冷量开关E33,散热器风扇控制器J293的T10/3端为高电平时,风扇控制器的T4/3端输出12V电压控制左、右散热器风扇V7、V8低速运转。

当发动机冷却液温度达95℃时,双温开关F18内的低温触点(3→2)闭合,12V电源电压经触点接通风扇电动机的低速档,左、右散热器风扇V7、V8低速运转。

2) 散热器风扇高速运转:当发动机冷却液温度达102℃时,双温开关F18内的高温触点(3→1)闭合,12V电压经闭合的触点到散热器风扇控制器J293的T10/7端。风扇控制器的T4/2输出12V电压控制左、右散热器风扇V7、V8高速运转。

(6) 高、低压及其他保护电路 当空调管路压力高于1.45MPa时,空调压力开关F129中的1.45MPa压力开关(端子4和3)闭合,散热器风扇控制器J293的T10/2端为高电平,其T4/3端输出12V电压控制散热器风扇高速运转,冷却强度加强,使空调系统的冷凝器迅速散热,用于降低制冷系统中的压力。

当空调制冷剂泄漏后,如果管路静态压力低于0.2MPa,空调压力开关F129内的0.2/3.2MPa压力开关(端子1和2)则断开,散热器风扇控制器J293的T10/3端失电,空调停止工作,以防止空调压缩机在润滑不良的情况下运转而损坏。当管路压力高于3.2MPa时,0.2/3.2MPa压力开关(端子1和2)也断开,空调不工作,以保护空调管路及压缩机。同理,当发动机冷却液温度高于119℃时,空调冷却液温度开关F40断开,空调也将停止工作。

空调压缩机切断继电器J26由发动机ECU的T80/8端控制。它有双向作用:一是控制全负荷时切断空调;二是空调工作时,控制发动机怠速提升。当发动机ECU(J220)有故障或处于急加速工况时,发动机ECU的T80/8端输出低电平,使压缩机切断继电器J26停止工作,散热器风扇控制器J293的T10/8端为低电平,从而使压缩机停止工作。

二、广州本田雅阁轿车空调控制电路

以2003款广州本田雅阁轿车空调控制系统电路(见图3-81)为例进行分析。

(1) 冷却风扇控制电路

1) 散热器风扇电动机控制电路。蓄电池正极→No.41(100A)熔丝→No.57(20A)熔丝→散热器风扇继电器触点→散热器风扇电动机→G201搭铁点。若使散热器风扇继电器触点闭合,需要散热器风扇继电器线圈通电,有两个回路可使风扇继电器线圈通电,从而使风扇电动机工作:一是冷却液温度,二是空调压力。

① 冷却液温度控制回路:蓄电池正极→No.41(100A)熔丝→No.42(50A)熔丝→点火开关→No.3(7.5A)熔丝→散热器风扇继电器线圈→散热器风扇开关A(高于95℃接通)→G101搭铁点。

② 空调压力控制回路:蓄电池正极→No.41(100A)熔丝→No.42(50A)熔丝→点火

第三章 汽车空调系统电气控制

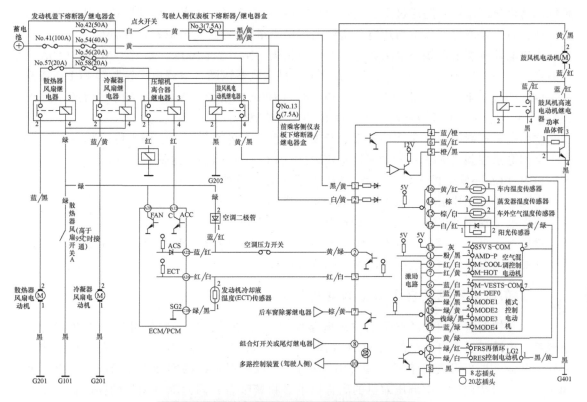

图 3-81 广州本田雅阁轿车空调控制电路

开关→No.3（7.5A）熔丝→散热器风扇继电器线圈→空调二极管→空调压力开关→空调电子控制器 ECU→搭铁。

2）冷凝器风扇电动机控制电路。蓄电池正极→No.41（100A）熔丝→No.58（20A）熔丝→冷凝器风扇继电器触点→冷凝器风扇电动机→G201 搭铁点。控制冷凝器风扇电动机工作的也是冷却液温度开关和空调压力开关两个回路。

① 冷却液温度控制回路：蓄电池正极→No.41（100A）熔丝→No.42（50A）熔丝→点火开关→No.3（7.5A）熔丝→冷凝器风扇继电器线圈→散热器风扇开关 A（高于 95℃ 接通）→G101 搭铁点。

② 空调压力控制回路：蓄电池正极→No.41（100A）熔丝→No.42（50A）熔丝→点火开关→No.3（7.5A）熔丝→冷凝器风扇继电器线圈→空调二极管→空调压力开关→空调电子控制器 ECU→搭铁。此外，散热器风扇继电器线圈、冷凝器风扇继电器线圈还可以通过 ECM/PCM 控制搭铁。

（2）压缩机离合器控制电路 蓄电池正极→No.41（100A）熔丝→No.42（50A）熔丝→点火开关→No.3（7.5A）熔丝→压缩机离合器继电器线圈→ECM/PCM→搭铁。

蓄电池正极→No.41（100A）熔丝→No.58（20A）熔丝→压缩机离合器继电器触点→压缩机电磁离合器→搭铁。

（3）风机控制电路 蓄电池正极→No.41（100A）熔丝→No.42（50A）熔丝→点火开关→No.3（7.5A）熔丝→鼓风机电动机继电器线圈→搭铁。

蓄电池正极→No.41（100A）熔丝→No.56（20A）熔丝→鼓风机电动机继电器触点→鼓

风机电动机分两路：一路通过受空调电子控制器ECU控制的功率晶体管搭铁，从而实现鼓风机变速；另一路通过鼓风机高速电动机继电器触点搭铁，从而实现鼓风机高速。

高速电动机继电器线圈电路如下：蓄电池正极→No.41（100A）熔丝→No.42（50A）熔丝→点火开关→No.3（7.5A）熔丝→高速电动机继电器线圈→空调电子控制器ECU→搭铁。

（4）温度控制电路　蓄电池正极→No.41（100A）熔丝→No.42（50A）熔丝→点火开关→No.3（7.5A）熔丝→空调电子控制器ECU→搭铁。

空调电子控制器ECU→车内温度、蒸发器温度、车外空气温度、阳光传感器→搭铁。

空调电子控制器ECU→发动机冷却液温度（ECT）传感器→搭铁。

ECM/PCM→发动机冷却液温度（ECT）传感器→搭铁。

空调电子控制器ECU→模式控制电动机→搭铁。

空调电子控制器ECU→空气混调控制电动机→搭铁。

蓄电池正极→No.41（100A）熔丝→No.42（50A）熔丝→点火开关→No.3（7.5A）熔丝→压缩机离合器继电器线圈→ECM/PCM→搭铁。

三、东风雪铁龙世嘉手动空调电路分析

东风雪铁龙世嘉两厢轿车手动空调电路如图3-82所示。其车型采用全CAN网设计，在空调系统中采用了上海三电的SD7C16（注：有些世嘉装备的是SD6C12，只是压缩机排量不一样，其他一样）可变排量压缩机（图3-83），可以根据系统的实际工作情况，调整压缩机的排量。开启空调后，空调压缩机的离合器不必频繁吸合，因此降低油耗的同时提高了车辆的乘坐舒适性。该车型自动空调的控制电路在东风雪铁龙系列车型中具有较强的代表性。

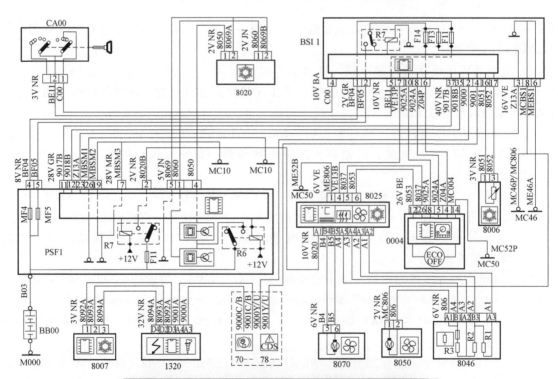

图3-82　东风雪铁龙世嘉两厢轿车手动空调电路图

1. 世嘉两厢轿车手动空调电路

由图 3-82 可见，蓄电池（BB00）通过发动机伺服控制盒（PSF1，图 3-84）的 MF4 和 MF5 熔丝给智能控制盒（BSI1）供电。

当点火开关接通，智能控制盒（BSI1）上 40V NR 中 37 号脚（CAN 低）和 35 号脚（CAN 高）给出信号→9017B 和 9018B 线→至发动机伺服控制盒（PSF1）上 28V GR 中 11 号脚和 12 号脚，PSF1 中 R7 继电器线圈得电工作，对应触点闭合，电流经 PSF1 中 F11 熔丝→R7 继电器触点→2V NR 中 2 号脚输出→8020B 线→8020 线→空调面板（8025）上 10V NR 中的 A1 脚，空调面板通电为空调工作做好准备。雪铁龙空调面板（8025）如图 3-85 所示。

图 3-83 空调压缩机

图 3-84 发动机伺服控制盒

图 3-85 空调面板（8025）

2. 压缩机工作状态分析

首先，压缩机的工作需要鼓风机开关接通，所以在鼓风机开关接通后：当空调开关接通，空调起动信号由空调面板（8025）中的 6 号脚输出→8053 线→组合仪表（0004）26V BE 中 12 号脚，再由组合仪表的 26V BE 5 号脚（CAN 低）和 8 号脚（CAN 高）输出→9024A 和 9025A 线→BSI1 上 10V NR 中 8 号和 10 号脚，再经过 BSI1 上 40V NR 中 37 号脚（CAN 低）和 35 号脚（CAN 高）输出→9017B 和 9018B 线→PSF1 上 28V GR 中 11 号脚和 12 号脚，PSF1 中 R6 继电器工作，对应触点闭合，电流由 PSF1 中 5V JN 中 1 号脚输出→8060 线→空调压缩机（8020）2V JN 中 1 号脚，通过 2 号脚→8069B 线→8069 线→PSF1 上 5V JN 中 5 号脚搭铁，电磁离合器吸合，空调系统起动。

蒸发箱温度传感器（8006）信号经 8051 和 8052 线连接至 BSI1 上 40V NR 的 16、17 号脚，信号经处理后再由总线送至发动机伺服控制盒（PSF1），再经处理后由 PSF1 上的 5V JN 中 4 号脚输出→8050 线→空调压缩机（8020）2V NR 上 1 号脚，通过 2 号脚→8069A 线→8069 线→至 PSF1 上 5V JN 中 5 号脚搭铁，此信号用于调整压缩机工作容积。

另外在蒸发箱温度低于 1℃ 时，传感器信号经 BSI1 和 PSF1 处理后断开压缩机，高于 3℃ 后再吸合压缩机离合器。

空调系统工作时，制冷系统工作压力由压力传感器（8007）传递给发动机 ECU（1320）。发动机 ECU 将压力信号处理后，经总线系统传给智能控制盒（BSI1），一直传至发动机伺服控制盒（PSF1），控制压缩机工作。通常压力传感器（8007）检测到系统压力低于 200kPa 或者高于 2.7MPa，压缩机断开，空调系统进入保护状态。当系统压力在 0.2~2.7MPa 之间的正常范围内时，压缩机处于工作状态。

根据神龙公司的空调检查技术资讯可知：在外界气温 30~35℃，发动机转速 2000r/min，鼓风机档位处于最高，温度调节至最冷时，压力测试正常结果为高压不低于 1.3MPa，低压在 200kPa 左右。在一般情况下，当环境温度处于 30~33℃ 时，空调系统压力见表 3-3。

表 3-3 空调系统压力

发动机转速/(r/min)	低压/kPa	高压/MPa
750（急速）	270	1.55
1500	210	1.85
2000	200	2.02

空调压力传感器（8007）与发动机 ECU（1320）的连接情况如下：压力传感器（8007）由发动机 ECU（1320）32V NR 中的 D3 供电→8092A 线→3V NR 的 1 号脚，其 3 号脚通过发动机 ECU（1320）32V NR 中的 D4→8094A 线→搭铁。3V NR 中 2 号脚将压力信号经发动机 ECU（1320）的 32V NR 的 D2 号脚→8093A 线→发动机 ECU（1320）。

3. 鼓风机工作状态分析

鼓风机由空调控制面板（8025）上的鼓风机开关控制，因为空调系统在制冷系统不工作而通风和取暖功能工作时，鼓风机就应该工作，所以只要点火开关接通，鼓风机就应进入工作状态。

1）当鼓风机开关处于 1 档位置，空调控制面板（8025）上的 10V NR 上 A2 输出→A1 线→风机转速电阻（8046）6V NR 上 A3 号脚，由 A1 输出→806 线→鼓风机 2V NR 上 2 号脚，通过 1 号脚→MC806 线→搭铁，鼓风机低速转动。

2）当鼓风机开关处于 2 档位置，空调控制面板（8025）上的 10V NR 上 A3 输出→A2 线→风机转速电阻（8046）6V NR 上 B3 号脚，由 A1 输出→806 线→鼓风机 2V NR 上 2 号脚，通过 1 号脚→MC806 线→搭铁，鼓风机次低速转动。

3）当鼓风机开关处于 3 档位置，空调控制面板（8025）上的 10V NR 上 A4 输出→A3 线→风机转速电阻（8046）6V NR 上 A2 号脚，由 A1 输出→806 线→鼓风机 2V NR 上 2 号脚，通过 1 号脚→MC806 线→搭铁，鼓风机次高速转动。

4）当鼓风机开关处于 4 档位置，空调控制面板（8025）上的 10V NR 上 A5 输出→A4 线→至风机调速电阻（8046）6V NR 上 B1 号脚，由 A1 输出→806 线→至鼓风机 2V NR 上 2 号脚，通过 1 号脚→MC806 线→搭铁，鼓风机高速转动。

4. 冷凝风扇工作状态分析

由图 3-86 可见，风扇电动机（1510）由发动机 ECU（1320）经过风扇继电器（1522）控制。

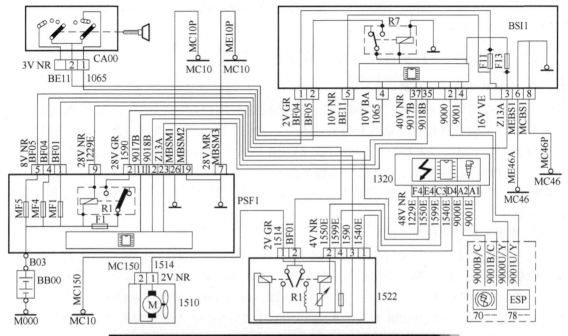

图 3-86　东风雪铁龙世嘉两厢轿车发动机冷却系统电路图

电路由 PSF1 的 28V NR 中 9 号脚→1229E 线→发动机 ECU（1320）48V NR 中 F4 号脚，发动机 ECU（1320）命令其搭铁，PSF1 中 R1 继电器工作，蓄电池通过 F1 熔丝从 28V GR 中 2 号脚输出→1590 线→风扇继电器（1522）4V NR 中 3 号脚。PSF1 上 8V NR 中 1 号脚给风扇继电器（1522）2V GR 中 2 号脚常供电，风扇继电器（1522）进入准备工作状态。冷凝风扇的工作状态既受控于空调系统的工况，还受控于发动机的工况。

当发动机冷却液温度在 97℃，冷凝风扇将低速运转；当发动机冷却液温度高于 104℃，冷凝风扇将高速运转；当冷却液温度高于 118℃，不但风扇处于高速运转，而且空调系统将被强制断开。

当发动机冷却液温度在正常范围内空调系统工作时，冷凝风扇工作状态随制冷系统压力的变化情况如下：若制冷系统压力低于 1.7MPa，冷却风扇将低速运转。其电路工作情况如下：发动机 ECU（1320）命令其 48V NR 中 E4 号脚搭铁，风扇继电器（1522）中电流从 4V NR 中 3 号脚通过内部电路，从 4V NR 的 2 号脚流出→1550E 线→发动机 ECU（1320）的 48V NR 中 E4 号脚搭铁，风扇继电器（1522）中右侧继电器工作，风扇电流由风扇继电器（1522）中 2V GR 上 2 号脚进入，从内部 R1 电阻经过，从 2V GR 的 1 号脚输出→1514 线→电子风扇（1510）的 2V NR 的 1 号脚，2 号脚经 MC150 线搭铁，风扇低速转动。

若系统压力高于 1.7MPa，发动机 ECU（1320）再命令其 48V NR 中 D4 号脚搭铁，1522 中电流从 4V NR 中 3 号脚通过内部电路，从 4V NR 的 1 号脚流出→1540E 线，到发动机 ECU（1320）的 48V NR 中 D4 号脚搭铁，左侧继电器工作，风扇电流由风扇继电器（1522）中 2V GR 上 2 号脚进入，从内部左侧的电路经过，从 2V GR 的 1 号脚输出→1514 线，至电子风扇

(1510) 的 2V NR 的 1 号脚，2 号脚经 MC150 线搭铁，风扇高速转动。

风扇继电器 (1522) 4V NR 中 4 号脚输出→1599E 线→发动机 ECU (1320) 48V NR 的 C3，作为冷凝风扇的工作反馈信号。

当空调系统压力传感器出现压力过高信号，或者发动机冷却液温度传感器出现故障后，冷凝风扇进入高速运转。

四、东风雪铁龙世嘉自动空调电路分析

1. 控制单元的供电分析

由图 3-87 可知，蓄电池 (BB00) 通过发动机伺服控制盒 (PSF1，如图 3-88 所示) 的 MF4 和 MF5 熔丝给智能控制盒 (BSI1) 上的 2V GR 的 1、2 号脚供电。其中 MF4 通过 BSI1 内熔丝 F11 给小电流点火开关 (CA00) 上 3V NR 中的 2 号脚供电；MF5 通过 BSI1 内继电器 R7 给熔丝 F13 和 F14 供电，F13 是发动机伺服控制盒 PSF1 上 28V NR 中 23 号脚的供电熔丝，F14 是组合仪表 (0004) 上 26V BE 中的 4 号脚和空调控制盒 (8080) 上 6V MR 中的 1 号脚的供电熔丝。

2. 空调开启请求信号分析

当点火开关接通，点火信号通过导线 1065 传送至智能控制盒 (BSI1)，BSI1 上的 40V NR 中的 37 号脚、35 号脚，给出信号→导线 9017B 和 9018B (即 CAN 车身)→发动机伺服控制盒 (PSI1) 上 28V GR 中的 11 号脚和 12 号脚，触发 PSI1 内的继电器 R7 闭合，电流经 PSI1 中的 F11 通过导线 9018B 给鼓风机 (8050) 上 2V NR 中 2 号脚和鼓风机调速控制模块 (8045) 上 4V NR 中 4 号脚供电。

开启自动空调，触发鼓风机工作的同时，空调请求信号由空调控制单元 (8080) 通过 CAN 舒适→组合仪表 (0004)，通过 CANCONF→智能控制盒 (BSI1)，通过 CANCAR→发动机伺服控制盒 (PSF1)，由 PSF1 控制空调电磁离合器和电磁阀，具体分析如下：

按下空调面板 (8080) 空调开关，通过空调控制单元上 6V VE 中的 1 号脚，经过导线 A1 到鼓风机调速控制模块 (8045) 上 4V NR 中的 1 号脚，鼓风机调速控制模块通过导线 3A 控制鼓风机 (8050)，鼓风机工作。同时空调请求信号通过空调控制单元 (8080) 上的 6V NR 中的 3 号脚、6 号脚输出，经导线 9024C、9025C 到组合仪表 (0004)，组合仪表上 26V BE 中的 5 号脚、8 号脚经导线 9024A、9025A 将请求信号传输至智能控制盒 (BSI1) 上 10V NR 中的 8 号脚和 10 号脚，再通过 BSI1 上 40V NR 中的 37 号脚、35 号脚经导线 9017B、9018B 最终传输给发动机伺服控制盒 (PSF1)，发动机伺服控制盒通过导线 8050 和 8060 控制空调压缩机，压缩机通过 PSF1 上 5V JN 中的 5 号脚搭铁。

3. 蒸发器温度传感器、左右出风口温度传感器和线性压力传感器信号传输

蒸发器温度传感器 (8006) 位于蒸发器总成上，该传感器检测蒸发器的温度，以避免结霜。该传感器信号经导线 M8006 和导线 18 连接至空调控制盒 (8080) 上 26V JN 中的 18、19 号脚，信号经过处理后经 CAN 舒适总线 (9024C、9025C) 发送至组合仪表，再由组合仪表经导线 9024A、9025A 将信号发送至 BSI，BSI 接收蒸发器温度传感器信号，当蒸发器传感器温度低于 1℃ 时，发送信号至 PSF1，PSF1 切断压缩机，当温度高于 3℃，BSI 发送信号至 PSF1，PSF1 控制压缩机电磁离合器再次吸合。

左出风口温度传感器 (8024)、右出风口温度传感器 (8028) 分别安装在空调总成的左、右两侧，分别检测空气通过左、右混合风门之后的温度，空调控制盒 (8080) 依据这两个信

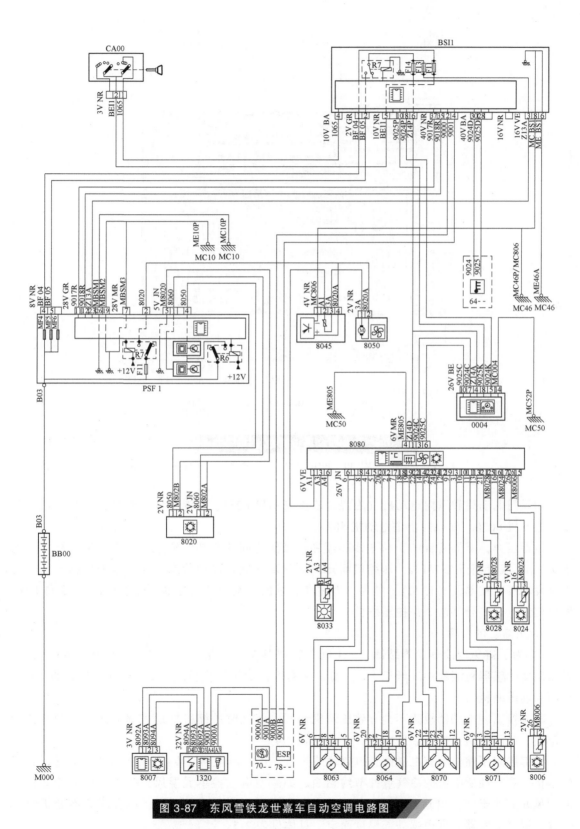

图 3-87 东风雪铁龙世嘉车自动空调电路图

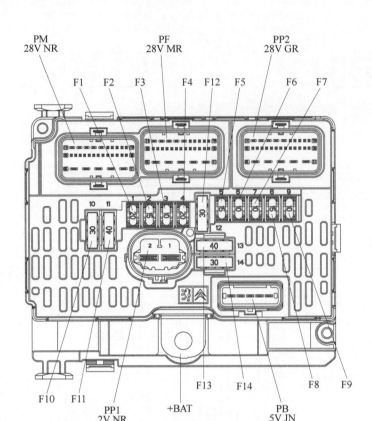

图 3-88 发动机伺服控制盒（PSF1）

F1~F14—熔丝　PM、PF、PP1、PP2、PB—插接器　+BAT—网络电源

号控制风门电动机和风向电动机（右混合步进电动机 8063、左混合步进电动机 8064、进风门步进电动机 8070、配风门步进电动机 8071）。

线性压力传感器（8007）位于冷凝器和膨胀阀之间的冷却管路上，当检测到系统压力低于 200kPa 或者高于 2.7MPa，压缩机断开，空调系统进入保护状态。线性压力传感器信号发送至发动机电控单元（1320），如果压力过高或过低，发动机电控单元通过 CAN 总线向 PSF1 发出切断电磁离合器命令保护压缩机。

4. 压缩机的管理

1）为了避免制冷蒸发器结冰，BSI 负责管理蒸发器的结冰安全性。如果在 1min 内，蒸发器温度传感器检测的温度低于 1℃，切断压缩机；如果温度再超过 2℃，且切断延时 1min，重新起动压缩机。

蒸发器温度传感器故障不会导致压缩机切断，但此时压缩机排量控制电磁阀控制开关为固定值。该固定值由外部温度而定，具体见表 3-4。

外部控制压缩机配有电磁阀，可以调节排量，可将蒸发器温度控制在 3~13℃ 之间，其目的是提供舒适性所必需的冷气量并节约燃油。如果空调电控单元混风开关处于最大冷却位置或配风开关处于"前窗除霜"位置，制冷蒸发器设定值均为 3℃。如果混合开关不处于全冷位置，制冷蒸发器温度根据外部温度而定，具体见表 3-5。

表 3-4 相应温度下的固定值

蒸发器入口空气温度/℃	-40	0	10	20	30	40	50	80
压缩机电磁阀的开度(%)	0	0	60	62.5	66	71	76	77.5

表 3-5 外部温度下蒸发器相应温度

外部温度/℃	0	5	10	15	20	25	30	35	40	45
蒸发器温度设定值/℃	3	3	5	12	12	5	4	3	3	3

当制冷剂压力超过 2300kPa 时,为了压缩机安全,高压被切断,增加蒸发器温度设定值,以减少压缩机电磁阀的控制（%）和压缩机的排量。

2）在下列情况下,切断压缩机压缩机离合器故障：

① 压缩机电磁阀故障。
② 制冷剂压力传感器故障。
③ 鼓风机故障（30s 期限）。
④ 发动机电控单元与智能控制盒（BSI1）通信故障。
⑤ 发动机伺服控制盒（PSF1）与智能控制盒（BSI1）之间通信故障。

在维修自动空调电路时,首先要对影响空调系统工作的各控制盒的供电线和搭铁线进行检测,空调请求信号、传感器信号的传输路线的分析对自动空调系统故障诊断和排除也尤为重要。

复习思考题

一、填空题

1. 压力开关分为＿＿＿＿、低压开关、＿＿＿＿和＿＿＿＿四种。
2. 高压卸压阀的作用是防止＿＿＿＿＿＿＿＿＿＿,保护压缩机和冷凝器。
3. 电磁离合器一般受＿＿＿＿、＿＿＿＿、＿＿＿＿和电源开关等元件的控制,它一般装在＿＿＿＿＿＿＿。
4. 真空罐的作用是稳定＿＿＿＿＿＿＿＿＿＿。
5. 在分析电路时,一般空调控制系统分成＿＿＿＿、＿＿＿＿、温度控制（压缩机控制）、＿＿＿＿＿＿＿＿等。

二、单项选择题

1. 一般汽车空调工作时,压缩机电磁离合器能按照车厢内温度的高低,自动分离和吸合,受（　　）控制。
   A. 低压保护开关　　B. 高压保护开关　　C. A/C 开关　　D. 温控开关
2. 汽车空调系统中,冷凝器散热风扇调速是由（　　）控制的。
   A. 高压侧压力　　B. 高压侧温度　　C. 低压侧压力　　D. 低压侧温度
3. 电阻式汽车空调鼓风机调速器,应安装在鼓风机（　　）上。
   A. 出风口风道　　B. 进风口风道　　C. 电动机　　D. 扇叶
4. 汽车空调风量控制器,即改变（　　）的大小进行控制。
   A. 电阻　　B. 电容　　C. 电磁　　D. 电压
5. 电磁离合器是装在压缩机主轴上的,它起的作用是（　　）。

A. 通电或断电时，可以控制冷凝器停或开
B. 通电或断电时，可以控制发动机停或开
C. 通电或断电时，可以控制风扇停或开
D. 通电或断电时，可以控制压缩机停或开

6. 甲说，空调系统电路中可变电阻的作用是使鼓风机能无级变速；乙说，可变电阻的作用是能为鼓风机提供几个档位的速度控制。你认为（　　　）。
　　A. 甲正确　　　　　B. 乙正确　　　　　C. 两人均正确　　　D. 两人均不正确

7. 空调系统的安全压力开关一般安装在（　　　）。
　　A. 低压管道上　　　　　　　　　　B. 高压管道上
　　C. 压缩机上　　　　　　　　　　　D. 蒸发器上

8. 汽车空调系统冷凝器电子扇在（　　　）情况运转。
　　A. 冷却液温度较高或压缩机运转　　　B. 压缩机运转与冷却液温度无关
　　C. 冷却液温度较高与压缩机无关　　　D. 与冷却液温度、压缩机都无关

三、判断题

（　　）1. 汽车空调温控器的作用是通过感受蒸发器的温度，从而控制压缩机的工作。

（　　）2. 有些蒸发器内装一个负温度系数的热敏电阻，其作用是防止蒸发器结冰。

（　　）3. 汽车空调系统中，压力保护开关可控制电磁离合器的分离或接合。

（　　）4. 温度控制开关起调节车内温度，防止蒸发器因温度过低而结霜的作用。

（　　）5. 触点常开型高压开关控制的是冷凝器冷却风扇的高速档电路。

（　　）6. 触点常闭型高压开关控制的是压缩机电磁离合器电路。

（　　）7. 空调压缩机的电磁离合器线圈两端并联的二极管是为了抑制线圈断电时所产生的瞬间高电压。

（　　）8. 低压开关一定安装在制冷系统的低压管路中。

四、问答题

1. 汽车空调系统中常见的压力开关及作用是怎样的？
2. 电磁离合器的使用注意事项有哪些？
3. 三重压力开关的功用主要有哪些？
4. 怎样正确分析空调系统的鼓风机电路？
5. 怎样正确分析空调系统的冷凝器风扇控制电路？
6. 怎样正确分析压缩机电磁离合器控制电路？

第四章

汽车空调取暖、通风与配气系统

第一节 汽车空调暖风系统

相对封闭的汽车车厢内，只有温度调节是不能满足舒适度要求的，车厢内不但需要有新鲜空气的补充，还要对狭小的车厢内部空间的气流进行调配，汽车空调通风、暖风与配气系统就是完成上述任务的重要组成部分。

一、汽车空调暖风系统概述

汽车的取暖系统是将车内空气或进入车内的外部空气送入热交换器，吸收某种热能量，从而提高空气的温度，并利用鼓风机将热空气送入车内，提高车内温度的一种装置。

1. 汽车空调暖风系统的作用

汽车空调暖风系统的功能是将冷空气送入热交换器，吸收某种热源的热量，提高空气的温度，并将热空气送入车内。

（1）取暖　冬季天气寒冷，在行驶中的汽车内人们感觉更寒冷。这时，汽车空调可以向车室内提供暖风，提高车室内的温度，使乘员不再感觉到寒冷。

（2）除霜　冬季或者初春，室内外温差较大，车窗玻璃会结霜或起雾，影响驾驶人和乘客的视线，不利于安全行车，这时可以用暖风来除去玻璃上的霜和雾。

向车厢内供暖是汽车空调的重要功能之一，而汽车空气调节的目的不是单纯的制冷和供暖，而是在不断变化的车外大气环境下，保持车内的温度、湿度稳定在一定范围内，并保证送入车内的空气清新，所以必须有通风配气系统对已经通过制冷和加热的空气重新进行调和温度、输送和分配，如图4-1所示。

2. 汽车空调暖风系统的分类

（1）按热源不同分类

1）热水取暖系统。热水取暖系统利用的是发动机冷却液的热量，这种系统大多用于轿车、大货车及要求不高的大客车上。

2）独立燃烧取暖系统。独立燃烧取暖系统安装有专门的燃烧机构，这种系统多用于大客车上。

3）综合预热取暖系统。综合预热取暖系统既采用发动机冷却液的热量，又利用装有燃烧预热器的综合加热装置，此种系统多用于大客车上。

4）气暖取暖系统。气暖取暖系统利用的是发动机排气系统的热量，这种系统多用于风冷式发动机上。

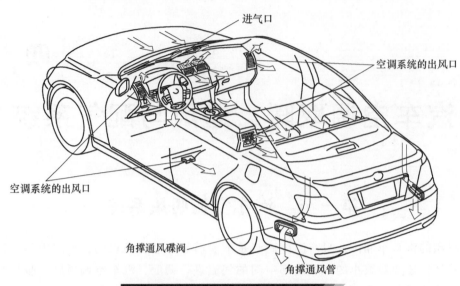

图 4-1 汽车空调的暖风通风系统

不论利用何种热源，热量都是通过热交换装置传递给空气，并通过风机把热空气送入驾驶室内的。

（2）按空气循环方式不同分类

1）内循环式：利用车室内空气循环，将车室内用过的空气作为载热体，让其通过热交换器升温，升温后的空气再进入车室内供取暖用，如图4-2所示。这种方式消耗的热量少，但从卫生标准看最不理想。

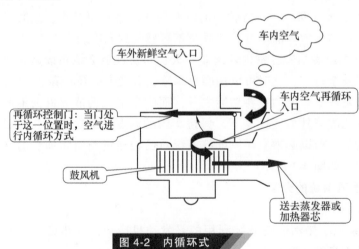

图 4-2 内循环式

2）外循环式：利用车外空气循环，全部用车外新鲜空气作为载热体让其通过热交换器升温，升温后的空气再进入车室内供取暖用，如图4-3所示。从卫生标准看外循环是最理想的，但这种方式消耗的热量大，也是不经济的。高级轿车采用这种方式。

3）内外混合循环式：指既引进车外新鲜空气，又利用部分车室内空气作为载热体让其通过热交换器升温，升温后的空气再进入车室内供取暖用，如图4-4所示。从卫生标准和消耗的热量看，正好介于内循环和外循环之间，是当前应用最广泛的方式。

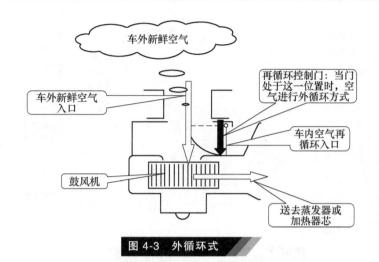

图 4-3 外循环式

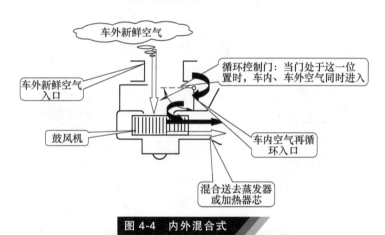

图 4-4 内外混合式

二、热水取暖系统

1. 热水取暖系统的工作原理

热水取暖系统实际上是发动机冷却系统的一部分，借助于发动机的水泵实现热水循环，其部件组成如图 4-5 所示。热水取暖系统的热源通常采用发动机的冷却液，使冷却液流过一个加热器芯，再使用鼓风机将冷空气吹过加热器芯加热空气，使车内的温度升高。其工作原理如图 4-6 所示，热的冷却液流过一个加热器芯，再利用鼓风机将冷空气吹过加热器芯加热空气，使车内的温度升高。此装置设备简单，安全经济，但热量小，受发动机运行工况影响，发动机停止运行时，没有暖气提供。

在通风装置中，由风机（鼓风机电动机）强制使空气循环运动。空气经由进风口被吸入，流经加热器时将被加热，并由出风口导出，进入车厢内实现取暖或为风窗除霜，如图 4-7 所示。

2. 热水取暖系统的组成结构

热水取暖系统主要由加热器芯、水阀、鼓风机、控制面板及相应的管路等组成，如图 4-8 所示，其在车上的安装位置如图 4-9 所示。

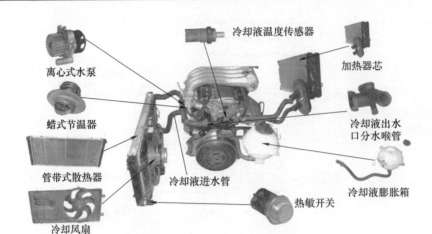

图 4-5 热水取暖系统的部件组成

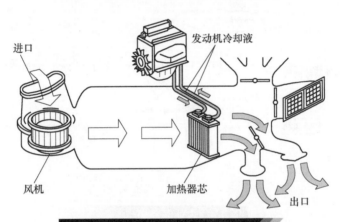

图 4-6 热水取暖系统的工作原理

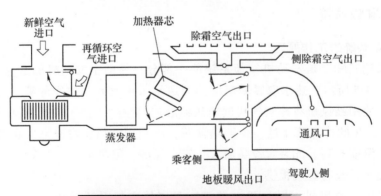

图 4-7 热水取暖系统的气流流向

（1）加热器芯　加热器芯的结构如图 4-10 所示。它由水管和散热器片组成，发动机的冷却液进入加热器芯的水管，通过散热器片散热后，再返回发动机的冷却系统。

（2）水阀　水阀用来控制进入加热器芯的水量，进而调节暖风系统的加热量。调节时，可通过控制面板上的调节杆或旋钮进行控制，其结构如图 4-11 所示。

第四章 汽车空调取暖、通风与配气系统

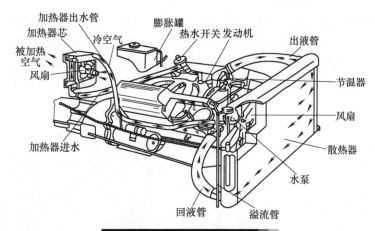

图 4-8 水暖式暖风系统

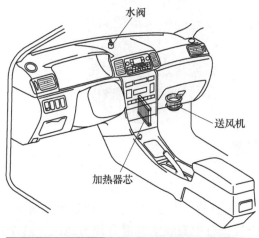

图 4-9 热水取暖系统部件的安装位置

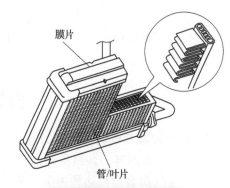

图 4-10 加热器芯

别克系列车型的暖水截断阀位于发动机舱内，如图 4-11b 所示，它的通断由真空控制，

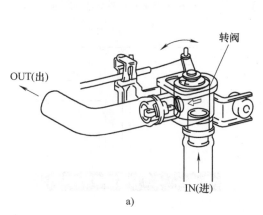

a)

b)

图 4-11 水阀
a）接线控制 b）真空控制

127

有真空时，暖水截断阀阻止冷却液进入暖水箱。真空电磁阀控制暖水截断阀的真空，当温控开关在最冷位置时，空调控制面板使真空电磁阀打开，真空从真空电磁阀到暖水截断阀。

（3）鼓风机　鼓风机由可调节速度的直流电动机和鼠笼式风扇组成，其作用是将空气吹过加热器芯加热后送入车内。调节电动机的速度，可以调节对车厢内的送风量。鼓风机的结构如图4-12所示。

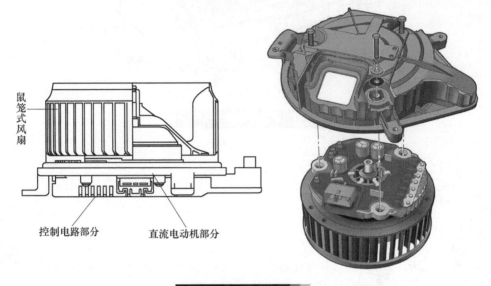

图4-12　鼓风机

3. 热水取暖系统调节温度的方式

就暖风系统而言，其温度的调节方式有两种，一种是空气混合型，另一种是水流调节型。

（1）空气混合型　这种类型的暖风系统在暖风的气道中安装空气混合调节风门，这个风门可以控制通过加热器芯的空气和不通过加热器芯的空气的比例，实现温度的调节，目前绝大多数汽车均采用这种方式，其示意图如图4-13所示。

（2）水流调节型　这类暖风系统采用水阀进行调节，通过水阀调节流经加热器芯冷却液的量，改变加热器芯本身的温度，进而调节温度。其调节的示意图如图4-14所示。

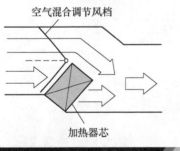

图4-13　空气混合型暖风系统

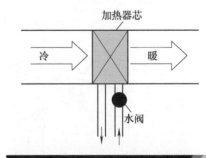

图4-14　水流调节型暖风系统

三、气暖式暖风装置

利用发动机排气管中的废气余热或冷却发动机后的灼热空气作为热源，通过热交换器加热空气,把加热后的空气输送到车室内供取暖用的装置,称为气暖式暖风装置。这种暖风装置受车速变化的影响大,对热交换器的密封性、可靠性要求高。

1. 气暖肋片式

在发动机排气管上装一段肋片管,管外套上外壳,如图 4-15 所示,管内通发动机排气,外壳与管子之间的夹层中通空气,这段管子就是热交换器。现在这种系统已经较少使用。

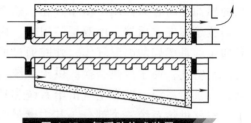

图 4-15 气暖肋片式装置

2. 气暖热管式

热管技术的工作原理如图 4-16 所示,车用发动机的废气流经热管的吸热端,利用鼓风机强制车室内空气流过热管的放热端,真空密闭的金属管(热管)内装入约占热管容积 1/3 的工作液体(工作液体的种类视工作温度的范围而定,有多种物质可以利用,在一般情况下可选用水、氨、乙醇、R13 等),在管子下部(即吸热端)的工作液体被发动机废气热流体加热,吸收热量后沸腾变为气体。由于气体的密度小而上升,到管子的上部将热量传给车室内的空气而凝结,垂直布置可利用重力差,加速凝结液回流,稳定其换热性能,凝结液沿管内壁流回下部,再吸热沸腾为气体。如此反复进行,不断地将下部的热量传到上部。这种气-气式热管换热器,结构简单,起动快,传热系数高,换热效果好,不需外加动力也无运动部件,维护方便;突出的特点是发动机排出的废气和进入车室内取暖用空气互不泄漏,工作安全可靠。图 4-17 所示为热管换热器安装在汽车上的一例。

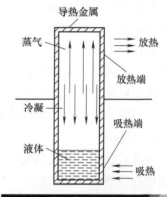

图 4-16 热管换热器

图 4-17 热管式汽车空调

四、独立燃烧式暖风装置

发动机余热式取暖装置普遍受发动机功率和工况影响较大,车速低、下坡时取暖效果不佳。目前大客车普遍采用独立燃烧式暖风装置,其热容量大,热效率可达 80%。一般可使用煤油、轻柴油作燃料。

1. 直接式(空气加热式)

图 4-18 所示为直接式暖风装置结构。这种装置通常由燃烧室、热交换器、供给系统和控制系统四部分组成。燃烧室由火花塞和燃料分布器组成,燃料分布器直接装在暖房空气送风

机的电动机轴上，在工作时，由其内部出来的燃油在离心力作用下便于雾化。热交换器位于燃烧室后端，由双层腔组成，内腔通过的是燃烧的高温气体，外腔通过的是新鲜空气，便于冷热交换。供给系统包括燃料供给系统、助燃空气供给系统和被加热空气供给系统三个部分。其中燃料供给系统由燃料泵、电动机、燃油电磁阀、油箱和输油管组成。助燃空气供给系统和被加热空气供给系统共用一台电动机，电动机两端各装一台鼓风机供两个系统使用。控制系统有手动和自动两种方式，用来控制电动机、电磁阀、点火装置及自动控制元件的工作。

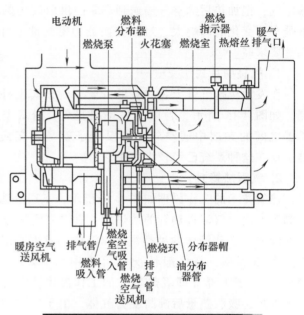

图 4-18　直接式暖风装置结构

该装置的优点是取暖快，不受汽车行驶工况的影响。用空气作交换热介质提供暖风是高温干热状态，舒适性差。

2. 间接式

间接式独立燃烧暖风装置用水作为载热介质向车室内提供暖风，出风柔和，舒适感好，且采用内循环空气，灰尘少，效果较为理想。其最大优点是不仅可供车室内取暖用，还可供预热发动机、润滑油和蓄电池等使用。如果这种水加热器与汽车发动机的冷却液系统连通起来，则可起互补作用。当发动机冷却液温度低于 80℃ 时，由加热器工作，而冷却液温度高于 80℃ 时，恒温器动作，自动切断燃油泵电源，由发动机冷却液提供热源。这样既保证水加热器不致因过热而损坏，又可节约能源。

燃气取暖系统的示意图如图 4-19 所示，燃油和空气在燃烧室中混合燃烧，加热发动机的冷却液，加热后的冷却液进入加热器芯向外散热，降温后返回发动机再进行循环。

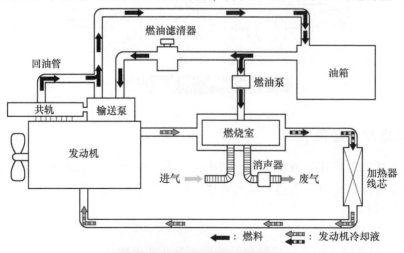

图 4-19　燃气取暖系统

五、暖风系统的拆装

1. 暖风箱的拆装

桑塔纳 3000 型轿车暖风机的安装简图如图 4-20 所示。在拆卸前，应先断开蓄电池的搭铁线，并注意相关车辆装备的编码问题，安装后需要补充发动机冷却液，并且检查车辆装备。

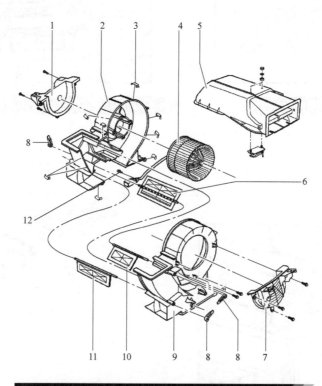

图 4-20　桑塔纳 3000 型轿车暖风机的安装简图

1—新鲜空气风箱左盖板　2—新鲜空气风箱左壳　3—弹簧夹片　4—鼓风机　5—进风罩　6—暖风风门　7—新鲜空气风箱右盖板　8—风门操纵臂　9—新鲜空气风箱右壳　10—除霜风门　11—中央出风口风门　12—插头固定夹

（1）暖风箱的拆卸　首先排放冷却液，拆卸驾驶人侧储物箱、杂物箱，拆卸左侧风道、右侧风道、中央风道及挡水板、进风罩，松开通向热交换器冷却液管的卡箍，如图 4-21 所示。然后断开线束扎带 A、温度风门伺服电动机 6 针棕色插头 B、鼓风机 6 针黑色插头 C、除霜/脚向风门伺服电动机 6 针蓝色插头 D 和中央风门伺服电动机 6 针棕色插头 E 五个部件的连接，如图 4-22 所示。最后松开图 4-23 所示箭头所指的暖风箱的两个紧固螺栓，向下拆下暖风箱。

（2）暖风箱的安装　暖风箱的安装顺序与拆卸顺序相反。

2. 热交换器的拆装

热交换器的安装简图如图 4-24 所示。在进行热交换器拆装时，首先要断开蓄电池的搭铁线，并且注意操作说明中有关编码的提示，在连接蓄电池后必须注意，要按照维修手册检查并记录如收音机、时钟及电动车窗升降机等车用装备的编码。安装时要注意补充发动机冷却液，并且要将嵌条密封好。

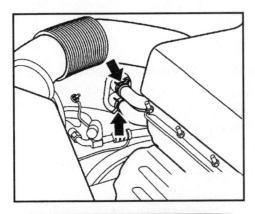

图 4-21 冷却液管卡箍的拆卸

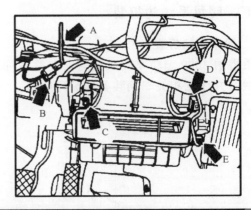

图 4-22 A、B、C、D、E 五个部件的连接

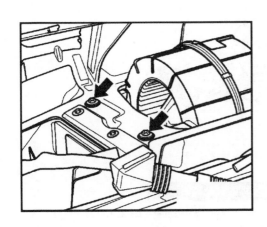

图 4-23 暖风箱紧固螺栓的拆卸

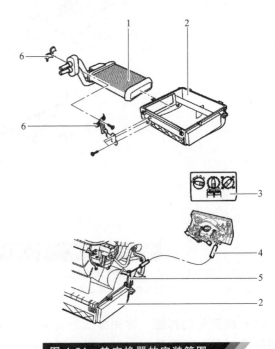

图 4-24 热交换器的安装简图

1—热交换器 2—暖风箱 3—温度调节按钮 4—暖风调节拉索 5—暖风风门操纵臂 6—冷却液固定支架

（1）热交换器的拆卸 首先拆卸驾驶人侧的储物箱、仪表板，松开图 4-25 中箭头所指的两处胶管喉卡箍，拔下胶管；接着沿图 4-26 中箭头所指方向转动钩环 2，从控制单元上拉出连接插头 3，拧下螺母 4，拆下安全气囊控制单元 1；然后松开图 4-27 中箭头 A 所指的固定夹扣，沿箭头 B 所指方向水平地拆下暖风箱；旋出图 4-28 中箭头所指螺栓，松开冷却液固定支架；最后，小心地用一字槽螺钉旋具撬开冷却液罩盖，按图 4-29 中箭头所指示方向从暖风箱中拆下热交换器。

（2）热交换器的安装 热交换器的安装顺序与拆卸顺序相反。

第四章　汽车空调取暖、通风与配气系统

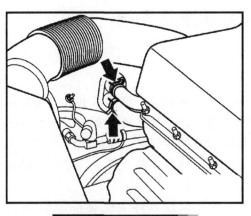

图 4-25　拆卸胶管

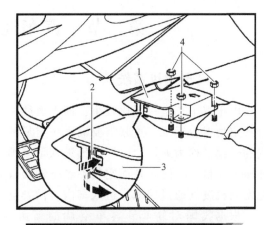

图 4-26　拆卸安全气囊控制单元

1—安全气囊控制单元　2—钩环　3—连接插头　4—螺母

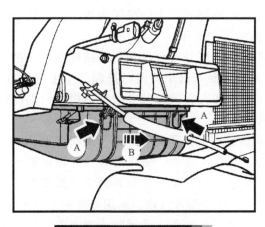

图 4-27　拆卸暖风箱

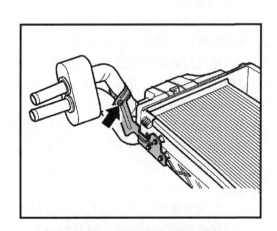

图 4-28　松开冷却液固定支架

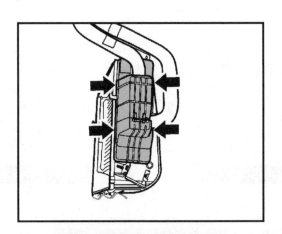

图 4-29　热交换器的拆卸

133

第二节 汽车通风和空气净化系统

一、汽车通风系统

由于汽车车室一般比较小,而人员往往较多,为了健康和舒适,汽车车室内空气必须符合一定的卫生标准,这就需要输入一定量的新鲜空气。将新鲜空气送进车室内,取代污浊空气的过程,称为通风。新鲜空气进入量必须大于排出和泄漏的空气量,保持车内压力大于车外压力。目的是防止外面空气不经空调装置直接进入车内,而且能防止热空气排出,以及避免发动机废气通过回风道进入车内,污染空气。

根据我国对轿车、客车空调的新鲜空气要求,换气量按人体卫生标准最低不少于 $20m^3/(h·人)$,且车室内的 CO_2 的体积分数一般应控制在 0.03% 以下,风速在 0.2m/s 左右。

汽车空调的通风方式一般有动压通风、强制通风和综合通风三种。

1. 动压通风

动压通风也称自然通风,它利用汽车行驶时对车身外部所产生的风压为动力,在适当的地方开设进风口和排风口,以实现车内的通风换气。

进、排风口的位置取决于汽车行驶时车身外表面的风压分布状况和车身结构形式。进风口应设置在正风压区,并且离地面尽可能高,以免引入带有汽车行驶时扬起的尘土的空气。排风口则应设置在汽车车厢后部的负压区,并且应尽量加大排风口的有效流通面积,提高排气效果,还必须注意到尘土、噪声以及雨水的侵入。

图 4-30 所示是用普通轿车车身的模型进行风洞试验的表面压力分布图。由图可见,车身外部大多受到负压,只有车前及前风窗玻璃周围为正压区。因此,轿车的进风口设在车窗的下部正风压区,而且此处都设有进气阀门和内循环空气阀门,用来控制新鲜空气的流量。一般在汽车空调系统刚起动,而且车内外温差较大时,关闭外循环气道,采用内循环方式工作,这样可以尽快降低车内温度。排风口设置在轿车尾部负压区。动压通风时,车内空气的流动如图 4-31 所示。由于动压通风不消耗动力,且结构简单,通风效果也较好,因此,轿车大都设有动压通风口。

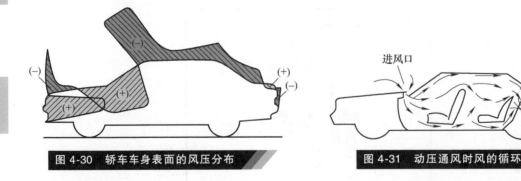

图 4-30 轿车车身表面的风压分布   图 4-31 动压通风时风的循环

2. 强制通风

强制通风是利用鼓风机强制将车外空气送入车厢内进行通风换气的,如图 4-32 所示。这种方式需要能源和通风设备,在冷暖一体化的汽车空调上,大多采用通风、供暖和制冷的联合装置，将外气与汽车空调冷暖空气混合后送入车内，此种通风装置常见于高级轿车和豪华旅行车上。

3. 综合通风

如果将上述两种通风方式结合起来，就形成了综合通风方式，汽车在低速行驶时采用强制通风，高速行驶时采用动压通风，这样就保证了汽车在各种工况下都能保持良好的通风效果，同时也降低了功耗。这种通风方式近年来在汽车上的应用逐渐增多，目前小型汽车上基本上都采用了综合通风的方式。

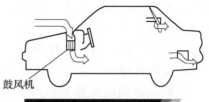

图 4-32　强制通风

二、空气净化装置

汽车空调的空气净化包括两部分：车室外空气的净化和车室内循环空气的净化。车室外空气受到环境的污染，如粉尘、公路上汽车排出的废气（含有 CO_2、CO、NO_x、SO_x、HC 和烟雾）；车室内循环空气受工作过程和人的活动的污染，如发动机的废气通过车底的缝隙进入车室内及人体发出的汗臭、CO_2 等，对人体健康都会造成不利的影响，使人精神疲倦，容易造成行车事故。这些污染极大地降低了空调的舒适性能。因此，必须对汽车空调的车室内空气进行净化处理，图 4-33 所示为马自达 3 轿车空调系统空气净化器的位置及结构。

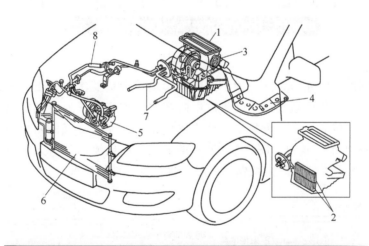

图 4-33　马自达 3 轿车空调系统及空气净化器的位置及结构

1—A/C 装置　2—空气滤清器　3—气流模式主连接件　4—后导热管
5—A/C 压缩机　6—冷凝器　7—暖风水管　8—制冷管路

汽车空调系统采用的空气净化装置通常有空气过滤式和静电除尘式两种。空气过滤式是在空调系统的送风和回风口处设置空气滤清装置，如图 4-33 所示，它仅能滤除空气中的灰尘和杂物。静电除尘式则是在空气进口的过滤器后再设置一套静电除尘装置或单独安装一套用于净化车内空气的静电除尘装置。它除具有过滤和吸附烟尘等微小颗粒杂质的作用外，还具有除臭、杀菌、产生负氧离子以使车内空气更为新鲜洁净的作用。

1. 过滤除尘

过滤除尘的原理主要是对尘埃起筛滤作用和拦截作用，还有惯性作用和扩散作用。过滤除尘主要用无纺布、过滤纤维纸组成干式纤维滤清器和金属网格浸油滤清器。干式纤维滤清器中对于较大粒度的尘埃，由于惯性作用，来不及随气流转弯而碰撞到孔壁上，在重力作用下跌掉下来；对于微小颗粒，在围绕交错的纤维表面作布朗运动时，和纤维接触而沉积下来，并且在与纤维摩擦中产生静电作用，被纤维吸附在其表面。其优点是简单、价廉，缺点是气流阻力太大。图4-34为清洁空气过滤器的安装位置。

图4-35所示为静电除尘式空气净化装置的空气净化过程，预滤器装在最前端，用于过滤大颗粒的杂质。

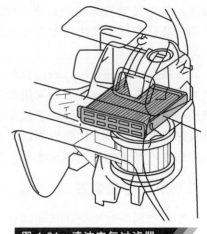

图4-34 清洁空气过滤器

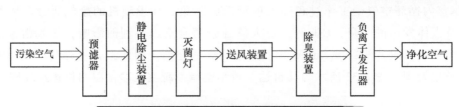

图4-35 静电除尘式空气净化装置原理图

2. 静电除尘

静电除尘器则以静电除尘方式把微小的颗粒尘埃、烟灰及汽车排出的气体中含有的微粒吸附在除尘板上。其工作原理是通过高压放电时产生的加速离子通过热扩散或相互碰撞而使浮游尘埃颗粒带电，然后在高压电场中库仑力的作用下，克服空气的阻力而被吸附在除尘电极板上，如图4-36所示。其中，图4-36a所示的是放电电极流出的辉光电流使尘埃颗粒带电的状况，图4-36b所示为带电的尘埃颗粒向除尘电极板运动的状况。

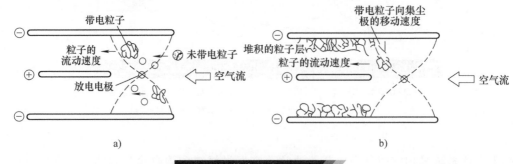

图4-36 静电除尘原理
a) 微粒子带电 b) 微粒子除尘

灭菌灯用于杀死吸附在除尘板上的细菌，它是一只低压水银放电管，能发射出波长为353.7nm的紫外线光，其杀菌能力约为太阳光的15倍。

除臭装置用于除去车厢内的油料及烟雾等气味，一般采用活性炭过滤器、纤维式或滤纸式空气过滤器来吸附烟尘和臭气等有害气体。图4-37所示为实用的静电除尘式空气净化装置结构示意，它通常安装在制冷、取暖采用内循环方式的大客车上，其工作过程是：首先粗滤器除去空气中较粗的尘埃；再由静电除尘器吸附微细尘埃；通过活性炭过滤器除去烟和臭气；由负离子发生器供给负离子；最后由鼓风机将净化的空气送入车室内。净化后的空气清洁度很高，可以充分满足乘员对舒适性的要求。

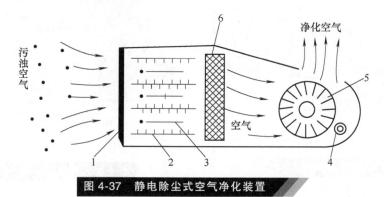

图 4-37　静电除尘式空气净化装置

1—粗滤器　2—除尘电极　3—充电电极　4—负离子发生器　5—风机　6—活性炭过滤器

有些车辆的空气净化系统在滤清器中加入活性炭，可吸收空气中的异味；有些车辆在净化系统中设有烟雾传感器，当传感器检测到车内存在烟气时，便通过放大器自动使鼓风机以高速档运转，排出车内的烟气。这种净化系统如图 4-38 所示。

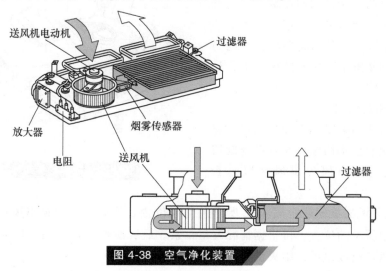

图 4-38　空气净化装置

三、通风系统的拆装与检测

1. 通风拉索的拆装

（1）通风拉索的拆卸

1）拆卸通风拉索时，应将温度选择旋钮旋至如图 4-39 中箭头所示的位置，然后拆卸暖风和空气调节装置。

2）拆卸固定拉索的弹簧夹片，如图 4-40 中箭头所示。

3）将拉索沿图 4-41 中箭头所示方向旋转并向上拉出。

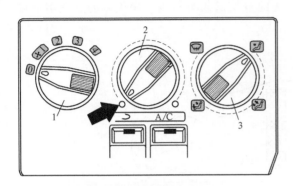

图4-39 温度选择旋钮
1—鼓风机调速旋钮 2—温度选择旋钮 3—空气分配器旋钮

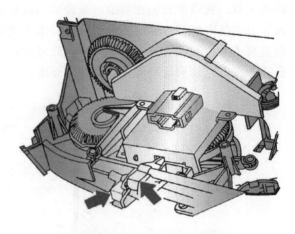

图4-40 弹簧夹片的拆卸

（2）通风拉索的安装 安装通风拉索时，应先将拉索装配到卸下来的调节装置上，然后再将拉索固定到新鲜空气风箱上。首先将三根拉索的一端分别勾在暖风和空气调节装置上，并用弹簧夹片固定；接着安装暖风和空气调节装置；然后将两根拉索的另一端分别连接到新鲜空气风箱的风门上，最后将拉索初步固定。

2. 通风拉索的调节

拆卸驾驶人侧储物箱，起动发动机，将鼓风机调速旋钮旋至4档位，检查系统旋钮和风门的位置与各出风口出风情况是否一致。

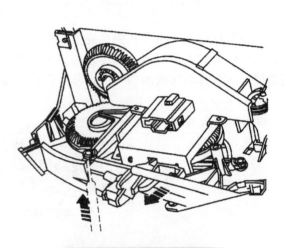

图4-41 拉索的拆卸

1）将空气分配器旋钮旋至图4-42所示的除霜位置。然后检查中央出风口风门和除霜风门是否处于图中所示的位置，再根据情况调整拉索。最后检查图中2、3、12风口处的出风情况，此时除霜风口应该出风，中央出风口和脚部出风口不出风。

2）将空气分配器旋钮旋至图4-43所示的脚部通风位置。然后检查中央出风口风门和除霜风门是否处于图中所示位置，再根据情况调整拉索。最后检查图中2、3、12风口处的出风情况，此时脚部出风口应该出风，中央出风口和除霜风口不出风。

3）将空气分配器旋钮旋至图4-44所示的迎面通风位置。然后检查中央出风口风门和除霜风门是否处于图中所示位置，再根据情况调整拉索。最后检查图中2、3、12出风口处的出风情况，此时中央出风口应该出风，脚部出风口和除霜风口不出风。

4）经上述调整合格后，将通风拉索紧固。

5）将中间的温度调节旋钮旋至最右端，此时暖风风门操纵臂应处于图4-45所示的全开位置。调整完毕后，将暖风拉索固定。

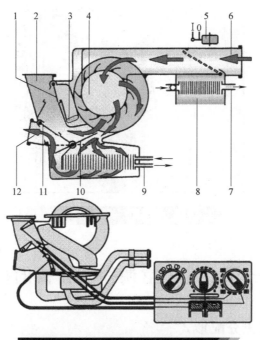

图 4-42　通风拉索的调节（一）

1—除霜风门　2—除霜风口　3—脚部出风口　4—风机　5—真空管　6—新鲜空气进气口　7—蒸发器高低压管
8—蒸发器芯　9—热交换器水管　10—暖风风门　11—中央出风口风门　12—中央出风口

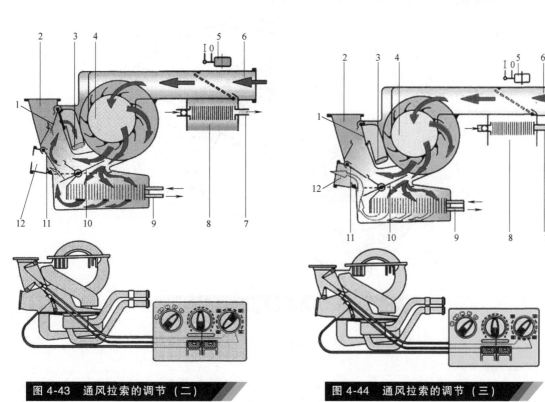

图 4-43　通风拉索的调节（二）

图注同图 4-42

图 4-44　通风拉索的调节（三）

图注同图 4-42

图 4-45 暖风风门操纵臂

第三节　汽车空调控制面板的操作

一、汽车空调的气流分配形式

汽车空调已由单一制冷或取暖的方式发展到冷暖一体化方式，由季节性空调，发展到全年性空调，真正起到空气调节的作用。如图 4-46 所示，系统根据空调的工作要求，可以将冷、热风按照配置送到驾驶室内，满足调节需要。

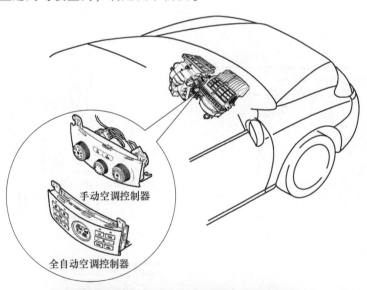

图 4-46　空调系统控制面板在车上的位置

汽车空调的典型配气方式有空气混合式和全热式，如图 4-47 所示。

1．空气混合式

空调的工作过程：外气+内气→进入鼓风机→进入蒸发器冷却→由风门调节进入加热器芯加热→进入各吹出口。风门顺时针旋转时，空气经过蒸发器（冷空气）后再进入加热器芯

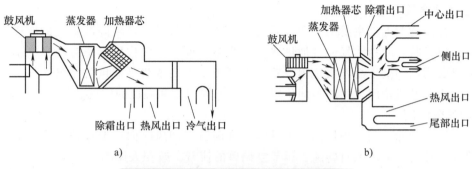

图 4-47 汽车空调的典型配气方式

a) 空气混合式 b) 全热式

的空气量随着风门旋转而减少,即被加热的空气少,这时主要由冷气出口吹冷风。反之,风门逆时针旋转时,吹出的热风多,处理后的空气进入除霜出口或热风出口。

2. 全热式

空调的工作过程:外气+内气→进入风机→进入蒸发器冷却→全部进入加热器芯→由风门调节风量后进入各吹出口。从图 4-47 中可以看出,全热式与空气混合式温度调节的最大区别是:由蒸发器出来的冷空气全部直接进入加热器芯,两者之间不设风门进行冷热空气的混合和风量的调节。

二、汽车空调的气流组织过程

图 4-48 所示为汽车空调配气系统的基本结构,它通常由三部分构成:第一部分为空气进入段,主要由用来控制新鲜空气和车室内循环空气的风门叶片和伺服器组成;第二部分为空气混合段,主要由加热器、蒸发器和调温门组成,用来提供所需温度的空气;第三部分为空气分配段,使空气吹向面部、脚部和风窗玻璃上,主要包括中风门,下风门、除霜门和上、中、下风口。

它们是通过手动控制钢索(手动空调)、真空气动装置(半自动空调)或者电控气动装置(全自动空调)与仪表板空调控制键连接动作,执行配气工作的。

空调送风系统的工作过程:新鲜空气+车室内循环空气→进入风机→空气进入蒸发器冷却→由风门调节进入加热器的空气→进入各吹风口。

1. 空气进入段

空气进入段的风门用于控制新鲜空气和车室内空气的循环比例。例如,在夏季室外空气温度较高、冬季室外温度较低的情况下,尽量开小风门叶片,使压缩机运行时间减少。当汽车长期运行时,车室内空气品质下降,这时应定期开大风门叶片。一般汽车空调空气进入段风门开启比例为 15%~30%。

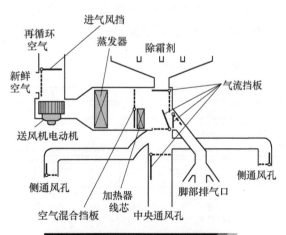

图 4-48 汽车空调送风系统

2. 空气混合段

空气混合段的调温门主要用于调节通过加热器的空气量，产生降温除湿的变化。当调温门处于全开位置状态时冷空气经过加热器，当调温门处于全闭位置状态时冷空气不经过加热器。这样只要调温门处于全开或全闭位置，就可得到最高或最低温度的空气。另外，也可调节调温门处于全开或全闭之间的不同位置，得到不同温度和湿度的空气。

3. 空气分配段

空气分配段的除霜门、中风门、下风门，可调节空调风吹向风窗玻璃及乘员的中上部或脚部。另外，控制空调内风机转速，调节空调风的流量，改变人体的感觉。

三、空调控制面板的功能

如图 4-49 所示，空调配气系统各风门的位置变化主要由拉索操纵机构、真空操纵机构和电动机伺服装置控制。而这些操纵机构又受驾驶人面板功能键的控制，目前面板控制分手动控制面板和自动控制面板。

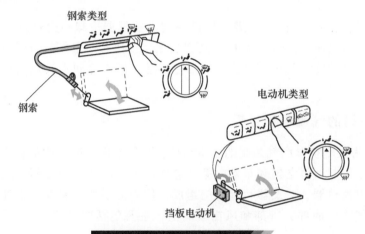

图 4-49 各风门控制类型

如图 4-50 所示，在汽车 A/C 的控制面板上有许多选择器。这些选择器分别是进气口选择开关、温度选择开关、空气流量选择开关和送风机速度选择开关。选择开关的形状根据车型或等级有所不同，但是功能是一样的。

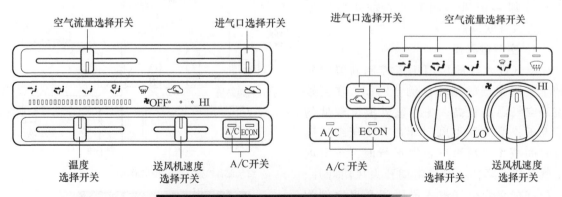

图 4-50 A/C 控制面板上选择器的类型

（1）温度控制 汽车空调通过使用加热器芯和蒸发器，并通过调整空气混合挡板和水阀的位置来调节温度。用控制盘上的温度选择器使空气混合挡板和水阀进行工作，其不同的工作位置如图4-51所示。

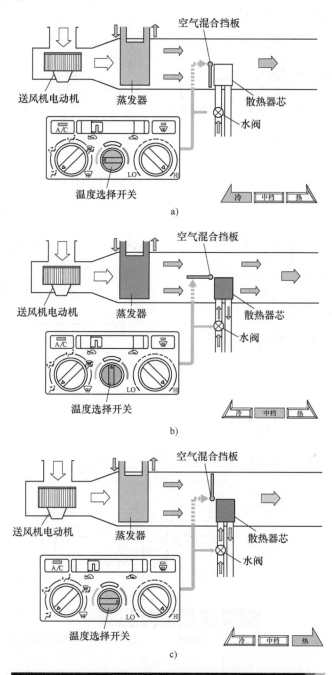

图4-51 温度选择开关不同工作位置时的工作情况
a）冷 b）中 c）热

（2）送风模式的功能 送风模式的功能如图4-52所示，通过控制不同送风模式按钮，调整挡板的不同位置，可以得到不同的送风模式。

143

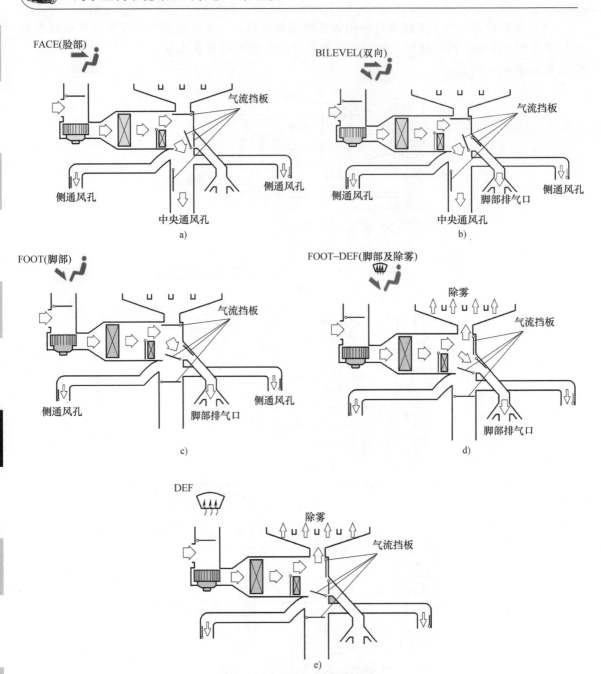

图 4-52 不同的送风模式

a) 吹身体的上半部 b) 吹身体的上半部和脚部 c) 吹到脚 d) 吹脚部并前窗除雾 e) 前窗除雾

四、手动空调控制面板的操作

各型汽车空调系统空气的调节与控制过程大同小异,下面以 2011 款帕萨特轿车冷暖一体化空调系统为例说明。2011 款帕萨特轿车空调系统控制面板如图 4-53 所示。

2011 款帕萨特手动空调采暖及制冷装置仅在发动机运转且鼓风机打开的情况下工作。旋

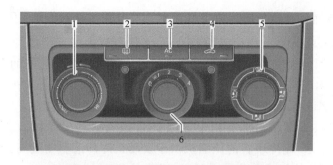

图 4-53　2011款帕萨特手动空调控制面板
1—温度调节开关　2—后风窗加热按钮　3—制冷装置按钮　4—空气内循环按钮
5—空气流向调节开关　6—鼓风机开关

转开关1、5和6，可以调节温度、空气流向和鼓风机转速。按压按钮2~4可以开启或关闭相应功能，开启某项功能后按钮内的指示灯随之亮起。再按一下该按钮，该功能即被关闭。

1. **操作元件的基本操作**

1）后风窗加热按钮。后风窗加热功能仅在发动机运转的情况下才工作。打开大约10min后，加热功能会自动关闭，也可以按压此按钮提前关闭加热功能。

2）制冷装置按钮 AC 。制冷装置开启后，按钮中的指示灯随即亮起。

3）空气流向调节开关。

气流吹向前风窗玻璃。

气流吹向上身。

气流吹向脚部空间。

气流吹向风窗玻璃和脚部空间。

4）鼓风机开关。鼓风机可分4档调节空气流量大小。行车时建议至少将鼓风机开启在较低的档位上运行，以便随时都会有新鲜空气进入车内。

2. **车内采暖和制冷**

1）车内采暖。旋转温度调节开关1，设置适合的温度。建议将车内温度设定在22℃。旋转鼓风机开关6，设定鼓风机转速。转动空气流向调节开关5，调节送风方向。

2）车内制冷。按下按钮 AC ，开启制冷装置。按钮上的指示灯随即亮起。旋转温度调节开关1，设置适合的温度。建议将车内温度设定在22℃。旋转鼓风机开关6，设定鼓风机转速。转动空气流向调节开关5，调节送风方向。

3）前风窗除霜。将空气流向调节开关5转到位置。将鼓风机开关6转到3档。将温度调节开关1顺时针转到底。将仪表板两侧的出风口的送风方向调向侧面车窗。

4）前风窗除雾。将温度调节开关1转到合适位置。将鼓风机开关6转到2档或3档。将空气流向调节开关5转到位置。按下制冷装置按钮 AC 。将仪表板两侧的出风口的送风方向调向侧面车窗。

5）关闭电子手动空调。将鼓风机开关6转到位置0，即可关闭空调系统。

6）新鲜空气通风。将鼓风机开关6转到位置0。将温度调节开关1逆时针转到极限位置。将鼓风机开关6转到合适位置。将空气流向调节开关5转到位置🔄。按下制冷装置按钮 [AC]，关闭制冷装置。按压空气内循环按钮⟲，关闭空气内循环模式。

对于采暖系统，只有在发动机达到工作温度时，才能发挥最大可能的加热功率并快速除去车窗玻璃上的冰雪。对于制冷系统，在制冷装置打开时不仅可以降低车内温度，而且空气湿度也会降低。这样可在车外湿度较高的情况下提高乘员的舒适度，并能防止车窗玻璃形成水雾。

如果无法打开制冷装置，可能有以下原因：① 没有起动发动机；② 鼓风机已关闭；③ 车外温度低于约3℃；④ 制冷装置的压缩机由于发动机冷却液温度过高而暂时关闭；⑤ 空调的熔丝损坏了；⑥ 其他故障。

3. 空气内循环模式

在空气内循环模式下，可阻止车外空气进入车内。

按压按钮⟲，即可打开或关闭空气内循环模式。如果此按钮中的指示灯亮起，说明其处于打开状态。在空气内循环模式下，车外空气不会进入车内。空气仅仅在车内循环运行。因此，开启空气内循环模式可防止车外混浊难闻的空气进入车内。在车外温度较低时，开启空气内循环模式可以改善加热效率，因为此时只对车内的空气进行加热。

在车外温度较高时，开启空气内循环模式可以改善制冷效率，因为此时只对车内的空气进行制冷。为安全起见，在空气内循环模式下，如果把空气流向调节开关转到位置▒▒，空气内循环模式便会关闭。再次按压按钮⟲可以重新打开空气内循环模式。在打开空气内循环模式的情况下请勿吸烟，因为烟雾会沉积在制冷装置的蒸发器和空调滤清器上，从而导致难以去除的异味。

利用出风口中间的导流片可以上下/左右调节气流方向，前部通风口的分布如图4-54所示。此外，还可以通过此导流片旋转相应的出风口调节空气流向。拨动出风口旁的滚花小轮，可以开启或关闭相应的出风口，如图4-55所示。

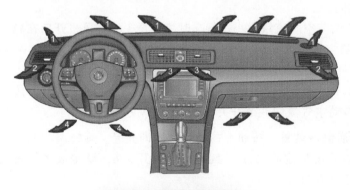

图4-54 前部通风口

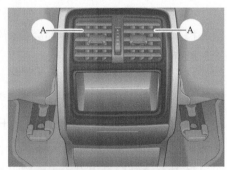

图4-55 中央通道后部的出风口

五、自动空调系统控制面板的操作

下面以2009款别克君越轿车为例，说明一下自动空调系统的操作，空调控制面板如图4-56所示。

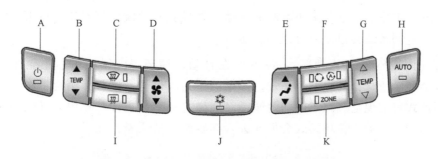

图 4-56　2009 款别克君越自动空调控制面板

A—电源　B—驾驶人温度控制　C—风窗玻璃除霜　D—风扇控制　E—送风模式控制　F—内循环/自动内循环　G—乘客温度控制　H—AUTO（自动）　I—后窗除雾器　J—空调系统　K—ZONE（温区）

1. 自动操作

按下控制面板上的 AUTO（自动）键，系统会自动控制风扇转速、送风、空调和空气内循环，以让车辆加热或冷却至所需要的温度。当 AUTO 指示灯启亮时，系统处于完全自动操作状态。如果手动调节了送风模式或风扇设置，则自动指示灯会熄灭，显示屏上将会出现所选择的设置。

按如下步骤将系统置于自动模式：① 按下 AUTO（自动）按钮。② 设定温度。让系统有时间稳定下来。然后根据需要调节温度，以达到最佳舒适度。

TEMP▲/▼（驾驶人和乘客温度控制）：驾驶人和乘客侧的温度可单独进行调节。按下可调高或调低温度。

ZONE（温区）：按下可将所有温区设置联系到驾驶人设置。当指示灯启亮时，所有温区设置均可独立于驾驶人设置进行操作。

2. 手动操作

（电源）：按下可开启或关闭风扇。

（风扇控制）：按下可调高或调低风扇转速。风扇转速设置出现在显示屏上。按下其中一个按钮可取消自动操作，系统将进入手动模式。按下 AUTO 按钮可返回至自动操作。

（送风模式控制）：按下可改变气流的方向。当前模式会出现在显示屏上。在 AUTO 模式下改变送风模式会取消自动操作，系统将进入手动模式。按下 AUTO 按钮可返回至自动操作。若想改变当前模式，请选择下列其中之一：

（通风）：引导空气流向仪表板通风口。

（双向）：空气在仪表板通风口和地板通风口之间分流。

（三向）：空气在风窗玻璃、仪表板和地板通风口之间分流。

（除雾）：清除车窗上的雾气或湿气。引导空气流向风窗玻璃和地板通风口。

（地板）：引导空气流向地板通风口。

（风窗玻璃除霜）：为迅速地清除车窗上的雾气或凝霜，引导空气流向风窗玻璃。为取得最佳效果，除霜前请清除风窗玻璃上所有冰雪。

（空调）：按下可开启或关闭空调系统。如果风扇已关闭或室外温度降至冰点以下，则空调系统不会工作。按下此按钮可取消自动空调模式并关闭空调系统。按下 AUTO 按钮返回自动操作，空调系统会根据需要自动启动。

（内循环/自动内循环）：按下可在自动内循环、内循环和车外空气模式之间切换。指示灯会显示所选择的内循环模式。如果两个指示灯全都熄灭，则会将车外空气引入车内。内循环模式可实现空气在车内的内循环。这样有助于迅速冷却车内空气或防止外界空气和异味进入车内。自动内循环模式会根据进入车辆空气的质量，在车外空气和内循环空气之间切换。

如装备自动除雾，温度控制系统可能配备有一个传感器，可自动检测车内空气湿度。当湿度高时，温度控制系统可调节车外空气供应并开启空调系统。风扇速度会稍微提高以帮助除雾。如果温度控制系统检测不到车窗雾气，就会返回至正常操作。可通过车辆个性化设置来关闭或开启自动除雾功能。

3. 后窗除雾器

按下可开启或关闭后窗除雾器。后窗除雾器会在约 12min 后自动关闭。如果再次开启，则会在运行约 5min 后再次关闭。除雾器还可通过将点火开关拧到 ACC/ACCESSORY 或 LOCK/OFF 位置来关闭。后窗除雾器可在车辆个性化设置中将其设置为自动操作。当后窗自动除雾功能启用时，当车内外温度过低时，后窗除雾器就会自动开启。大约 10min 后，后窗除雾器自动关闭。

对于配备有加热型车外后视镜的车辆，加热型车外后视镜功能会在按下后窗除雾器按钮时开启，以帮助清除后视镜表面上的雾气或凝霜。

复习思考题

一、填空题

1. 热水取暖系统主要由_____、____、_____、控制面板及相应的管路等组成。
2. 暖风系统温度的调节方式有两种，一种是_____型，另一种是_____型。
3. 汽车空调的通风方式一般有_____、_____和_____三种。
4. 车身外部大多受到____，只有_____为正压区。
5. _____是利用鼓风机强制将车外空气送入车厢内进行通风换气的。
6. 汽车空调的空气净化包括两部分：_____和_____。
7. 汽车空调典型配气方式有_____式和_____式。

二、单项选择题

1. 汽车空调控制按键"AUTO"表示（ ）。
   A. 自动控制　　　B. 停止　　　　C. 风速　　　　D. 温度控制
2. 汽车空调检测合格的出风口温度范围应为（ ）℃。
   A. 0~4　　　　　B. 4~10　　　　C. 10~15　　　D. 15~20
3. 小轿车采暖量的强度调节一般是通过（ ）进行的。
   A. 风量大小　　　　　　　　　　B. 发动机冷却液温度
   C. 调节暖水阀　　　　　　　　　D. 真空膜盒
4. 空调暖水开关一般安装在（ ）上。
   A. 出水暖水管　　B. 进水暖水管　C. 散热器出水管　D. 散热器进水管

5. 甲说，车厢内的湿度是由调节冷却的空气与从加热器芯来的热空气来控制的；乙说，车厢内只需维持适当的温度，湿度无需调节。你认为（　　）。

A. 甲正确　　　　　B. 乙正确　　　　　C. 两人均正确　　　D. 两人均不正确

6. 空调与暖风系统暖气热量不足时，甲说：应先检查暖水阀是否卡住；乙说：应先检查空气混合阀门是否卡住。你认为（　　）。

A. 甲正确　　　　　B. 乙正确　　　　　C. 两人均正确　　　D. 两人均不正确

三、判断题

（　　）1. 非独立式汽车空调的采暖系统的热源来自于发动机的冷却液或排气。

（　　）2. 装有空调的汽车上，在靠近风窗玻璃的仪表板上装有暖气通风管，利用风扇向风窗玻璃吹暖风，可以有效地防止结霜。

四、问答题

1. 热水供暖系统的工作原理是怎样的？
2. 汽车空调配气系统由哪几部分组成？
3. 汽车空调的气流组织过程是怎样的？
4. 汽车空调的采暖和制冷应怎样进行操作？

第五章 汽车自动空调控制系统

在经历了手动空调和自动空调两个发展阶段后，目前已出现了用微电脑控制的自动空调。手动空调是人工调控的。不论是制冷压缩机的工作，还是鼓风机的转速，送风系统各风口位置变化等均由驾驶人手动调整。为免去这些由人工操纵带来的麻烦，同时为提高空气调节质量，现代汽车中设置了自动空调控制系统，亦称汽车自动空调，只要驾驶人按需要设定好调节温度，系统将根据自动检测的车内外温度及外部太阳辐射和发动机工况，自动调节鼓风机转速和送出空气的温度。有些高级轿车还能进行进气控制、送风气流方式控制和压缩机工作控制。当系统出现故障时，还可自动检测和诊断故障部位，并且以故障码的方式指示给维修技术人员。

第一节 自动空调控制系统的功能及基本组成

一、自动空调控制系统的功能

现代汽车自动空调控制系统一般具有如下几种功能：

（1）空调控制　空调控制包括温度自动控制、风量控制、运转方式的自动控制、换气量控制等，满足车内乘员对空调舒适性的要求。

（2）节能控制　节能控制即压缩机运转工况的控制、换气量的最佳控制以及随温度变化的换气切换、根据车内外温度自动切断压缩机电源等的控制。

（3）故障诊断储存　空调系统发生故障，ECU将故障部位用故障码的形式储存起来，在需要修理时能指示故障的部位。

（4）故障、安全报警　故障、安全报警包括制冷剂不足报警、制冷压力高压或低压报警、离合器打滑报警、各种控制器件的故障判断报警，并对故障判断等报警直到修复为止。

（5）显示　显示功能包括显示给定的温度、控制温度、控制方式、运转方式的状况以及运转时间等。

二、自动空调控制系统的基本组成

汽车自动空调控制系统的基本工作模式是：传感器（检测信号）→空调器放大器（或空调控制单元ECU）→控制执行器。其中通过传感器来检测汽车工作中的一些信息（如车内、车外、导风管及环境日照辐射的温度和压缩机工况等），并将其检测到的信息以相应的物理量（电阻、电压、电流等），传送到空调放大器（或空调控制单元ECU）中，经分析、比较、运算等处理，再由执行器完成其相应工作，如图5-1所示。

第五章 汽车自动空调控制系统

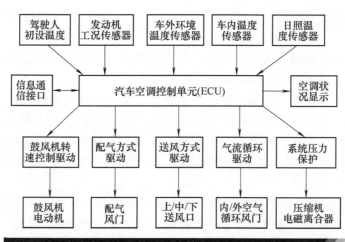

图 5-1 汽车自动空调控制系统基本组成及控制原理图

图 5-2 所示是自动空调的结构组成与控制示意图。自动空调和手动空调的机械部分基本是一致的。机械部分的故障诊断和修理方法也基本相同。自动空调系统在普通（手动）空调系统的基础上，采用各种传感器、程序装置、伺服电动机和控制模块等带动执行机构。驾驶人通过操作控制器总成上的键，来选择空调系统的工作模式和鼓风机转速。自动空调系统通过程序装置检测空气温度，调节气流混合门位置来达到并保持驾驶人预先设置的舒适程序。

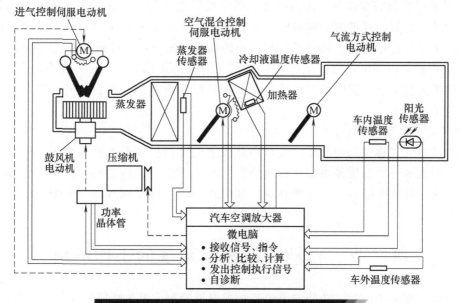

图 5-2 自动空调的结构组成与控制示意图

自动空调控制系统由制冷、暖风、送风、操纵控制等分系统组成。自动空调与手动空调的最大结构差别是在控制系统，自动空调电子控制系统主要由传感器、执行元件和空调电控单元（ECU）三部分构成。

1. 传感器

（1）车内及车外温度传感器　它们都是负温度系数热敏电阻传感器，分别用来感受车内及车外温度。当温度发生变化时，热敏电阻的阻值改变，从而向空调电控单元（ECU）输送温度信号。

（2）蒸发器温度传感器　这种传感器用来检测通过蒸发器的空气温度或者蒸发器表面的温度变化，并依此来控制压缩机电磁离合器的结合或断开。

（3）冷却液温度传感器　冷却液温度传感器直接安装在热交换器底部的水道上，用来检测冷却液温度，产生的冷却液温度信号输送给电控单元（ECU），控制低温时鼓风机的转速。

（4）阳光传感器　阳光传感器是一个光敏二极管，利用光电效应，把阳光照射量变化转换为电流值变化的信号并输送给空调电控单元，用来调整空调吹出的风量与温度。

2. 执行元件

自动空调的执行元件一般包括伺服电动机、鼓风机及压缩机电磁离合器等。

（1）进气伺服电动机　进气伺服电动机控制进气方式，电动机的转子经连杆与进气风挡相连。当驾驶人使用进气方式控制键选择"车外新鲜空气导入"或"车内空气循环"模式时，空调ECU即控制进气伺服电动机带动连杆顺时针或逆时针旋转，从而带动进气风挡闭合或开启，达到改变进气方式的目的。

（2）空气混合伺服电动机　当驾驶人进行温度控制时，空调电控单元首先根据设置的温度及各传感器输送的信号计算出所需的出风温度，并控制空气混合伺服电动机机连杆顺时针或逆时针转动，改变空气混合风挡的开启角度，从而改变冷、暖空气的混合比例，调节风温至与计算值相符。电动机内电位计的作用是向空调ECU输送空气混合风挡的位置信号。

（3）出风模式伺服电动机　出风模式伺服电动机也叫气流方式伺服电动机。当驾驶人操纵面板上的某个出风模式键时，空调电控单元电动机上的相应端子接地，而电动机内的驱动电路据此使电动机连杆转动，将送风控制风挡转到相应的位置，打开某个送风通道。

（4）最冷控制伺服电动机　最冷控制伺服电动机的风挡有全开、中开和全闭三个位置。当空调电控单元使某个位置的端子接地时，电动机驱动电路使电动机旋转，带动最冷控制风挡位于相应的位置上。

3. 空调电控单元（ECU）

空调电控单元又称空调控制器。控制器总成上的键是控制器的输入装置。控制器首先接收来自车内温度和外界温度传感器的输入信号，然后根据来自传感器和控制器总成上各键的输入，输出用于控制压缩机、电磁离合器、暖风加热器、热水阀等的工作情况，以及模式门位置的信号。

第二节　自动空调控制系统的工作原理

自动空调控制系统的控制功能主要包括送风温度控制、鼓风机转速控制、工作模式控制、进气模式控制、压缩机控制等。

一、送风温度控制

温度控制的目的是为了使车内空气温度达到车内人员设定温度的要求，并保持稳定。如图5-3所示，自动空调温度控制系统的基本组成包括车内温度传感器、车外温度传感器、阳光传感器、蒸发器温度传感器、冷却液温度传感器、设定温度电阻器、自动空调控制ECU和空气混合伺服电动机等。

第五章 汽车自动空调控制系统

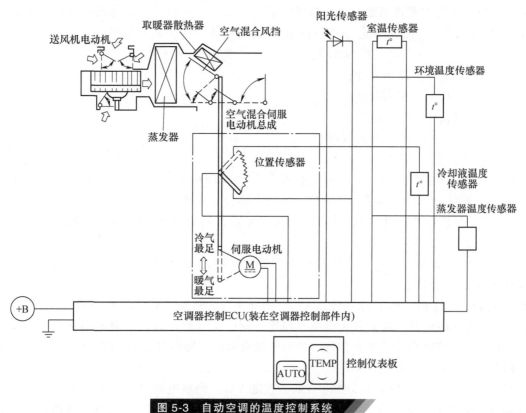

图 5-3 自动空调的温度控制系统

ECU 根据设定温度和车内温度传感器、车外温度传感器和太阳能传感器等信号，自动调节混合风门的位置。一般来说，车内温度越高、车外温度越高、阳光越强，混合风门就越接近"全冷"位置。ECU 根据车内温度和车外温度控制空气混合风门的位置，如图 5-4 所示，若车内温度 35℃，则混合风门处于最冷位置；若车内温度 25℃，则混合风门处于 50% 的位置。

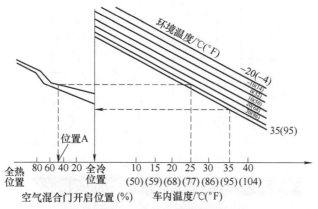

图 5-4 温度控制的控制规律

温度控制系统的工作过程是：
1) T_{AO} 值是车内温度保持在设定温度所必需的鼓风机出风口空气温度，是空调控制器根

153

据输入信号（车内温度传感器、车外温度传感器、阳光传感器）和温度设定计算出来的。空调控制器参照这个 T_{AO} 值对执行器进行控制。T_{AO} 值可由下面公式计算出：

$$T_{AO} = A \times T_{SET} - B \times T_R - C \times T_{AM} - D \times T_S + E$$

式中　　T_{SET}——设定温度；

T_R——车内温度；

T_{AM}——车外温度；

T_S——太阳辐射强度；

A、B、C、D、E——常数。

特殊的是，当温度控制开关或控制杆置于 MAX COOL（最大冷风）或 MAX WARM（最大暖风）位置时，ECU 采用某一固定值，不按上述公式计算。

2) ECU 再将计算所得的 T_{AO} 值与蒸发器温度信号 T_E 进行比较，通过空气混合风门伺服电动机控制空气混合风门位置。

当 T_{AO} 和 T_E 近似相等时，ECU 控制断开 VT_1 和 VT_2。伺服电动机断电停止，空气混合风门保持在当时的位置。

当 T_{AO} 小于 T_E 时，ECU 控制接通 VT_1，断开 VT_2。伺服电动机转至 COOL 侧，带动空气混合风门移至 COOL 侧，降低鼓风机空气温度。同时空气混合风门伺服电动机内的电位计检测空气混合风门实际移动速度和位置，当空气混合风门实际位置达到 ECU 计算出的理论位置时，ECU 关断 VT_1，伺服电动机停转。

当 T_{AO} 大于 T_E 时，ECU 控制断开 VT_1，接通 VT_2。伺服电动机转至 WARM 侧，带动空气混合风门移至 WARM 侧，提高鼓风机空气温度。同时空气混合风门伺服电动机内的电位计检测空气混合风门实际移动速度和位置，当空气混合风门实际位置达到 ECU 计算出的理论位置时，ECU 关断 VT_2，伺服电动机停转。

空气混合风门伺服电动机的控制电路如图 5-5 所示。

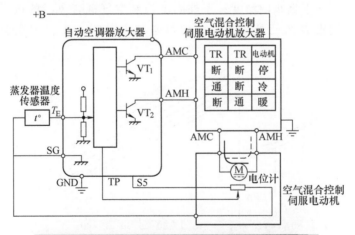

图 5-5　空气混合风门伺服电动机的控制电路

二、鼓风机转速控制

鼓风机转速控制的目的是为了调节降温或升温速度，稳定车内温度。如图 5-6 所示，鼓风机转速控制系统主要由冷却液温度传感器、蒸发器传感器、鼓风机电阻器、功率晶体管、

ECU、鼓风机电动机和控制面板等组成。其中功率晶体管的作用是根据 ECU 的 BLW 端子输出的鼓风机驱动信号，改变流至鼓风机电动机的电流，从而改变鼓风机的转速。

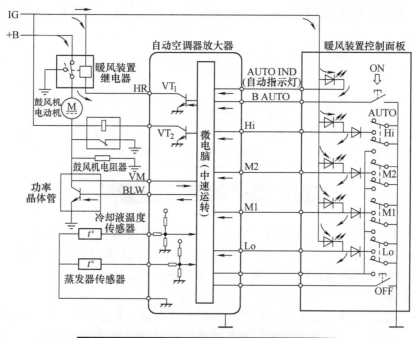

图 5-6　鼓风机转速控制系统的控制电路

1. 自动控制

当控制面板上 AUTO（自动）开关接通时，ECU 根据 T_{AO} 值自动控制鼓风机转速。控制规律如图 5-7 所示，随冷却液温度的升高，鼓风机工作电压逐渐增大，转速增大，风力增强。

鼓风机低速运转时，ECU 接通 VT_1，暖风装置继电器通电闭合，电流方向为蓄电池→暖气装置继电器→鼓风机电动机→鼓风机电阻器→搭铁，鼓风机低速运转。同时控制面板 AUTO（自动）指示灯和 Lo（低速）指示灯均亮。

鼓风机中速运转时，ECU 接通 VT_1，使暖风装置继电器通电闭合，ECU 根据计算出的 T_{AO} 值，从 BLW 端子输出信号至功率晶体管，电流方向为蓄电池→暖气装置继电器→鼓风机电动机→鼓风机电阻器和

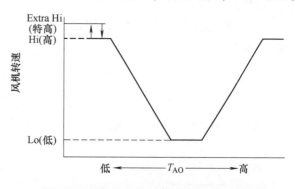

图 5-7　鼓风机转速与 T_{AO} 信号值的关系

功率晶体管→搭铁，鼓风机中速运转。同时 ECU 从与功率晶体管相连的 VM 端子接收反馈信号，检测鼓风机实际转速，依此修正鼓风机驱动信号。此时控制面板 AUTO（自动）指示灯亮；Lo（低）、M1（中 1）、M2（中 2）、Hi（高）指示灯根据鼓风机转速高低点亮。

鼓风机以特高速度运转时，ECU 接通 VT_1 和 VT_2，使暖风装置继电器和鼓风机继电器闭合。电流方向为蓄电池→暖风装置继电器→鼓风机电动机→鼓风机风扇继电器→搭铁，鼓风机以特高速度运转，同时控制面板 AUTO（自动）和 Hi（高速）指示灯亮。

2. 预热控制

冬天，车辆长时间停放后，若马上打开鼓风机，此时吹出的是冷空气而不是想要的暖风，因此，鼓风机要在冷却液温度升高时，才能逐步转向正常工作。鼓风机预热控制的控制规律如图 5-8 所示。

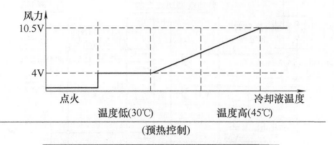

图 5-8 鼓风机预热控制的控制规律

鼓风机预热控制时，控制面板 AUTO（自动）开关接通，工作模式设为 FOOT 或 BILEVEL，ECU 根据冷却液温度传感器检测发动机冷却液的温度，当冷却液温度低于 30℃ 时，鼓风机停转；当冷却液温度高于 30℃ 时，鼓风机正常运转。

3. 时滞控制

夏天，汽车长时间停驻在炎热太阳下，若马上打开鼓风机，此时吹出的是热风而不是想要的冷风，因此鼓风机不能马上工作，而是滞后一段时间，待蒸发器温度降低后才工作。当发动机运转，压缩机已工作，控制面板 AUTO（自动）开关接通，工作模式设置在 FACE 或 BILEVEL 时，ECU 对鼓风机的时滞控制过程如下：

1）当蒸发器温度传感器检测到蒸发器温度高于 30℃ 时，ECU 控制鼓风机电动机关断 4s，使冷风装置内的空气冷却降温。此后 ECU 控制鼓风机低速运转 5s，使冷却的空气送至乘客室，如图 5-9a 所示。

2）当蒸发器传感器检测到蒸发器温度低于 30℃ 时，ECU 控制鼓风机低速运转 5s，如图 5-9b 所示。

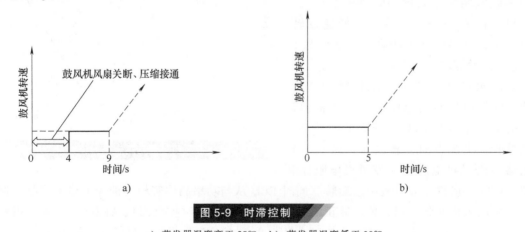

图 5-9 时滞控制
a) 蒸发器温度高于 30℃ b) 蒸发器温度低于 30℃

4. 鼓风机起动控制

鼓风机在起动时，工作电流会比稳定工作时大很多，为了防止烧坏鼓风机控制模组，不论鼓风机目标转速是多少,在鼓风机起动时均应为低速运转,然后才逐步升高,直至达到目标转速。当鼓风机起动,ECU 控制暖风装置继电器闭合时,电流流过鼓风机电动机和电阻器,电动机低速运转,2s 后 ECU 通过 BLW 端子向功率晶体管输出驱动信号,从而防止功率晶体管被起动电流损坏。

5. 车速补偿

车速高时,迎面风冷却强度大,鼓风机的转速可适当降低,使之与低速时具有一样的感觉,如图 5-10 所示。

6. 极速控制

有些车型,当设定温度处于最低(18℃)或最高(32℃)时,鼓风机转速会固定为高速运转。

7. 手动控制

ECU 根据控制面板手动开关的操纵信号,将鼓风机驱动信号送至功率晶体管,相应地控制鼓风机的转速。

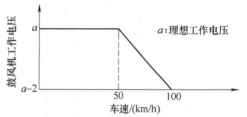

图 5-10 车速补偿控制规律

三、工作模式控制

工作模式控制的目的是调节送风方向,提高舒适性。工作模式控制系统主要由传感器、ECU、工作模式控制伺服电动机和控制面板等组成。在手动模式中,模式风门有吹脸(FACE)、双向(BILEVEL)、吹脚(FOOT)、吹脚/除雾、除雾五种位置。在自动模式中,模式风门一般有吹脸、吹脚、双向三种位置,ECU 根据传感器信号按照"头冷脚热"的原则自动调节模式风门的位置。ECU 根据 T_{AO} 值控制工作模式,其控制规律如图 5-11 所示,控制电路如图 5-12 所示。

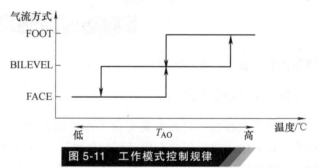

图 5-11 工作模式控制规律

当 T_{AO} 从低变至高时,原来气流方式控制伺服电动机内的移动触点位于 FACE 位置。ECU 接通 VT_1,使驱动电路输入信号端 B 端通过 VT_1 搭铁为 0,A 端断路为 1。此时驱动电路输出端 D 端为 1,C 端为 0,电流由 D 端输出,C 端流回,电动机旋转,内部触点由 FACE 位移到 FOOT 位,电动机停转,出气方式由 FACE 方式转为 FOOT 方式。同时 ECU 接通 VT_2,使控制面板上的 FOOT 指示灯点亮。

当 T_{AO} 已从高变至中时,原来气流方式控制伺服电动机内的移动触点位于 FOOT 位置。ECU 接通 VT_3,使驱动电路输入信号端 A 端通过 VT_3 搭铁为 0,B 端断路为 1。此时驱动电路输出端 C 端为 1,D 端为 0,电流由 C 端输出,D 端流回,电动机旋转,内部触点由 FOOT 位移到 BILEVEL 位,电动机停转,出气方式由 FOOT 方式转为 BILEVEL 方式。同时 ECU 控制控制面板上的 BILEVEL 指示灯点亮。

当 T_{AO} 已从中变至低时,原来气流方式控制伺服电动机内的移动触点位于 BILEVEL 位置。ECU 接通 VT_4,使驱动电路输入信号端 A 端通过 VT_4 搭铁为 0,B 端断路为 1。此时驱动电路输出端 C 端为 1,D 端为 0,电流由 C 端输出,D 端流回,电动机旋转,内部触点由 BI-LEVEL 位移到 FACE 位,电动机停转,出气方式由 BILEVEL 方式转为 FACE 方式。同时 ECU

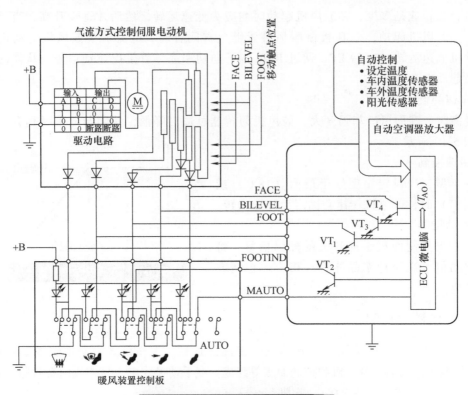

图 5-12 工作模式控制电路

控制控制面板上的 FACE 指示灯点亮。

四、进气模式控制

进气模式控制的目的是调节进入车内的新鲜空气量，使车内空气温度和质量达到最佳。在手动模式中，进气门只有内循环和外循环两种位置。在自动模式中，进气门一般有内循环、20%新鲜空气和外循环三种位置。ECU 根据传感器信号自动调节进气门的位置，其控制规律如图 5-13 所示：若车内温度为 35℃，进气门处于内循环位置，以快速降温；若车内温度为 30℃，进气门处于 20%新鲜空气位置，引进部分新鲜空气以改善空气质量；若车内温度为 25℃，进气门处于外循环位置。

进气模式控制的控制电路如图 5-14 所示。当 ECU 根据 T_{AO} 值接通 FRS 晶体管时，触点 B 搭铁，电流方向为：蓄电池→点火开关→端子①→电动机→触点 B→端子③→FRS 晶体管→搭铁，电动机旋转，带动风门由 RECIRC（REC，车内循环）位移至 FRESH（FRE，车外

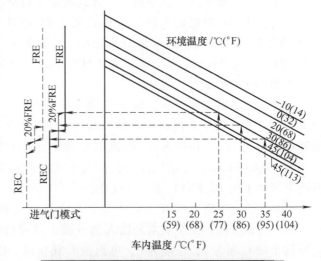

图 5-13 进气模式控制的控制规律

新鲜空气）位。

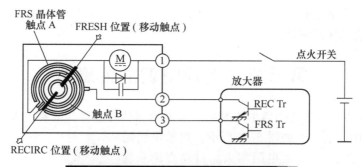

图 5-14 进气模式控制的控制电路

该控制系统还有一种新鲜空气强制进气控制功能，当手动按下 DEF 开关时，将进气方式强制转变为 FRESH 方式，以清除风窗玻璃上的雾气。除此之外，进气模式控制还可改变新鲜空气与循环空气的混合比例。

五、压缩机控制

（1）基本控制　ECU 根据车内温度、车外温度、蒸发器温度和设定温度等参数，自动控制压缩机的通断，调节蒸发器表面温度，并防止蒸发器表面结冰。

（2）低温保护　当车外环境温度低于某值（3℃或8℃）时，压缩机停止工作，防止压缩机的损耗。

（3）高速控制　当发动机转速超过某转速时，压缩机停止工作，防止因压缩机转速过高而造成损坏。

（4）加速切断　当发动机处于急加速工况时，为了保证发动机足够的动力，压缩机暂时停止工作。

（5）高温控制　当发动机冷却液温度超过某值（109℃）时，压缩机停止工作，防止发动机冷却液温度进一步上升。

（6）打滑保护　当压缩机卡死导致传动带打滑时，压缩机停止工作，防止传动带负荷过大而断裂，进而影响水泵、发电机等的工作。

（7）低速控制　当发动机转速低于某转速（600r/min）时，压缩机停止工作，防止发动机失速。

（8）低压保护　当制冷系统压力低于某值（500kPa）时，压缩机停止工作，防止压缩机在系统制冷剂不足条件下工作，造成压缩机损坏。

（9）高压保护　当系统压力超过某值（2800kPa）时，压缩机停止工作，防止空调系统瘫痪。

（10）可变排量压缩机的控制　可变排量压缩机有全容量（100%）运转、半容量（50%）运转和压缩机停止三种工作模式。ECU 根据空调系统冷气负荷的大小，控制压缩机的排量变化，以减少能量的浪费。可变排量压缩机的控制系统主要有两种类型：一种是根据冷却液温度进行控制；另一种是根据蒸发器表面温度进行控制。

根据冷却液温度进行控制的方法是：当发动机冷却液温度过高时，ECU 根据冷却液温度传感器信号，控制压缩机按半容量模式运转，防止发动机过热；反之，当发动机冷却液低于某一值时，ECU 控制压缩机按全容量模式运转，满足制冷需要。

根据蒸发器表面温度进行控制的方法是：当蒸发器温度大于某一值（40℃）时，ECU 控制压缩机按全容量模式运转，降低蒸发器温度；当蒸发器表面温度低于某一值（40℃）时，ECU控制压缩机按半容量模式运转，以降低能耗；当蒸发器温度低于3℃时，ECU控制压缩机停止运转，防止损坏压缩机。

第三节　自动空调的传感器

汽车自动空调电控系统传感器主要是用于温度检测的传感器，主要应用了具有负温度系数（NTC）的热敏电阻，其特性如图5-15所示。热敏电阻阻值随温度的升高而减小，反之电阻增大。自动空调系统的传感器主要有车外温度传感器、车内温度传感器、蒸发器温度传感器、阳光传感器、冷却液温度传感器、空气质量传感器、烟雾传感器以及发动机电控单元输入信号等。其常见的故障有传感器配线短路、断路、传感器失效等。

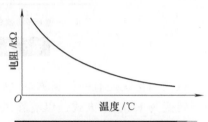

图5-15　热敏电阻特性

一、车内温度传感器

1. 结构原理

车内温度传感器也称室内温度传感器，是自动空调的重要传感器之一，它会影响出风口空气的温度、鼓风机的转速、进气门的位置以及模式门的位置等。它通常安装在仪表板后面的吸气装置内，如图5-16所示。

> 学习提示：
> 车内温度传感器的主要作用是：
> ① 确定混合门的位置，从而决定出风口的空气温度。
> ② 确定鼓风机的转速，从而决定出风口的风量。
> ③ 确定进气门的位置，从而影响车内空气的温度与新鲜度。
> ④ 确定模式门的位置。

按强制导向车内温度传感器的气流方式不同，车内温度传感器可分为电动机型和吸气器型两种，分别如图5-17和图5-18所示。

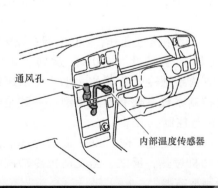

图5-16　车内温度传感器的安装位置

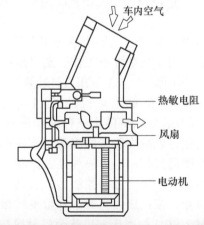

图5-17　电动机型车内温度传感器的结构

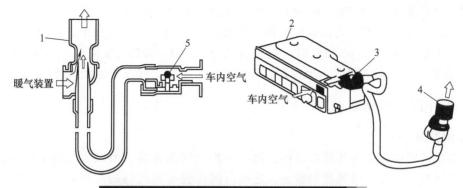

图 5-18 吸气器型车内温度传感器的结构

1、5—吸气器　2—暖风装置控制板　3—传感器　4—热敏电阻

吸气器型车内温度传感器内有一根抽风管连接车内温度传感器与空调的管道，与空调管道连接处有文杜利效应装置，鼓风机工作，空气快速流过就会产生负压。这样就有少量空气流过车内温度传感器，如图 5-19 所示。

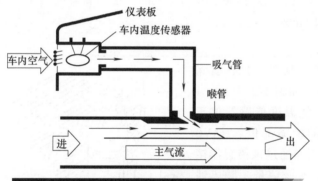

图 5-19 吸气器型车内温度传感器的工作原理

2. 检测

车内温度传感器与空调控制器连接电路如图 5-20 所示。

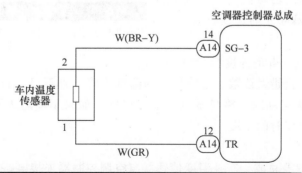

图 5-20 车内温度传感器与空调控制器连接电路图

（1）电压测量　拆下空调控制器，但连接器不断开，将点火开关旋至"ON"位置，用万用表测量控制器连接端子 TR 和 SG-3 之间的电压，测量的电压值应随温度的升高而下降，

在25℃时电压应为1.8~2.2V，在40℃时电压应为1.2~1.6V。

（2）电阻测量 拆下车内温度传感器，测量连接器的端子1和端子2之间的电阻。电阻应随温度的升高而减小。在25℃时，电阻应为1.65~1.75kΩ，在40℃时电阻应为0.55~0.65kΩ。如果正常，则进行下一步检查，若不正常，则要更换车内温度传感器。

二、车外温度传感器

1. 结构原理

车外温度传感器也称为环境温度传感器、外界空气温度传感器或大气温度传感器。它能影响出风口空气的温度、鼓风机的转速、进气门的位置和模式门的位置以及压缩机的工作状态等。

> **学习提示：**
> 车外温度传感器的作用是：
> ① 确定混合门的位置，从而决定出风口的空气温度。
> ② 确定鼓风机的转速，从而决定出风口的风量。
> ③ 确定进气门的位置，从而影响车内空气的温度与新鲜度。
> ④ 确定模式门的位置。
> ⑤ 控制压缩机。

车外温度传感器一般都安装在前保险杠内或散热器之前，如图5-21所示。

别克轿车外部空气温度传感器位于车辆前减振器下面的护栅部位。HAVC（暖风通风空调）控制器通过该传感器接收环境温度信息。根据该信息，暖风通风空调控制板向驾驶人提供外界空气温度数字显示。

若外界温度增加，所显示的温度只有在如下条件下才能随之增高：

1) 车辆以高于32km/h的速度行驶约2min。

2) 车辆以高于72km/h的速度行驶约1min。

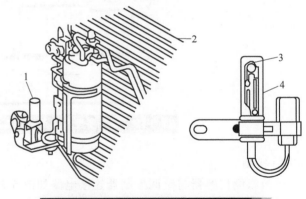

图5-21 车外温度传感器的结构

1—车外温度传感器 2—冷凝器 3—热敏电阻 4—树脂壳

这些限制有助于防止错误读数。若所显示的温度下降，外界显示将立即更新。如果车辆熄火超过3h，车辆再次起动时，将显示当前外界温度。如果车辆熄火不足3h，车辆再起动时，将显示车辆上次操作时的温度。

2. 检测

（1）检查空调控制器总成 车外温度传感器与空调控制器连接电路如图5-22所示，拆下空调控制器，但插接器不断开，将点火开关旋至"ON"位置，用万用表测量控制器连接端子TAM和SG-5之间的电压。电压应随温度的升高而下降，在25℃时电压为1.4~1.8V，在40℃时电压应为0.9~1.3V。

（2）电阻检查 拆下车外温度传感器，测量插接器的端子1和端子2之间的电阻。电阻

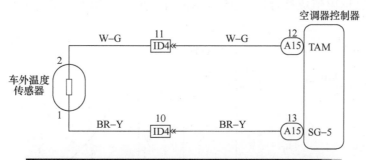

图 5-22 车外温度传感器与空调控制器连接电路图

应随温度升高而减小,在 25℃ 时,电阻应为 1.65~1.75kΩ,在 40℃ 时,电阻应为 0.55~0.65kΩ。如不正常,则应更换车外温度传感器。

三、蒸发器温度传感器

1. 结构原理

通过测量蒸发器表面温度,蒸发器温度传感器可以修正混合门位置,控制压缩机,并在蒸发器表面温度低于一定值时,使压缩机停止工作,以防止蒸发器表面结霜。有些车型有两个蒸发器温度传感器,其中一个用来修正混合门的位置,另一个用来防止蒸发器结霜。

蒸发器的热敏电阻一般安装在蒸发器传热片上,其结构如图 5-23 所示。有的安装在蒸发器出风口位置,用来测量从蒸发器出来的空气温度。

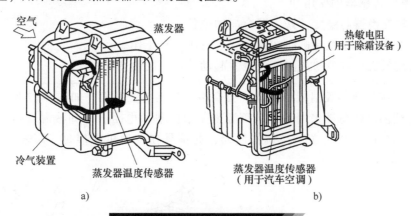

图 5-23 蒸发器温度传感器
a) 普通汽车空调 b) 自动汽车空调

蒸发器温度传感器中热敏电阻的工作原理与车内、车外温度传感器相同。

2. 检测

一汽-丰田花冠自动空调蒸发器温度传感器与空调控制器的连接如图 5-24 所示。

(1) 电压检查 拆下空调控制器,但插接器不断开,将点火开关旋至"ON"位置,用万用表测量控制连接端子 TE 和 SG-4 之间的电压。在 0℃ 时电压应为 2.0~2.4V,在 15℃ 时电压应为 1.4~1.8V。

(2) 电阻检查 拆下蒸发器温度传感器 1 号热敏电阻器,测量热敏电阻器端子 1 和端子2之间的电阻,电阻值应符合图5-25所示的特性曲线。如不正常,应更换蒸发器温度传感器。

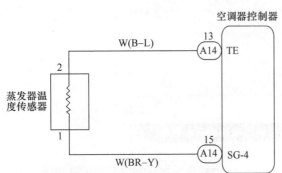

图5-24 蒸发器温度传感器与空调控制器的连接电路

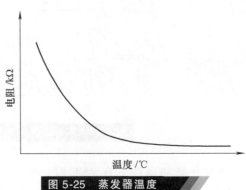

图5-25 蒸发器温度传感器的特性

四、冷却液温度传感器

汽车空调中的冷却液温度传感器,一种采用单独的冷却液温度传感器,另一种通过发动机电脑获得冷却液温度信号(图5-26)。

> **学习提示:**
> 冷却液温度传感器的作用如下:
> ① 测量热交换器芯温度,修正混合门的位置。
> ② 保护功能,防止发动机尚在高温状态时压缩机工作。
> ③ 控制鼓风机,在冷却液温度低时,起动鼓风机的预热控制。

汽车空调系统的冷却液温度传感器一般安装在暖风装置里面,如图5-27所示,自动空调系统中的冷却液温度传感器采用的也是负温度系数的热敏电阻。冷却液温度传感器能检测冷却液温度并将相应的信号传送至空调控制器,此信号在发动机冷却时,用来进行暖机控制,其电路如图5-28所示。

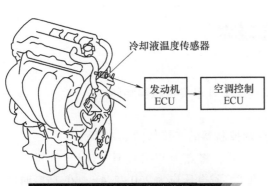

图5-26 通过发动机电脑获得冷却液温度信号

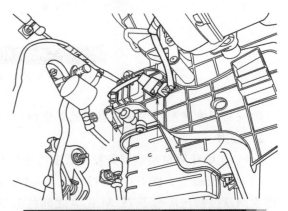

图5-27 冷却液温度传感器安装位置

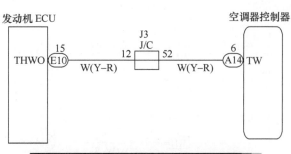

图 5-28 冷却液温度传感器的电路

五、阳光传感器

1. 结构原理

阳光传感器也叫日光传感器、日照传感器等。它通过检测在传感器上的太阳光照强度，将光信号转变为电压或电流值送给空调控制器，用来修正混合门的位置与鼓风机的转速。它一般安装在容易检测日照变化的仪表板上面，靠近前风窗玻璃的底部。阳光传感器中的光电二极管可检测出日光辐射变化，并将其变为电流信号传至空调控制器。它的安装位置及特性如图 5-29 所示。

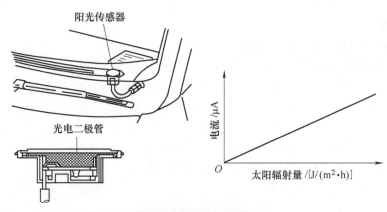

图 5-29 阳光传感器

阳光传感器是用光敏二极管检测日照变化情况的，光敏二极管对日照变化反应敏感，而其自身又不受温度的影响，它把日照变化转变成电流，根据电流的大小可以知道日照量。如果光照强，电阻值减小，电流就大，并把该信号输入计算机中，以便空调 ECU 修正日照所引起的车内温度的升高。

2. 检修

阳光传感器与空调控制器的连接电路如图 5-30 所示。

(1) 电压检测 在点火开关闭合的情况下，测量空调控制器的端子 SG-3 和 TS 之间的电压。

1) 传感器受电灯照射时，随着检查灯光逐渐远离传感器，电压应上升，但不应超过 4.0V。

2) 传感器被布遮住时，电压应为 4.4~4.5V。否则，应进行下一步检查。

(2) 电阻检测 拆下阳光传感器热敏电阻器，测量阳光传感器插接器端子 1 和端子 2 之间

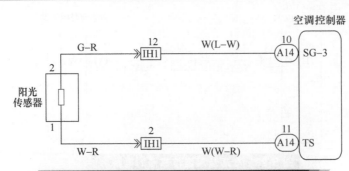

图 5-30 阳光传感器与空调控制器的连接电路

的电阻。用布遮住阳光传感器时测量，电阻应为无穷大（不导通）；取走阳光传感器上的遮布并用灯光照射传感器，测得电阻值大约为 10kΩ（导通）。如不符合，需更换阳光传感器。

（3）阳光传感器与控制器之间的配线连接器的检测 拆下阳光传感器的接头以及与空调控制器的连接插头，检测配线插接器是否断路，方法是将万用表档位转到 200Ω 档，分别测量两插接器之间的同一根导线之间的电阻，正常情况下应小于 0.5Ω，如测量结果为无穷大或阻值较大，说明配线断路或线路间存在接触电阻。

六、空气质量传感器

1. 结构原理

空气质量传感器也称多功能传感器。它主要是测量空气中的水分、环境温度和外界空气的污染程度（通过测量空气中的 CO、CO_2、NO_x 等的含量），空调 ECU 通过测量结果，来控制压缩机的工作与进气门的位置。如图 5-31 所示，其测量元件是一个混合氧传感器。空气质量传感器的精度因催化添加物铂铑数量的增加而提高。该传感器的工作原理类似于电控发动机中的氧传感器，传感器的工作温度为 350℃，其耗电量大约为 0.5W。

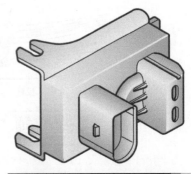

图 5-31 空气质量传感器

2. 检测

雷克萨斯 LS400 空气质量传感器与空调控制器的线路连接如图 5-32 所示。

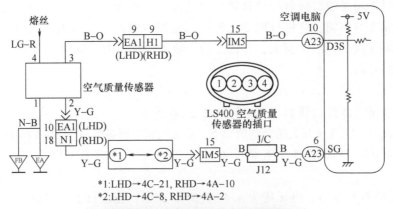

图 5-32 空气质量传感器的电路

（1）电压测试　将点火开关置于"ON"位置 30s 后，传感器的信号电压应为 0.1~4.5V（10~35℃时）。

（2）电阻测试　拆下空气质量传感器接头，把传感器 4 号脚接蓄电池正极，1 号脚搭铁，30s 后测量传感器 2 号与 3 号脚间的电阻，电阻应为 5~100kΩ（10~35℃时）。

七、烟雾传感器

烟雾传感器的作用是控制鼓风机转速。烟雾传感器设置在后置空调装置内，当接通点火开关且空调处于"AUTO"方式时，烟雾传感器便开始检测烟雾浓度，并将信号传送给空调控制器，以控制后送风鼓风机电动机的转速。

雷克萨斯 LS400 烟雾传感器与空调控制器的线路连接如图 5-33 所示。拆下空调控制器，但插接器不断开，将点火开关旋至"ON"位置，测量烟雾吹到烟雾传感器时，端子 A/PIN 和车身搭铁间的电压。在有烟雾时，电压约为 5V，无烟雾时，电压约为 0V。若不正常，应更换传感器。

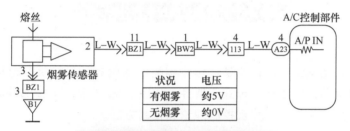

图 5-33　烟雾传感器的电路

第四节　自动空调控制系统执行机构及控制模式

一、自动空调控制系统执行器

执行器包括鼓风机电动机、压缩机、风门伺服电动机等元器件，如图 5-34 所示。

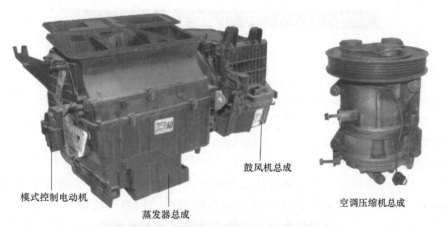

图 5-34　自动空调执行器安装位置

1. 控制器

控制器分为两种类型：一种采用 IC（集成电路），另一种采用计算机。采用 IC（集成电路）控制的自动空调系统称为"放大器控制型自动空调"，而采用计算机控制的称为"计算机控制型自动空调"，如图 5-35 所示。

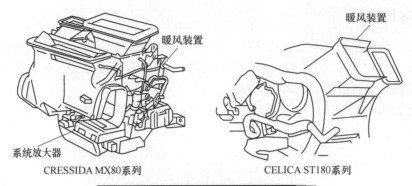

图 5-35 计算机控制型自动空调

2. 执行器

汽车自动空调控制系统的执行器是在接收到控制器驱动信号后执行对风机电动机、制冷压缩机及风门伺服电动机等驱动执行的元器件，如图 5-36 所示。这些部件的工作情况与手动空调完全不同，采用了先进的计算机控制理论和控制方法。

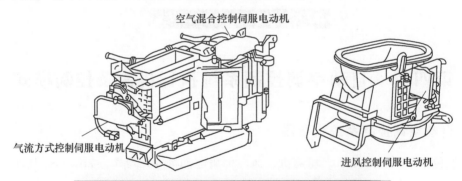

图 5-36 自动空调电控系统执行器（伺服电动机）

二、自动空调控制模式

汽车自动空调控制的内容包括温度的自动控制、风机电动机的自动控制、新风换气量的自动控制、送风模式的自动控制、送风量的自动控制及制冷压缩机的自动控制等。目前汽车自动空调控制系统有各种不同的形式，控制的办法也各不相同。

1. 温度的自动控制模式

一般情况下，计算机会采集各温度传感器的输入信号，根据温度平衡方程驱动 DVV 阀动作，调节温度门的位置，以调整合适的送出空气的温度。但当车内的热负荷由于各种原因，如炎热夏季车刚起动，车内温度很高时，计算机会通过延长压缩机的工作时间和提高风机转速的方法，来改善车内的温度变化。

2. 风机电动机的自动控制模式

风机转速是根据设定温度、环境温度、车内温度、进气温度、日照量和空气混合门位置等因素自动控制的，自动空调控制系统中对风机转速的控制，通常采用以下3种方式。

（1）晶体管与调速电阻组合控制型　其电路结构如图5-37所示。风机控制开关有自动档（经济运行模式）和变速档的人工选择模式。当设定为自动档时，其转速由计算机根据传感器参数和驾驶人设定的温度自动控制。晶体管中电流的大小决定风机的转速。若调为人工选择档，则根据调整改变转速。

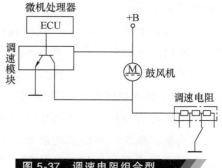

图5-37　调速电阻组合型调速电动机

（2）晶体管减负荷工作型　在控制电路中，风机是根据温度传感器送入计算机中的参数，经计算机分析处理后发出的相应指令实现相应工作的。通常工作有低速、高速、自动和时滞气流控制4种模式。图5-38所示为风机转速控制电路。

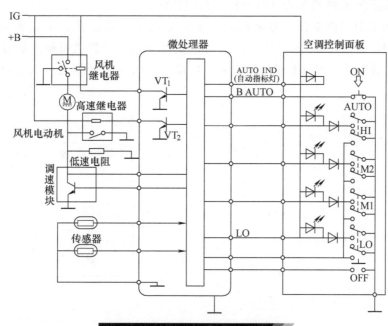

图5-38　风机转速控制电路

1）低速。计算机发出低速工作指令时，电路中晶体管VT_1导通，风机继电器常开触点闭合，风机低速运转。当车内温度与设定温度接近时，亦维持最低转速。电流方向：蓄电池→风机继电器→风机电动机→低速电阻→搭铁。

2）高速。当车内温度与设定温度差较大时，计算机发出风机高速工作信号，晶体管VT_2导通，风机高速继电器常开触点闭合，风机高速运转。电流方向：蓄电池→风机继电器→风机电动机→高速继电器→搭铁。

3）自动。当调整到自动模式时，计算机则根据车外温度与设定温度的参数，发出自动运行控制信号，调速模块晶体管以不同的角度导通，风机电动机实现无级变速。电流方向：

蓄电池→风机继电器→风机电动机→调速模块→搭铁。

4）时滞气流控制。该控制模式仅用于制冷工况，以防止在炎热有阳光下久停的汽车起动空调时放出热空气。

（3）脉冲控制全调速型　这种风机转速控制系统是由计算机处理器根据系统送风量的要求，控制内部脉冲发生器，提供不同占空比的导通信号，调速模块中一般由大功率晶体管组成驱动风机电路，完成对其转速的无级调节工作。

3. 制冷压缩机的自动控制模式

较为先进的空调自动控制系统采用了变流量制冷压缩机，这种压缩机可根据冷负荷需要改变其流量，减少了不必要的能量浪费，减轻了发动机的负荷。其控制模式有两种类型：一种是根据冷却液温度信号进行控制；另一种是由热敏电阻阻值变化信号来控制的。

（1）根据冷却液温度信号进行控制　来自冷却液温度传感器信号对应的是一种发动机工况（负荷）信号，如果发动机过热，这个控制即减少发动机负荷，以防止其进一步过热。控制放大器允许电流流至或不流至压缩机电磁线圈，于是，实现电磁线圈在压缩全容量与半容量运作之间转换。图 5-39 所示为冷却液温度控制特性。

（2）由热敏电阻阻值变化信号来控制　来自空调器开关的信号 A/C 或 ECON（经济模式）以及蒸发器温度传感器的温度信号发生相应的变化时，计算机可根据信号情况控制电流是否流经压缩机线圈，实现全容量或半容量工作模式。图 5-40 所示为自动空调由热敏电阻控制的特性。

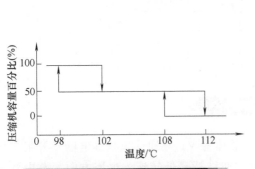

图 5-39　冷却液温度控制特性

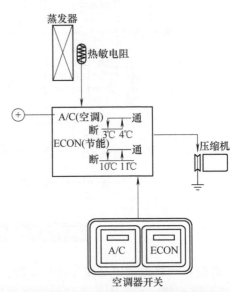

图 5-40　自动空调由热敏电阻控制的特性

4. 送风模式的自动控制

送风模式的自动控制就是根据空气调节的要求自动控制车内空气送风的方式。当驾驶人在车内空调控制面板上调整开关至 AUTO（全自动）方式时，计算机将接收到这个信息，其根据设定值按图 5-41a 所示的方式实现自动控制调节。

图 5-41b 所示为送风模式自动控制电路图。其工作过程是当车内温度与驾驶人设定的温

度偏差较大时，由计算机发出改变气流方式的指令，相应的晶体管导通，驱动电路中的输入、输出关系依内部程序为电动机提供相应工作通路，驱动伺服电动机开始工作，带动触点组移动到相应位置后停止，送入车内的空气会按相应风口及风口摆动到的角度吹出，实现自动送风方式的控制。

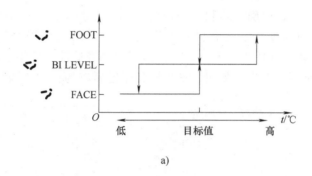

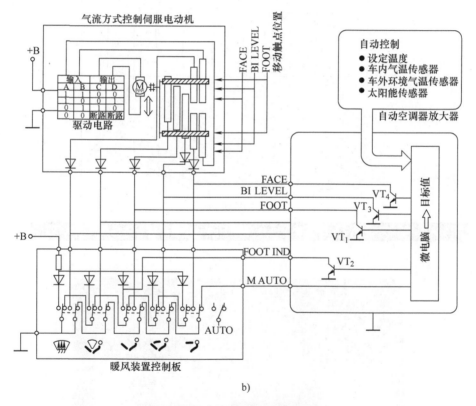

图 5-41　送风模式自动控制

a) 自动调节方式　b) 电路图

5. 新风换气量的自动控制

新风换气量的自动控制与下列因素有关：设定温度、环境温度、车内温度、进气温度、日照量及压缩机的开关操作等。当车内温度明显偏高时，计算机发出指令驱动气源门（车内与车外之间连通的风门）伺服电动机工作，以关闭气源门。当车内温度迅速下降至设定温度时，再打开气源门，按一定的比例引入车外的新风。

第五节　丰田汽车自动空调系统解析

汽车空调系统的主要作用是为驾乘人员提供舒适的环境，降低疲劳感，预防或去除附在风窗玻璃上的霜、雾、雪，以确保驾驶人的视野清晰和行驶安全。影响乘员在车内舒适感的主要因素是车内空气的温度、湿度和风速。图 5-42 所示为美国采暖制冷与空调工程协会（ASHRAE）制作的人体热舒适线性要求。为提高人体热舒适性，近年来采用计算机控制的全自动空调已在中高级乘用车上广泛使用，例如丰田皇冠轿车的自动空调系统（图 5-43）。

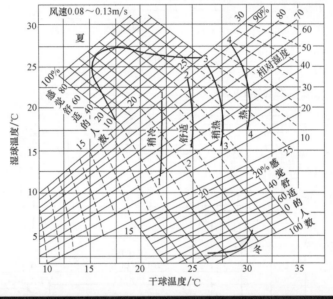

图 5-42　美国采暖制冷与空调工程协会（ASHRAE）制作的人体热舒适线性图

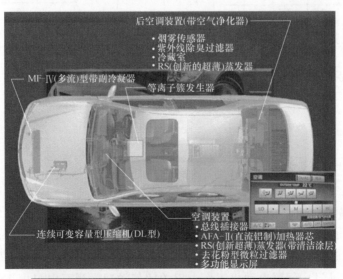

图 5-43　丰田皇冠轿车的自动空调系统组成

一、自动空调系统概述

自动空调系统由图 5-44 所示的组件构成。自动空调系统通过用温度选择开关设置预定温度或按 AUTO 开关来触发空调放大器，自动调整并保持该预定的温度。在某些车型上的自动空调系统中还采用了烟雾通风传感器。

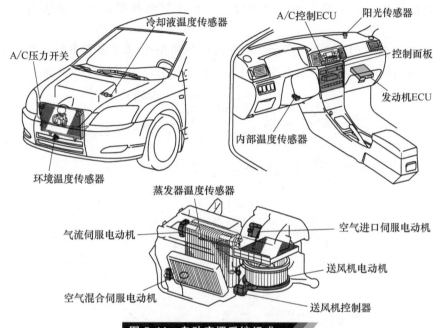

图 5-44　自动空调系统组成

1. 空调放大器

空调放大器控制系统如图 5-45 所示，空调放大器的作用是计算要吹出的空气温度和气流量，并根据各传感器和设定温度决定气流模式。用这些计算值来控制空气混合风门挡板的位置、送风机速度和气流模式风门挡板的位置。丰田皇冠轿车上还使用了多路传输（多路通信系统）把操作信号从控制面板发送到空调放大器。

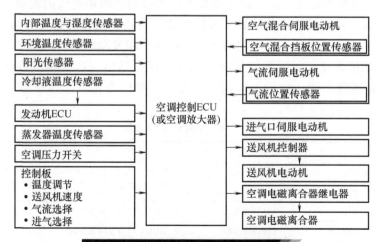

图 5-45　空调放大器控制系统图

2. 传感器

（1）内部温度传感器　如图5-46a所示，内部温度传感器使用热敏电阻原理进行测量，检测车辆内部温度，用作温度控制的基础。它安装在带有通风口的仪表板处，此通风口利用送风机吸入车辆内部空气，以便检测车辆内部的平均温度。

（2）环境温度传感器　如图5-46b所示，环境温度传感器使用热敏电阻原理进行测量，安装在冷凝器的前面。它检测车辆外部温度，用来控制由外部温度波动所引起的内部温度波动。

（3）阳光传感器　如图5-46c所示，阳光传感器使用光电二极管进行检测，安装在仪表板的上部。它检测日照的强度，用来控制由日照量波动引起的内部温度波动。

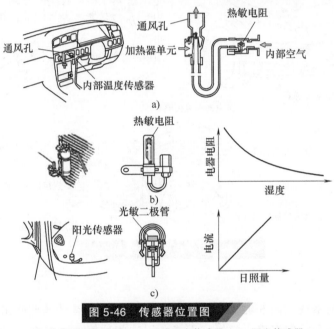

图5-46　传感器位置图

a）内部温度传感器　b）环境温度传感器　c）阳光传感器

（4）蒸发器温度传感器　蒸发器温度传感器使用热敏电阻原理进行测量，安装在蒸发器上。它检测蒸发器表面的温度，用于防止蒸发器表面结霜，阻碍空气的流动。

（5）冷却液温度传感器　冷却液温度传感器使用热敏电阻原理进行测量，信号由发动机ECU传送。它用于发动机温度过热时自动关闭空调运行和发动机温度低时的预热控制等。

（6）内部湿度传感器　如图5-47所示，内部湿度传感器与内部温度传感器安装在一起，使用湿度感应电阻薄膜制成。它检测车辆内部湿度，湿度变化时，传感器的信号电压改变，见表5-1。

表5-1　室内湿度传感器测量值

条　件	规定状态/V	条　件	规定状态/V
25℃（77 ℉）湿度10%	0.7~1.08	25℃（77 ℉）湿度60%	2.26~2.66
25℃（77 ℉）湿度20%	0.72~1.57	25℃（77 ℉）湿度70%	2.48~2.85
25℃（77 ℉）湿度30%	1.13~1.95	25℃（77 ℉）湿度80%	2.68~3.04
25℃（77 ℉）湿度40%	1.61~2.24	25℃（77 ℉）湿度90%	2.87~3.05
25℃（77 ℉）湿度50%	1.99~2.46		

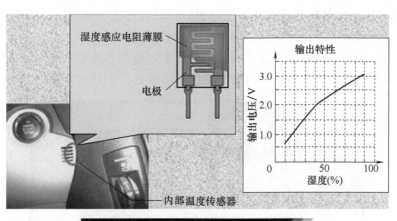

图 5-47 湿度传感器及其输出特性

（7）烟雾通风传感器 烟雾通风传感器安装在车辆前面。它检测车辆外部 CO（一氧化碳）、HC（碳氢化合物）和 NO_x（氮氧化物）的浓度，控制新鲜空气风门在 FRESH（新鲜空气）和 RECIRC（循环空气）之间切换。

3. 伺服电动机

伺服电动机是由带触点的位置传感器、电动机和总线插接器组成的总成件。新型的伺服电动机运转及停止位置检测方式，由传统的电位计电压检测改为脉冲信号检测方式。伺服电动机用于驱动空气混合风门挡板、进气风门挡板、气流模式挡板的转动及其位置的控制（图 5-48）。新型的伺服电动机的特点如下：

1）空调放大器通过总线与各个伺服电动机上的总线插接器进行通信（图 5-49）。使用总线连接的每个伺服电动机仅需要三根导线，而传统的控制方式每个伺服电动机需要五根导线（图 5-50），所以使用总线连接的伺服电动机线束数量更少，结构更轻便。

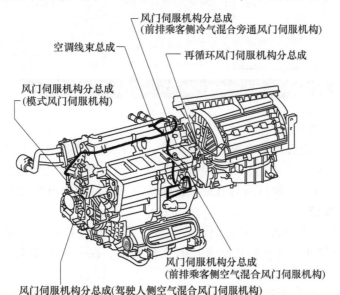

图 5-48 丰田皇冠伺服电动机安装示意图

2) 与传统的用电位计电压检测伺服电动机转动位置相比，脉冲型伺服电动机通过 ON 和 OFF 两位信号检测相对位置，另外通过输出 4 种模式的 2 个相位（A 和 B）检测伺服电动机的正转和反转，空调放大器以计算脉冲模式的数量来判断伺服电动机的停止位置（图 5-51）。所以车辆断电或更换空调放大器后，需要对伺服电动机进行初始化作业。

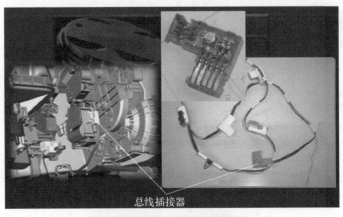

图 5-49 总线插接器

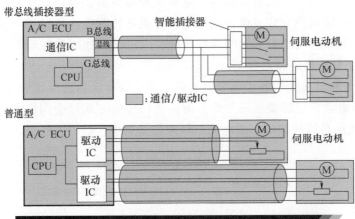

图 5-50 采用总线插接器型和普通型传输的导线对比

4. 计算空气出口温度（T_{AO}）

为了迅速地将车辆内部温度调整到规定温度，空调放大器根据各传感器传输来的温度信息计算出风口的空气温度（T_{AO}）。自动空调主要用车辆内部温度的信息作为计算气流温度的基础，同时也利用环境温度和日照总量进行精确地修正计算，如图 5-52 所示。

5. 空气出口温度控制

为了迅速地将车辆内部温度调整到设定温度，可以通过控制空气混合风门挡板的位置（开启度）调整热空气和冷空气的比例来控制气流温度。在一些车型上，水阀的开启位置也根据挡板位置改变（图 5-53）。

（1）MAX 控制　当温度设置在 MAX COOL 或 MAX HOT 时，不管 T_{AO} 的值如何，空气混合风门挡板被充分地开到 COOL 侧或 HOT 侧，这便是所谓的"最冷控制"或"最热控制"。

（2）正常控制　当温度被设置在 18.5~31.5℃（65.3~88.7 ℉）之间时，根据 T_{AO} 的值

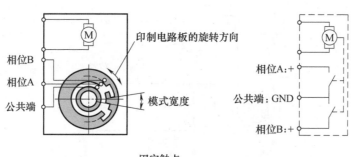

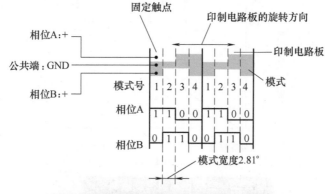

图 5-51 脉冲型伺服电动机检测模式

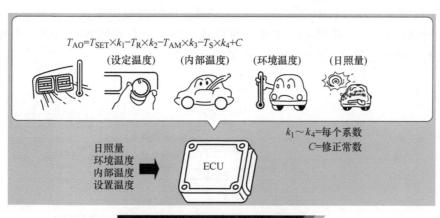

图 5-52 出风口温度计算模式

控制空气混合风门挡板位置，以便将车辆内部温度调整到规定温度。

（3）计算空气混合风门挡板开启度　假定当空气混合风门挡板被移动到 COOL 侧顶端时，它的开启度为 0；当它被移动到 HOT 侧顶端时，它的开启度为 100%；当开启度为 0 时，蒸发器温度约等于 T_{AO}；当开启度为 100% 时，根据发动机冷却液温度计算出来的加热器芯温度等于 T_{AO}。空调放大器起动伺服电动机控制空气混合风门挡板的开启度，将实际的挡板开启度调整到目标开启度（由伺服电动机脉冲模式的数量所得）。

$$目标挡板开启度 = \frac{T_{AO} - 蒸发器温度}{发动机冷却液温度 - 蒸发器温度} \times 100\%$$

（4）左右单独控制空气出口温度　在某些车型上，可以根据驾驶人侧和乘员侧的各自温

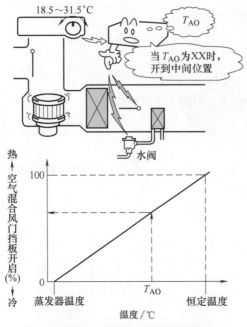

图 5-53 空气出风口温度控制

度设置,单独执行温度和气流控制。按下述方法执行温度和气流控制:

如图 5-54a 所示,在左右侧各装有一个空气混合风门挡板以便能单独地进行温度控制,即采用挡板控制。如图 5-54b 所示,采用步进电动机缩回带有孔的薄膜挡板,并调整孔的位置,以便进行单独的温度和气流控制,即薄膜挡板控制。

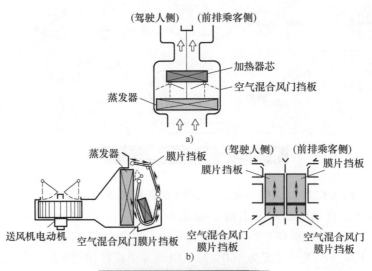

图 5-54 温度控制方式
a) 用挡板控制 b) 用膜片挡板控制

6. 新鲜空气控制

当车辆内部温度与设定温度的差距很大时,进气控制自动切换到内部空气循环模式,以便有效地冷却，如图 5-55 所示。新鲜空气控制模式：①正常：FRESH（新鲜空气）；②当内部温度高时：RECIRC（循环）。

在某些车辆上，如果烟雾通风传感器检测到外部空气中 CO（一氧化碳）、HC（碳氢化合物）和 NO_x（氮氧化物）超过规定水平时，进气控制也自动地切换到 RECIRC。当空气流量选择 DEF（前除霜）模式，进气控制自动切换到 FRESH。

7. 出气模式控制

当空调温度挡板在加热器和冷却器之间切换时，空调放大器自动切换到要求的空气流量。如图 5-56 所示，当降低内部温度时，转换到 FACE（身体的上半部吹风）；当内部温度被稳定在设置温度左右时，转换到 BILEVEL（身体的上半部和脚部吹风）；当加热内部时，转换到 FOOT（脚部吹风）。

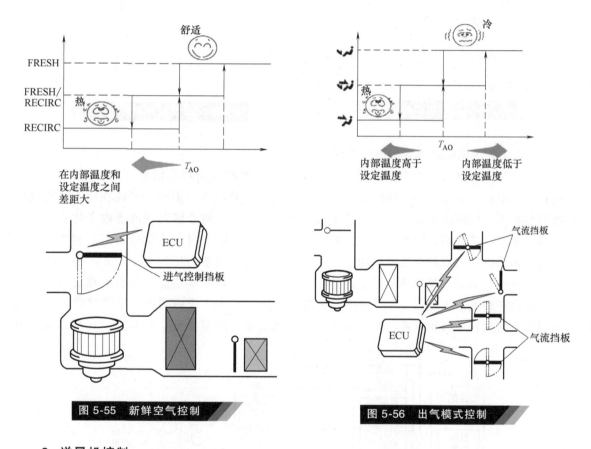

图 5-55　新鲜空气控制　　　　图 5-56　出气模式控制

8. 送风机控制

空调放大器根据车辆内部温度和设定温度之间的差距，自动调整送风机速度来控制风量。如图 5-57 所示，当存在大的温差时，送风机速度为 Hi（高）；当存在小的温差时，送风机速度为 Lo（低）。

（1）自动控制　空调放大器根据车辆内部温度和设定温度之间的差距，通过调整送风机的电流占空比连续控制送风机速度（丰田皇冠轿车 31 级速度）。

（2）手动控制　可以通过手动设置送风机速度选择器，来调整送风机速度（丰田皇冠轿车 7 级速度）。

9. 预热控制

当气流模式被设置到 FOOT 或 BILEVEL，并且送风机速度选择器设置到 AUTO 时，送风机速度根据发动机冷却液温度控制（图 5-58）。当冷却液温度低时，为了不影响暖机速度，预热控制限制送风机电动机运转。当预热时，预热控制取下限值速度运转送风机。预热后，预热控制执行正常控制。

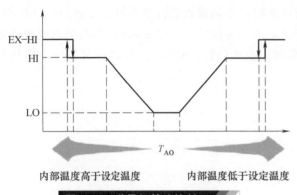

图 5-57 送风机转速控制　　图 5-58 预热阶段风机控制

10. 人工神经网络计算目标出气温度

在早期的自动空调系统中，空调放大器根据从传感器收集到的信息，计算出气口温度，但这种控制不能满足乘员个体热舒适感觉。按图 5-52 计算出气口温度，只能在稳态工况或环境参数变化不大的情况下使用。当环境参数变化较大时，必须考虑到环境参数变化率对乘员个体热舒适感觉的影响。例如，即使出风口温度一样，各乘员对其感觉也是不尽相同的。因此，现代轿车的自动空调系统中采用了一项可实现高精度调整的处理技术，人工神经网络处理。人工神经网络是在现代神经科学的基础上，模拟人脑的基本功能，能够处理复杂的多输入、多输出非线性系统数据（图 5-59）。它是由三层神经元组成的网络，不同层的神经元之间通过节点连接权系数相联系。其中输入层神经元参数为环境温度、日照量、内部温度，中

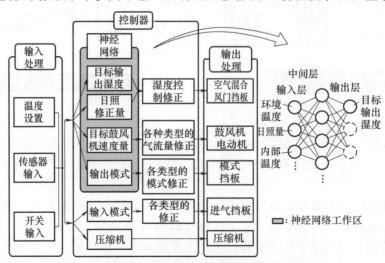

图 5-59 丰田皇冠自动空调神经网络系统图

间层神经元，基于输入层神经元的数据，负责调节神经元中的关联强度，然后输出层的神经元计算出目标出气口温度、光照修正量、目标空气流量和出气模式控制量。空调放大器根据人工神经网络所计算的控制量控制伺服电动机运转和送风机转速。经过人工神经网计算后的目标出气温度与人体动态热舒适感觉期望值误差均方值达到了最小。

二、自动空调系统故障诊断

1. 诊断功能

自动空调系统在自诊断时，故障信息可以通过两种方法获取：一种是使用智能检测仪连接到车辆上的诊断插座（DLC3）上，读取系统的数据及故障码；另一种是同时按下空调控制面板上的 AUTO 和 REFRESH/FRESH 键，进入自诊断模式（图 5-60）。这时空调放大器将指示灯、传感器和执行器存在的所有故障信息呈现在控制面板上，即使关闭点火开关，这些故障信息也将保留在空调放大器的存储器中。

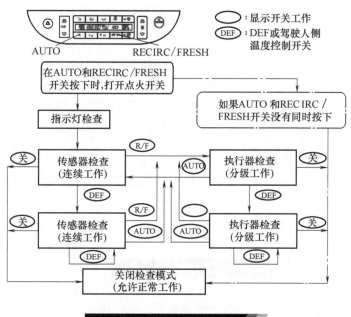

图 5-60 空调自诊断模式

（1）指示灯检查 如图 5-61a 所示，AUTO 和 REFRESH/FRESH 键被触发后，指示灯会以 1s 的间隔点亮/熄灭，闪烁 4 次后熄灭，表示指示灯正常。

（2）传感器检查 如图 5-61b 所示，显示屏可以显示传感器历史和当前故障。当存在一个以上的故障时，可按 A/C 键，逐一查看传感器的所有故障信息。如果在室内检查日照传感器，可能会显示开路故障，这时要将日照传感器置于白炽灯下或将车辆停到室外进行检查。

（3）执行器检查 如图 5-61c 所示，空调放大器用模拟输出信号对气流模式挡板、空气进口挡板、空气混合风门挡板的伺服机构、压缩机及送风机等执行器进行检查。

2. 伺服电动机初始化

自动空调在更换空调放大器、更换伺服电动机、蓄电池电缆断开再连接后，第一次打开点火开关时，空调放大器会进行空调系统初始化操作。如果系统无故障，前除霜器指示灯会

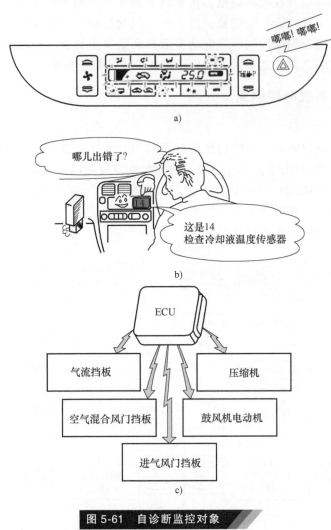

图 5-61 自诊断监控对象

a) 指示灯检查 b) 传感器检查 c) 执行器检查

闪烁 30s 后熄灭，表示初始化完成。如果每次打开点火开关，前除霜器指示灯都闪烁，则表示伺服电动机的初始化操作没有完成。也可以使用诊断仪进行初始化操作：打开点火开关，将空调关闭，选择车身→空调系统→伺服电动机初始化→确认，如果 DEF 灯停止闪烁，AUTO 灯熄灭表示初始化完成。

三、维修实例

一辆一汽丰田生产的皇冠 GRS208L，装备 2.5L V6 发动机和全自动空调系统，行驶里程 7 万 km。客户报修，起动空调后，驾驶人侧吹冷风，前排乘客侧吹热风。

该车装备了丰田新一代全自动空调系统，驾乘两侧的温度可以分别调节。按照客户描述，维修人员在确认故障现象时发现，每次打开点火开关时，空调控制面板上的前除霜器（DEF）指示灯会闪烁 30s 左右熄灭。起动发动机，分别将驾乘两侧的温度选择开关设置在 COOL 位置，按下空调开关，此时驾驶人侧出风口逐渐有冷气吹出；前排乘客侧出风口吹出的却是暖风，而且温度不能随着调节旋钮变化。实际测量驾驶人侧出风口温度为11.5℃，前排乘客侧出风口温度为28℃，当时的环境温度是22℃左右。

连接检测仪（IT-Ⅱ）到车辆诊断插座DLC3，读取DTC，结果无DTC显示。检查蓄电池正负极桩头连接电缆无松动，蓄电池电压为12.4V。检查发动机怠速运转正常，转速为650r/min。提高发动机转速至1500r/min，调节驾乘两侧温度至COOL位置，送风机转速调节到最高档，检查低压侧制冷剂压力为0.25MPa，高压侧制冷剂压力为1.5MPa。从观察窗查看制冷剂循环无气泡，说明制冷剂量正常，空调制冷剂循环正常。从检测仪的数据流中可以看到驾驶人侧的空气混合伺服电动机目标脉冲，随着设置温度调节而变化，实际脉冲也能同步变化；前排乘客侧的空气混合伺服电动机目标脉冲，能随着温度调节而变化，但实际脉冲始终停留在28没有变化。

每次打开点火开关时，除霜器指示灯闪烁30s熄灭与前排乘客侧温度不能调节的故障现象，是否有什么联系呢？假设前排乘客侧空气混合伺服电动机控制的风门挡板停留在取暖位置（如图5-62和表5-2所示E'位置），这就会造成伺服电动机初始化完不成，而且乘客侧出风口会吹出暖气。以上是故障发生的原理分析，那会是什么原因呢？

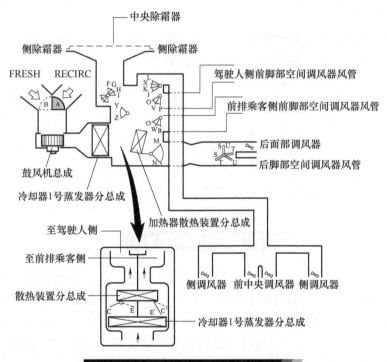

图5-62 不同状态系时风门位置

表5-2 控制功能对应的风门位置

控制风门	操作位置	风门位置	操作
进气控制风门	FRESH	A	引入新鲜空气
	RECIRC	B	循环车内空气
空气混合控制风门	MAX COLD 至 MAX HOT 温度设置	C,E(C',E'),M,N	改变冷气和热气的混合比例,以在HOT至COLD之间

(续)

控制风门	操作位置	风门位置	操作
模式控制风门	DEF	F, L, P, R, T, Y	通过中央除霜器和侧面除霜器为前风窗除霜
	FOOT/DEF	G, X, O, Q, U, Y	空气从前面部调风器和后面部调风器吹出时,通过中央除霜器、侧除霜器前脚部空间调风器风管和后脚部空间调风器风管给风窗玻璃除霜
	FOOT	H, X, O, Q, U, Y	从前脚部空间调风器风管和后脚部空间调风器风管吹出空气。次外,从中央调风器、侧调风器、后面部调风器、中央除霜器和侧除霜器吹出少量空气
	BILEVEL	I, K, V, W, S, Y	从前中央调风器和后中央调风器、侧调风器以及前脚部空间调风器风管和后脚部空间调风器风管吹出空气
	FACE	I, J, P, R, T, Z	从前中央调风器和后中央调风器及侧调风器吹出空气

根据电路图 5-63 分析,前排乘客侧的空气混合伺服电动机控制的风门挡板不动的原因有以下几种可能:

1) 空调放大器内部控制前排乘客侧空气混合伺服电动机输出的电路损坏。
2) 前排乘客侧空气混合伺服电动机及风门挡板机构卡滞或损坏。
3) 总线插接线束损坏或连接不良。

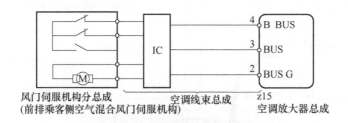

图 5-63 伺服电动机控制电路

为了快速排查故障原因,维修人员选择主动测试方法,使用检测仪驱动电动机,从最小脉冲 0 到最大脉冲 255,检查前排乘客侧空气混合伺服电动机运动状态,结果显示的乘客侧空气混合伺服电动机实际脉冲还是在 28 不变。按照维修手册指导的工艺,脱开伺服电动机与风门挡板连接,继续做主动测试,这时智能检测仪上显示的实际脉冲就能随着指令脉冲变化而改变。这就说明空调放大器的输出和总线线束以及伺服电动机都是正常的,问题在风门挡板运动部件上。解体风门挡板,结果发现有一片塑料异物卡在风门挡板处,如图 5-64 所示。取出该异物,对风门挡板运动部件进行清洁和润滑,并且按照伺服电动机齿轮的装配记号装配伺服电动机,如图 5-65 所示。用检测仪重新进行空调系统初始化,显示初始化完成。打开点火开关,前除霜器指示灯不再闪烁,前排乘客侧出风温度能随着设置温度的调节而进行变化。至此,客户报修的故障排除。

在交车时,维修人员从客户处了解到,该车曾经因事故拆过前空调蒸发器和送风机,可能是修理人员不慎将异物留在伺服机构内,造成了前排乘客侧空气混合伺服电动机控制风门挡板卡滞。针对自动空调系统的故障诊断,关键是根据故障现象,列出故障原因的范围,然

图 5-64　异物卡住风门

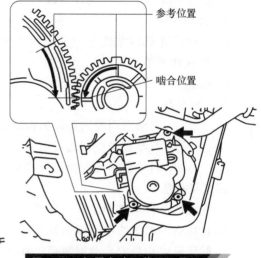

图 5-65　伺服电动机装配记号

后做相应的基本检查。再根据控制单元数据流中输入、输出值与系统实际的出气口温度、出风量相比较和分析，找到故障的真正原因。另外，运用检测仪对元件进行主动测试也是一种快速区分控制器、线路、元件故障的好方法。

复习思考题

一、填空题

1. 自动空调系统由____、暖风、____、____等分系统组成。
2. 自动空调与手动空调的最大结构组成差别是在____系统。
3. 鼓风机转速控制的目的是为了_____。
4. 工作模式控制的目的是_____。
5. 在手动模式中，模式风门有_____、____、____、_____、除雾五种位置。
6. 进气模式控制的目的是_____。
7. 影响乘员在车内舒适感的主要因素是车内空气的____、_____和风速。
8. 空调放大器的作用是_____。

二、单项选择题

1. 在（　　）状况时，自动空调电脑切断压缩机电磁离合器的电流。
   A. 车外温度=设定温度值　　　　　B. 车外温度≤设定温度值
   C. 车内温度≤设定温度值　　　　　D. 车内温度≥设定温度值
2. 下述（　　）是向自动空调 ECU 提供温度控制信号的传感器。
   A. 发光二极管　　　　　　　　　　B. 光敏二极管
   C. 蒸发器热敏电阻　　　　　　　　D. A/C 开关
3. 汽车空调控制按键"AUTO"表示（　　）。
   A. 自动控制　　B. 停止　　C. 风速　　D. 温度控制
4. 当车内温度与驾驶人设定温度相差大时，鼓风机转速（　　）。
   A. 自动提高　　B. 自动降低　　C. 不变　　D. 先慢后快

5. 空调系统（　　）模式可将车外环境空气不经空调带入车内。
   A. MAX　　　　　　B. NORM　　　　　　C. VENT　　　　　　D. DEFROST
6. 空调系统 BILEVEL 档可将车内空气输送至（　　）。
   A. 面板和下节气风门　　　　　　　　　　B. 面板和除霜节气风门
   C. 除霜和下节气风门　　　　　　　　　　D. 面板、下风口和除霜节气风门

三、判断题

（　　）1. 自动空调控制系统的控制面板上也设有 A/C 按键。

（　　）2. 汽车自动空调通过改变鼓风机转速和车内温度设定来实现自动调节出风温度。

（　　）3. 自动空调可根据温度参数，通过改变鼓风机转速来实现自动调节出气温度。

四、问答题

1. 现代汽车自动空调系统具有哪些功能？
2. 自动空调系统的常用传感器有哪些？各有什么作用？
3. 鼓风机电动机的自动控制模式有哪些？

第六章

汽车空调系统的检测与维修基础

第一节 汽车空调的正确使用与维护保养

一、汽车空调的正确使用

正确使用汽车空调系统，可以节约能源，减少故障出现，并能保证汽车空调系统具有良好的技术状况和工作可靠性，发挥其最大效率，延长其使用寿命。

1. 注意事项

（1）确保系统中不混入水汽、空气和脏物 如果空气、水汽和脏物混入制冷系统，不仅会影响制冷效率，有时会使制冷设备损坏，其影响见表6-1。

表6-1 制冷系统中的异物及其影响

制冷系统中的异物	影　响
水汽	压缩机气门结冰；膨胀阀紧闭不开；变成盐酸和硝酸；腐蚀生锈
空气	造成高温高压；使制冷剂不稳定；使冷冻润滑油变质；使轴承易损坏
脏物	堵住滤网，变成酸性物；腐蚀零件
其他油类	形成蜡或渣；堵住滤网；润滑不好；使冷冻润滑油变质
金属屑	卡住或粘住所有的活动零件
酒精	腐蚀锌和铝；铜片起麻点；使制冷剂变质；影响制冷效果，冷气不冷

1）不能让水汽进入系统。水在0℃会结冰，如果压缩机气门结了冰，压缩机就不能正常工作；如果膨胀阀结了冰，膨胀阀则不能打开，失去作用。另外水和制冷剂起化学作用，会生成盐酸和硝酸等多种酸类。系统内水分愈多，形成腐蚀性酸液的浓度愈高，腐蚀性愈强，会造成零件严重腐蚀、生锈。

2）不能让空气进入系统。空气具有很大的弹性，如果空气存留在压缩机的管道中，压缩机就不能顺利泵动制冷剂，导致压缩机做无用功，造成压缩机过热等不良后果。同时，压缩机里的冷冻润滑油吸收了空气，空气中的氧和冷冻润滑油起作用发生化学变化，形成胶状物质，致使冷冻润滑油变质，压缩机轴承磨损，影响压缩机寿命。

冷冻润滑油中如果渗入了空气，当冷冻润滑油跟制冷剂离开压缩机到蒸发器之后，由于空气有弹性，致使冷冻润滑油不能跟制冷剂一起回到压缩机。这样，冷冻润滑油只出不进，使压缩机里出现严重缺少冷冻润滑油的现象，损坏压缩机。

> **学习提示：**
> 预防措施如下：
> ① 冷冻润滑油要加盖。
> ② 管子接头一定要锁紧，要用专门的管夹。
> ③ 必要时要抽真空，压缩机装好后，需用真空泵抽出里面的空气。抽完真空后，要停几分钟，查看真空吸力是否有变化，用此法检查整个系统是否漏气。如不漏气，就说明空气和水汽没有侵入。

3) 不能让脏物进入系统。如果脏物进入了系统，容易使制冷剂和冷冻润滑油变质，腐蚀零件，而且容易引起堵塞。

> **学习提示：**
> 预防措施如下：
> ① 不让空气进入制冷装置。
> ② 一定要保持修理工具的清洁。

（2）防止腐蚀　要防止制冷装置生锈及化学变化的侵蚀，这些现象会使气门、活塞、活塞环、轴承等受到腐蚀，若遇到了高温、高压，腐蚀会加剧。

（3）防止高温高压　在正常的运转情况下，压缩机的温度是不会高的。如果冷凝器堵塞，压缩机的温度会越来越高、温度高使气体发生膨胀，产生高压，高温和高压两个因素互为因果，形成恶性循环。此外，如果冷凝器由于某种原因通风不好，热量散不出去，也会增加压缩机的负荷，使压缩机温度升高。

（4）保护好控制系统　制冷系统中的风管、控制风向的阀门、电磁离合器等，每一零部件的失灵，都会影响制冷装置的正常运转。所以控制系统的风管、开关等部件，都要保护好，才能使制冷装置正常工作。

2. 正确使用

（1）非独立式空调的正确使用

1) 在换季初次使用时，最好对汽车空调系统进行杀菌除臭处理。

2) 夏日应避免直接在阳光下停车暴晒，尽可能把车停在树荫下，在长时间停车后车厢内温度很高的情况下，应先开窗及通风；将车内热空气赶出车厢后，再开空调，开空调后车厢门窗应关闭，以降低热负荷。

3) 不使用空调的季节，应经常开动压缩机，避免压缩机轴封处因油干而泄漏，也避免转轴因油干而咬死。一般一个月应运转一、二次，每次 10min 左右。冬季气温过低时，可将保护开关电线短路，待保养运行完毕，再将电路恢复原样。

4) 使用汽车空调时，冷气温度不宜调得过低，一方面温度调得过低，会影响身体健康；另一方面易使蒸发器表面结霜，形成风阻，而造成压缩机液击现象。同时，若风机开在低速档，则冷气温度开关不宜调得过低。一般车厢内外温差在 10℃ 以内为宜。

5) 定期清洗冷凝器和蒸发箱，这是因为由于外界空气环境等原因，冷凝器、蒸发箱表面易被灰尘等脏物附着，造成汽车空调系统的制冷效果下降。

6) 起动发动机时，空调开关应处于关闭位置，发动机熄火后，也应关闭空调，以免蓄电池电量耗竭。

(2) 独立式空调的正确使用　对于安装独立式空调的汽车，应严格按使用说明书的规定起动和运行空调，因这类空调，通过遥控装置控制辅助发动机的起动和运行，起动方法要比非独立式空调复杂。

二、汽车空调的维护保养

汽车空调系统分日常维护保养和定期保养。日常维护保养一般由驾驶人或一般汽车维修人员进行，在维护时会发现许多没有注意到的故障，而这些故障的早期发现和及时处理，对延长汽车空调装置的使用寿命起着重要作用。定期保养则由汽车空调保修工进行，汽车空调保修工除检查和调整驾驶人所担负的例行保养项目外，还应按汽车空调专门的维护周期及时进行作业项目。

1. 日常维护保养

日常维护保养主要是通过看、听、摸、测等方法进行检查。

1) 检查和清洗汽车空调的冷凝器，要求散热片内清洁，片间无堵塞物。

2) 检查制冷系统制冷剂的量。在汽车空调机组正常工作时，用眼观察储液干燥器顶部的视液镜，若视液镜内没有气泡，仅在增加或降低发动机转速时出现少量的气泡，这说明制冷剂适量；若不论怎样调节发动机转速，始终看到有混浊状的气泡流动，则说明管路内制冷剂不足，应予补充；若不论怎样调节发动机转速，始终看不到气泡，则说明制冷剂过量。

3) 检查传动带，压缩机与发动机之间的传动带应张紧。

4) 检查制冷系统软管外观是否正常，各接头处连接是否牢靠，接头处有无油污，有油污表明有微漏，应进行紧固。

5) 用手摸压缩机附近高、低压管有无温差，正常情况下低压管路呈低温状态，高压管路呈高温状态。

6) 用手摸冷凝器进口和出口处，正常情况下是前者较后者热。

7) 用手摸膨胀阀前后应有明显温差，正常情况是前热后凉。

2. 定期保养

为保证汽车空调无故障运行，需要定期对系统各主要零部件进行维护保养，如压缩机、冷凝器、散热器、蒸发器、电器部件等。

1) 压缩机：在压缩机运转情况下，检查其是否有异常响声，如有，说明压缩机的轴承、阀片、活塞环或其他部件有可能损伤或冷冻润滑油过少；检查压缩机的高低压端有无温差。

2) 冷凝器、蒸发器：检查两者的清洁状况、通道是否畅通，以保证其能通过最大的通气量。

3) 膨胀阀：检查其有无堵塞，感温包与蒸发器出口管路是否贴紧；膨胀阀能否根据温度的变化自动调节制冷剂的供给量。

4) 高、低压管：检查软管有无裂纹、鼓包、老化或破损现象，硬管是否有裂纹或渗漏现象，是否会碰到硬物或运动件，管道螺栓是否紧固。

5) 储液干燥器：检查易熔塞是否熔化，各接头处是否有油迹；正常工作时其表面应无露珠或挂霜现象；每年四五月份维护期中视需要更换干燥剂或干燥过滤器总成。

6) 电气系统：检查电磁离合器无打滑现象，低温保护开关在规定的气温下如能正常起动压缩机则说明其有故障；检查电线连接是否可靠。

7) 高、低压开关：检查高、低压开关，高压开关在压力2.2MPa时，应能自动接通声光报警电路并使电磁离合器断电，当压力小于2MPa时应能自动复位；低压开关在压力小于0.2MPa

时，应能自动接通声光报警电路并使电磁离合器断电，当压力大于0.2MPa时应能自动复位。

8）冷凝器和蒸发器风机：检查冷凝器和蒸发器风机工作时有无异常响声，叶片有无破损，螺栓、连接是否牢固，电动机轴承有无缺油现象。

第二节　汽车空调故障诊断方法

在进行空调维修时，为了准确判断出故障部位、高质量地排除故障，必须按照一定的步骤进行故障诊断排除，实践证明，"先分析，后进行；先简单，后复杂；先外部，后内部；先电器，后机械"的步骤是比较科学的，分为3个阶段进行，即确定故障部位、检查故障原因、处理排除故障。

一、直观诊断法

直观诊断也称人工诊断或经验诊断，就是在对空调故障进行诊断的过程中，通过人的感觉器官对汽车空调故障现象经过问（向驾驶人询问故障情况）、看（察看系统各设备的表面现象）、听（听机器运转声音）、摸（用手触摸设备各部位的温度）等过程，了解和掌握故障现象特点，对故障现象进行深入分析与准确判断，找出故障部位的诊断方法。

1. 看现象

用眼睛来观察整个空调系统。首先，察看干燥过滤器视液镜中制冷剂的流动状况（图6-1），若流动的制冷剂中央有气泡，说明系统内制冷剂不足，应补充至适量。若视液窗呈透明，则表示制冷剂加注过量，应缓慢放出部分制冷剂。若流动的制冷剂呈雾状，且水分指示器呈淡红色，则说明制冷剂中含水量偏高，应缓慢放尽系统中的原有制冷剂，拆下干燥过滤器，将其置于110℃烘箱内，对干燥剂作干燥处理，排除水分后再用；其次，察看系统中各部件与管路连接是否可靠密封，是否有微量的泄漏。若有泄漏，在制冷剂泄漏的过程中常夹有冷冻油一起泄出，故在泄漏处有潮湿痕迹，并依稀可见黏附上的一些灰尘。此时应将该处的连接螺母拧紧，或重做管路喇叭口并加装密封橡胶圈，以杜绝慢性泄漏，防止系统内制冷剂的减少；再次，察看冷凝器是否被杂物封住，散热翅片是否倾倒变形。若有此现象将影响流过冷凝器的冷却空气流量，导致冷凝器冷凝效果变差，使流经膨胀阀的制冷剂温度偏高，从而影响系统的制冷效果。这时应将冷凝器清扫干净，将变形的散热翅片修正。

2. 听响声

用耳朵聆听运转中的空调系统有无异常声音（图6-2）。首先，听压缩机电磁离合器有无

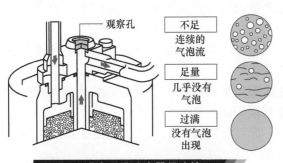

图6-1　观察干燥过滤器视液镜内制冷剂流动情况

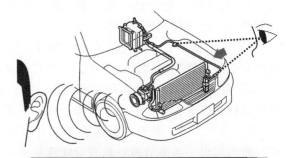

图6-2　用耳朵听空调运转时的杂音

发出刺耳噪声。若有噪声,则多为电磁离合器磁力线圈老化,通电后所产生的电磁力不足或离合器片磨损引起其间隙过大,造成离合器打滑而发出尖叫声。这时应重绕离合器磁力线圈或抽掉1~2片离合器调整垫片,减小离合器间隙,防止其打滑,以消除噪声;其次,听压缩机在运转中是否有液击声。若有此声,则多为系统内制冷剂过多或膨胀阀开度过大,导致制冷剂在未被完全汽化的情况下吸入压缩机。此现象对压缩机的危害很大。有可能损坏压缩机内部零件,应缓慢释放制冷剂至适量,或调整膨胀阀开度,及时加以排除。

3. 摸温度

摸温度主要指用手触摸零件的温度,来判断空调系统工作正常与否。开启空调开关,使压缩机运转15~20min之后,进行如下操作。

1)利用手感比较冷气栅格吹出的冷风凉度及风量大小。
2)用手触摸压缩机的进、排气管的温度,两者应有明显的温差。
3)利用手感比较冷凝器的进管和出管两者温度。当后者温度低于前者为正常,若两者温度相差不大,甚至相同,说明冷凝器有故障。
4)用手触摸干燥过滤器前后管道的温度,当两者温度一致为正常,否则说明干燥过滤器存在堵塞现象。
5)膨胀阀前面的管道与出口应有很大的温差,否则说明膨胀阀出现故障。

二、仪器诊断法

通过直观诊断,只能发现不正常的现象,对于一些较为复杂的故障,还要借助于有关仪器来进行测试,在掌握第一手资料的基础上,对各种现象做认真分析,才能找出故障所在,然后予以排除。

1. 短路法和万用表结合检查

可以快速检查出空调电路故障,判断出电路是断路还是短路。空调系统的使用过程中,若电器系统存在故障,一般应首先对控制电路的工作状况进行检查。如经检查,排除线路故障的可能性后,才可对用电装置和控制元件进行拆修或检查。

判断空调系统控制电路的工作情况时,一般可以采用短路试验法,用导线将某段控制电路或电路中个别元器件短接,让电流从导线上经过。如果用电装置工作恢复正常,则说明被短接的这段电路或元器件有故障。例如:空调开关打开后,制冷压缩机的电磁离合器不能吸合。为判断故障,可以用一根导线直接通过电源为电磁离合器供电,如果这时电磁离合器吸合,说明其控制电路存在断路故障;如果离合器仍不工作,则说明电磁离合器内部存在故障,再用万用表检修,测量磁力线圈的电阻,其值应在正常范围。在确认控制电路存在故障后也可用导线将电路中怀疑有故障的电器元件短接,然后观察电磁离合器能否吸合,以判断其是否有故障。例如将控制电路中的低压开关短路,如果电磁离合器吸合,则说明低压开关内部损坏或系统缺少制冷剂。但利用短路试验法检查空调系统的控制电路时应注意,如果是电路的熔断器烧坏,不能用导线短接。为防止损坏用电装置或电器元件,一定要在查清熔断器的熔断原因并加以排除后,再用规格相同的熔断器进行更换。

2. 用压力表检查

如图6-3所示,空调歧管压力表是对汽车空调系统整体工作性能进行分析的一种常用且有效的工具。它不仅应用于制冷剂的加注,而且也是一种故障诊断工具。

在空气温度为30~35℃、发动机转速为1500~2000r/min时检查。将风机风速调至高档,温度调至最冷档,从歧管压力表上读取压力值,其正常状况:R134a空调系统歧管压力表读数,低压侧为0.15~0.25MPa,高压侧为1.37~1.81MPa;R12空调系统歧管压力表读数,低压侧为0.147~0.196MPa,高压侧读数为1.442~1.471MPa。若不在此范围,则说明系统有故障。

图6-4所示为某车型制冷系统正常时歧管压力表高低压的显示,以此说明利用歧管压力表判断和分析制冷系统故障。

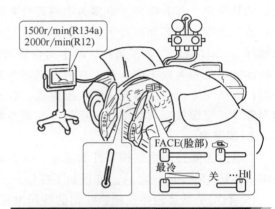

图6-3 用歧管压力表判断空调系统故障

(1)高压表和低压表压力均较低 高压表和低压表显示值比正常值低,如图6-5所示。从视液镜内看到有气泡,冷气不凉,高压管温热,低压管微冷,温差不大。

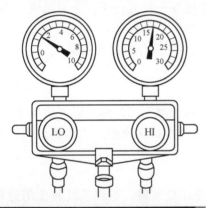

图6-4 正常时高低压力表的显示

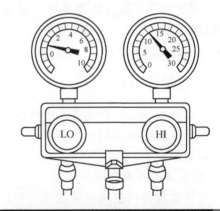

图6-5 高压表和低压表压力均较低

故障原因:制冷剂不足或有泄漏。

排除方法:

1)用检漏仪寻找泄漏处,并予以修复。

2)加注制冷剂。

(2)高压表和低压表压力均太高 高压表和低压表显示值比正常值高很多,如图6-6所示。另外,从视液镜偶尔可看见气泡,冷气不凉。

故障原因:制冷剂过多;制冷系统中有空气;冷凝器冷却不足。

排除方法:

1)更换储液干燥器。

2)充分抽真空,重新充注制冷剂。

3)清洗或更换冷凝器,检查风扇电动机及其电路。

(3)低压表压力有时为负压(真空) 低压表压力显示值有时为负压(真空),有时正常,如图6-7所示。另外系统间歇制冷或不制冷。

故障原因:制冷系统存在水分。

排除方法:

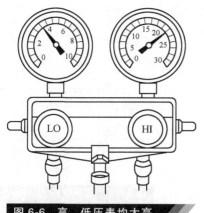

图 6-6　高、低压表均太高

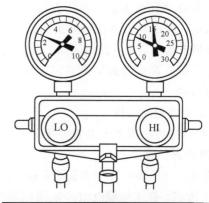

图 6-7　低压表压力有时为负压

1）更换储液干燥器。
2）反复抽负压（真空）。
3）充注制冷剂适量。

（4）低压表压力为负压（真空）且高压表压力很低　低压表压力显示值为负压（真空），高压表压力显示值很低，如图 6-8 所示。另外，在储液干燥器或膨胀阀前后管路上结霜或有露水。系统不制冷或间歇制冷。

故障原因：制冷剂不循环。

排除方法：

1）按制冷剂系统中存在水分处理。
2）更换膨胀阀。
3）更换储液干燥器。
4）检查制冷剂是否被污染。

（5）低压表压力太高且高压表压力太低　系统不制冷，低压表压力显示值很高，高压表压力显示值很低，如图 6-9 所示。

故障原因：压缩机内部故障。

排除方法：更换损坏的零件或总成。

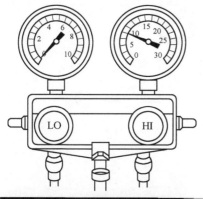

图 6-8　低压表压力为负压且高压表压力很低

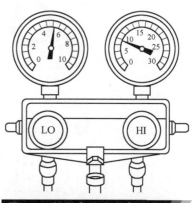

图 6-9　低压表压力太高且高压表压力太低

（6）低压表压力太低且高压表压力太高　低压表压力显示值很低，高压表压力显示值很高，如图6-10所示。另外，冷凝器上部和高压管路温度高，而储液干燥器并不热。

故障原因：高压管路堵塞或被压扁。

排除方法：

1）清洗或更换零件。

2）检查冷冻润滑油是否被污染。

3. 用检漏仪检漏

用检漏仪（图6-11）检查整个系统各接头处是否泄漏，如图6-12所示。在实施检查时，发动机要停止转动，由于制冷剂比空气稍重，把检测器置于管道较低一侧，并随管周移动。实施检测时，要轻微振动管道，如图6-13所示。

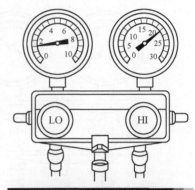

图6-10　低压表压力太低且高压表压力太高

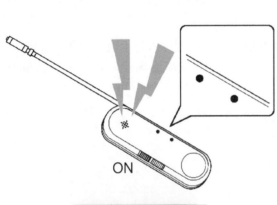

图6-11　检漏仪

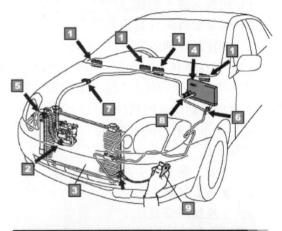

图6-12　用检漏仪检测可能的漏气部位

1—送风机电阻　2—空调压缩机　3—冷凝器　4—蒸发器
5—储液干燥器　6—排放软管　7—管道的连接部位
8—EPR（蒸发器压力调节器）　9—漏气检测器

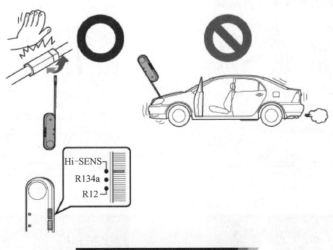

图6-13　检漏仪检测要领

4. 用故障诊断仪（解码器）诊断

对于自动空调系统，可用诊断仪测出故障码进行诊断，从而排除故障。

第三节　汽车空调系统维修工具的使用

汽车空调在具体修理过程中，离不开检漏、抽真空、充注制冷剂、加注冷冻润滑油以及排出空气等基本操作。汽车空调维修及安装中常用的检测工具有歧管压力计、检漏设备、制冷剂注入阀、真空泵以及其他专用维修工具。

一、通用工具及常用设备

1. 通用工具

通用工具即普通的汽修工具，主要有各种扳手，如活动扳手、管子扳手、梅花扳手、呆扳手，各种螺钉旋具，各种锉刀，如圆锉、方锉、扁锉、什锦锉，各种钳子，如电工钳、钢丝钳、鲤鱼钳、尖嘴钳等，手锤，钢锯，凿子，各种钻头及尖冲等。

2. 常用设备

常用的设备主要有磅秤、万用表、电烙铁、喷灯、电焊设备及手电钻等。

二、专用工具及专用设备

1. 专用成套维修工具

成套维修工具是把汽车制冷系统维修时需要的专用工具组装在一个工具箱内，如图6-14所示。汽车空调专用成套维修工具由歧管压力计、漏气检测仪、制冷剂管固定架、制冷剂管割刀、备用储气瓶、扩口工具、检修阀扳手、注入软管衬垫、检修阀衬垫等构成。这些专用工具组装在工具箱内，便于携带和保管，特别适用于空调系统的快修工作。

2. 专用工具

专用工具是指在对空调系统进行维修时所需的专门工具。

（1）割管器　用于切割制冷剂管（钢管），如图6-15所示。纯铜管一般用割管器切断，用割管器切出的管口整齐光滑，易于涨管。

割管器可用于切割直径为3～25mm的纯铜管。切割时将要切断的纯铜管夹在刀片与滚轮间，刀口与纯铜管垂直，然后顺时针缓慢旋紧螺钉把手，以使切割转动1/4圈，然后再缓慢将割管器绕纯铜管旋转一周，再旋紧割管器螺钉把手1/4圈，并使割管器绕纯铜管一周，直至纯铜管被切断为止。切割纯铜管时，要将刀口垂直压向纯铜管，不要歪扭或侧向扭动。否则，很容易将刀口边缘崩裂。

（2）弯管器　纯铜管弯曲时，可先在弯曲处退火。弯曲前用气焊火焰加热纯铜管，加热部分的长度由弯曲角度和纯铜管的直径决定。当弯曲角度为90°时，加热部分的长度是纯铜管管径的6倍；弯曲角度为60°时，加热部分的长度是纯铜管管径的4倍；弯曲角度为45°时，加热部分的长度是纯铜管管径的3倍；弯曲角度为30°时，加热部分的长度是纯铜管管径的2倍。

加热纯铜管时应不断转动管子，使纯铜管管壁受热均匀。加热时间不要太长，一般加热到纯铜管管壁变为黄红色即可。纯铜管弯曲需用弯管器，如图6-16所示。操作时将纯铜管放入轮子的槽内，用夹具夹紧，纯铜管的另一端应将柄杆按顺时针方向移动，弯曲直到所需要

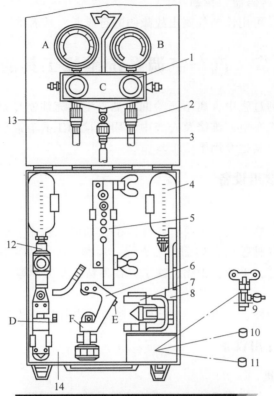

图6-14 汽车空调专用成套维修工具

1—歧管压力计 2—红色注入软管 3—绿色注入软管 4—蓝色注入软管 5—漏气检测仪 6—备用储气瓶 7—制冷剂管固定架 8—制冷剂管割刀 9—扩口工具 10—检修阀扳手 11—制冷剂罐注入阀 12—注入软管衬垫 13—检修阀衬垫 14—工具箱 A—低压表 B—高压表 C—压力表座 D—反应板 E—铰刀 F—刀片

切片

图6-15 制冷剂管割管器

的角度为止,然后退出弯管。对应于弯管不同的角度可调整轮上的不同角度。弯管时,速度要慢,逐步弯制,弯曲半径不能太小,过小会使纯铜管凹扁,纯铜管的弯曲半径应以纯铜管直径的5倍为宜。

(3) 涨管器 纯铜管采用螺纹接头时,为确保连接处的密封性,纯铜管管口需扩大并呈喇叭口形状。图6-17所示为纯铜管涨管器。操作时,将已退火且已割平的纯铜管去除毛刺后放入与纯铜管管径相同的孔中,纯铜管管口朝向喇叭面(纯铜管需露出喇叭口深度的1/3),旋紧夹具,在顶尖上涂少许冷冻润滑油,然后用手柄旋紧,先使顶尖下旋3/4圈,再退出1/4圈,如此反复进行,直到扩成60°喇叭口为止。其接触面不应有裂纹和麻点,以防密封不

图 6-16 用弯管器弯曲纯铜管

严,不合格的喇叭口可能有偏斜不正、损伤或裂纹、起皱。

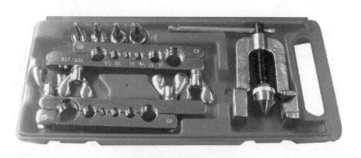

图 6-17 涨管器

1—纯铜管涨管器 2—夹管夹

3. 检漏设备

检漏设备包括卤素检漏灯、染料检漏器、荧光检漏仪、电子检漏仪、氦质谱检漏仪、超声波检漏仪等。其中卤素检漏灯只能用于 R12、R22 等卤素制冷剂的检漏,对 R134a 等不含氯离子的新型制冷剂无效果。电子检漏仪对常用制冷剂也存在适用性的问题,使用时要注意。

(1) 氟利昂电子检漏仪 图 6-18 所示为电子检漏仪的工作原理,它由一对电极组成,阳极由铂金制成,铂金被加热器 3 加热,并带正电,在它附近放一阴极 6,使它带负电。若放在空气中,就会有阳离子射到阴极并产生电流。如果有氟利昂气体流过,回路中的电流就明显增大,根据此信号即可检测出制冷系统的泄漏情况。

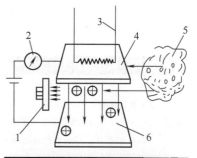

图 6-18 氟利昂电子检漏仪工作原理

1—吸气微型风扇 2—电流计 3—加热器
4—阳极 5—气态制冷剂 6—阴极

图 6-19 所示为电子检漏仪外形及结构,在圆筒状铂金阳极设有加热器,并可加热到 800℃左右,在阳极外侧装有阴极,在阳极和阴极之间加有 12V 直流电压,为使气体在电极间流动,设有吸气孔和小风扇,当有卤素元素的阳离子出现时,就会产生几微安(μA)的电流,由直流放大器放大,使电流计指针摆动或使音频振荡器发出不同的声响,以示系统制冷

剂泄漏程度的大小。

（2）卤素检漏灯 检修或拆装汽车空调制冷系统管道、更换零部件之后，需在检修及拆装部位进行制冷剂的泄漏检查，目前主要有卤素检漏灯和电子检漏仪两种，其中电子检漏仪最为常用。

卤素检漏灯是一种丙烷（或酒精）燃烧喷灯，利用制冷剂气体进入安装在喷灯的吸气管内，会使喷灯的火焰颜色改变这一特性来判断系统的泄漏部位和泄漏程度，其结构如图6-20所示。当喷灯的吸气管从系统泄漏处吸入制冷剂时，火焰颜色会发生变化。

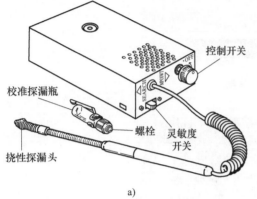

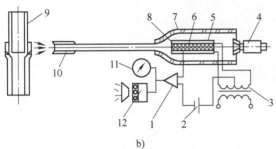

图6-19 氟利昂电子检漏仪
a）外形 b）结构
1—放大器 2—阳极电源 3—变压器 4—风扇 5—阳极
6—阴极 7—外壳 8—电热器 9—管道 10—吸嘴
11—电流计 12—音频振荡器

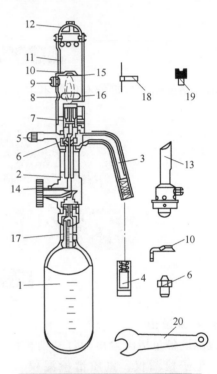

图6-20 卤素检漏灯结构
1—检漏灯储气瓶 2—检漏灯主体 3—吸气管
4—滤清器 5—燃烧筒支架 6、17—喷嘴
7—火焰分离器 8—点火孔 9—反应板螺钉
10—反应板 11—燃烧筒 12—燃烧筒盖
13—栓盖 14—调节把手 15—火焰长度（上限）
16—火焰长度（下限） 18—喷嘴清洁器
19—调节扳手 20—扳手

学习提示：

卤素检漏灯的操作如下：

1）向检漏本体和检漏灯上加液态丙烷或无水酒精。

2）将点燃的火柴插入检漏灯点火孔内，再按逆时针方向慢慢旋转调节把手，让丙烷气体溢出，遇火就能点燃。

3）将燃烧的火焰调节到尽量小，火焰越小，对制冷剂泄漏反应越灵敏。

4）把吸气管末端靠近各个有可能泄漏的部位。

5）细心观察火焰的颜色。判断出制冷系统泄漏的部位和泄漏程度。

若没有泄漏发生,空气中不存在制冷剂蒸气时,火焰为无色。当出现极轻微的泄漏时,吸气管将泄漏的制冷剂蒸气吸入到丙烷灯燃烧室内,并在 600~700℃ 的燃烧区发生制冷剂分解,产生的气体在接触到烧红的铜时,会使火焰变色并增加火焰高度。因此,可根据卤素检漏灯火焰颜色来判断制冷剂泄漏量,如表 6-2 所示。

表 6-2 卤素检漏灯故障诊断表

燃烧物质	火焰颜色	故障诊断
酒精	变成浅绿色	有少量泄漏
	变成深绿色	有大量泄漏
丙烷	变成浅蓝色	有较少泄漏
	变成蓝色	有较多泄漏
	变成紫色	有大量泄漏

4. 歧管压力计

歧管压力计也称压力表组,与制冷系统相接可进行抽真空、加注制冷剂及检查和判断制冷系统的工作状态和故障情况等。

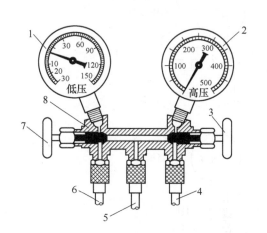

图 6-21 歧管压力计结构

1—低压表(蓝色) 2—高压表(红色) 3—高压手动阀 4—高压侧软管(红色)
5—维修用软管(绿色) 6—低压侧软管(蓝色) 7—低压手动阀 8—歧管座

(1)组成 歧管压力计由高压表、低压表、低压手动阀、阀体以及高压接头、低压接头、制冷剂抽真空接头等组成,如图 6-21、图 6-22 所示。工作时高、低压接头分别通过软管与压缩机高、低压阀相接(图 6-23),中间接头与真空泵或制冷剂钢瓶相接。只能用手拧紧软管与歧管压力计的接头,不可用扳手,否则会拧坏接头螺纹。所用压力表为弹簧管式压力表。低压表既用于显示压力,也用于显示真空度,所以也称为连程表。

(2)歧管压力计具有四种功能

1)检测制冷系统的高压端压力,如图 6-24a 所示。若高压手动阀和低压手动阀同时关闭,则可对高压侧和低压侧进行压力检查。

2)对制冷系统抽真空,如图 6-24b 所示。当高压手动阀和低压手动阀同时全开时,全部管路接通,在中间接头接上真空泵,便可以对系统进行抽真空。

图 6-22 常用歧管压力计

图 6-23 歧管压力计与空调高低压管路的连接

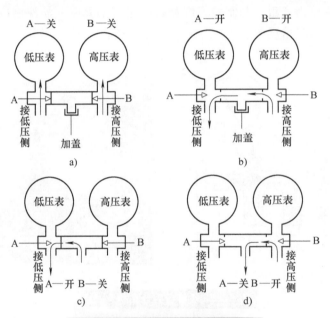

图 6-24 歧管压力表组功能

a) 检测压力　b) 抽真空　c) 加注　d) 回收

3) 加注气态制冷剂和冷冻润滑油，如图 6-24c 所示。当高压手动阀关闭，低压手动阀打开时，中间接头接到制冷剂钢瓶上或冷冻润滑油瓶上时，则可向系统低压侧充注气态制冷剂或冷冻润滑油。

4) 高压侧充注液态制冷剂，也可排出制冷剂，使系统放空。如图 6-24d 所示。当低压手动阀关闭，高压手动阀打开时，则可使系统向外放空，排出制冷剂，也可使高压端充注液态制冷剂。

(3) 使用注意事项

1) 压力接头与软管连接时，只能用手拧紧，不可使用工具。

2) 使用时要排尽管内空气。

3) 不使用时，应用堵头将各接口密封，防止管内进入水分或杂物。

4）该表属精密仪表，平时应注意保持清洁，使用时应注意轻拿轻放。

5. 真空泵

真空泵用于制冷系统抽真空，排除系统内的空气、水分，真空泵的外形如图 6-25 所示。抽真空并不能将水抽出系统，而是产生真空后降低了水的沸点，水在较低温度下沸腾，以蒸气的形式从系统中抽出。

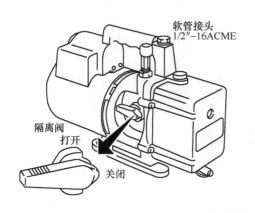

图 6-25 真空泵

6. 制冷剂罐注入阀

当向制冷系统加注制冷剂时，可将注入阀装在制冷剂罐上，旋转制冷剂罐注入阀手柄，阀针刺穿制冷剂罐，即可加注制冷剂。为便于维修汽车空调和随车携带方便，制冷剂生产厂制造了一种小罐制冷剂（一般为 400g 左右），但要将它注入汽车空调制冷系统中需要有注入阀才能配套开罐。图 6-26 所示为制冷剂罐注入阀，制冷剂罐内装有制冷剂，接头用软管与歧管压力计的中间接头相连，其具体使用方法如下：

1）按逆时针方向旋转注入阀手柄，直到阀针退回为止。

2）将注入阀装到制冷剂罐上，逆时针方向旋转板状螺母直到最高位置，然后将制冷剂注入阀顺时针拧动，直到注入阀嵌入制冷剂密封塞。

3）将板状螺母按顺时针方向旋转到底，再将歧管压力计上的中间软管固定到注入阀的接头上。

4）拧紧板状螺母。

5）按顺时针方向旋转手柄，使阀针刺穿密封塞。

6）若要加注制冷剂，则逆时针方向旋转手柄，使阀针抬起，同时打开歧管压力计上的手动阀。

7）若要停止加注制冷剂，则顺时针方向旋转手柄，使阀针再次进入密封塞，起到密封作用，并同时关闭歧管压力计上的手动阀。

7. 检修阀

检修阀是一个三通阀，用于对汽车空调系统抽真空、检测系统压力以及加注制冷剂，其结构如图 6-27 所示，阀上有四个通道接口，通道 4 接压力表，通道 5 接旁路电磁阀，通道 6 接制冷系统管道，通道 7 接压缩机。

无论高、低压检修阀均有三个位置，即后座、中座和前座，图 6-28 所示为检修阀的工作

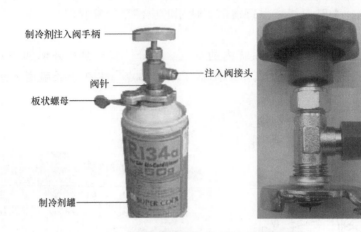

图 6-26 制冷剂罐注入阀

位置,其阀杆可利用棘轮扳手转动,使该阀可处于下列三种位置中的任何一种位置。

1)后座位置又叫正常位置,如图 6-28a 所示,逆时针方向旋转阀杆至极限位置,检修阀为后座,此时制冷剂可进、出压缩机,但到不了压力表。制冷系统正常工作时,压缩机上的两个检修阀处于此位置。

2)中间位置如图 6-28b 所示,歧管压力表、压缩机、制冷剂管道全部连通。这个位置可以加注制冷剂、抽真空或用歧管压力表检查制冷系统的压力。制冷剂可在

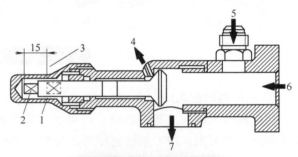

图 6-27 检修阀结构

1—阀帽 2—阀杆 3—阀杆行程
4—压力表接口 5—旁路电磁阀接口
6—制冷系统管道接口 7—压缩机接口

整个系统内流通,压缩机内制冷剂既可进入管路系统,又可进入压力表口,以便检测系统压力。

3)前座位置如图 6-28c 所示,顺时针方向转动阀杆至检修阀的极限位置,检修阀为前座,此时系统内制冷剂不能流到压缩机,检修阀处于关闭位置。而压缩机与系统其他部分隔绝,若松开检修阀的固定螺钉,可以更换压缩机,或将压缩机拆下来修理,而不必打开整个制冷系统。但从压缩机上卸下检修阀时要小心,因为压缩机还残存有制冷剂,因此拆卸检修阀时速度要慢并遵守有关操作规程。

8. 气门阀

气门阀一般用于非独立驱动的汽车空调制冷系统维修(如轿车空调等)。在轿车空调制冷系统中,为了简化制冷系统结构,压缩机上不设检修阀,而用维修接口来代替,每个维修接口上都装有气门阀。气门阀的结构如图 6-29 所示,轿车空调压缩机吸、排气管都采用这种气门阀,它和轮胎的气门芯相似,只有开和关两个位置。**使用时只要把检测用软管接头拧在工作阀口上,阀芯就被压开,制冷剂就进入检测用软管;卸下检测用软管时,则自动关闭系统接口。**

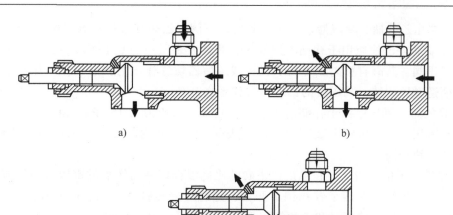

图 6-28 检修阀的工作位置

a）后座位置 b）中间位置 c）前座位置

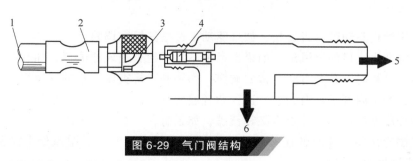

图 6-29 气门阀结构

1—通往压力表 2—检测用软管 3—顶阀杆 4—气门阀 5—通往制冷管路 6—通往压缩机

9. 乙炔-氧气焊割设备

乙炔-氧气焊割是汽车空调维修使用最广的设备，其基本组成如图 6-30 所示。乙炔-氧气

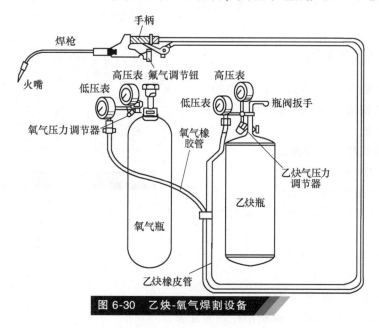

图 6-30 乙炔-氧气焊割设备

焊割设备主要由乙炔瓶、氧气瓶、焊枪、氧气减压阀、乙炔减压阀及氧气连接管等组成。

（1）乙炔瓶　乙炔瓶用于存储乙炔气体，其最大表压力为 0.15MPa，乙炔含量 93%，乙炔瓶安有减压阀，其阀有瓶内压力指示表和减压后乙炔气体压力指示表。减压阀装有调节手柄，将手柄逆时针旋转，减压后的乙炔压力就随之升高。

（2）氧气瓶　氧气瓶用于存储高压氧气，其最大表压力为 15MPa，由于压力过高，所以使用时装有减压阀，减压阀上装有两块压力表分别指示瓶内氧气压力和调整后的氧气压力。压力调整和乙炔相同。

（3）焊枪　焊枪是指氧气和乙炔按正确的比例混合好并点燃后的高温火焰焊接管路接头的焊接工具。焊枪结构有两个针阀调节开关，逆时针旋转打开针阀，顺时针旋转关闭针阀。调节两针阀的开启度可使氧气和乙炔按比例混合，也可调整火焰的大小。

第四节　汽车空调维修操作技能

一、直观检查

1）检查压缩机驱动带是否过松，如果驱动带过松按标准调整。

2）检查空调出风口的出风量，如果出风量不足，检查进风滤清器，如有杂物清除。

3）察听压缩机附近是否有非正常的响声，如果有，检查压缩机的安装情况。

4）察听压缩机内部是否有杂音，这种杂音通常都是由压缩机内部零件损坏所引起。

5）检查冷凝器散热片上是否有脏物覆盖，如果有，应将脏物清除。

6）检查制冷循环系统的各连接处是否有油渍，如有油渍，说明该处有泄漏，应紧固该连接处或更换该处的零件。

7）将鼓风机开至低、中、高档，听鼓风机处是否有杂音，检查鼓风机是否运转正常，如果有杂音或运转不正常，应更换鼓风机（鼓风机进入异物或安装有问题也会引起杂音或运转不正常，所以在更换之前要仔细检查），如图 6-31 所示。

二、制冷剂量的检查

制冷剂量的检查有两种方法，一种是通过系统中安装的视液镜检查；另一种是通过检测系统压力检查。

1. 通过视液镜检查制冷剂量

（1）检查制冷剂量的前提条件

1）发动机转速为 1500r/min。

2）鼓风机速度控制开关处于"高"位。

3）空调开关"开"。

4）温度选择器为"最冷"。

5）完全打开所有车门。

（2）制冷剂量对应状况（图 6-32）。

1）正常：几乎没有气泡，说明制冷剂量正常。

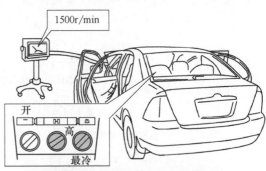

图 6-31　制冷剂量的检查条件

2）不足：有连续的气泡，说明制冷剂量不足。
3）空或过量：看不到气泡，说明制冷剂储液罐是空的或制冷剂过量。

2. 通过检查系统的压力检查制冷剂量

（1）歧管压力表组安装连接

1）连接空调歧管压力表组，将空调歧管压力表组的高低压开关全部关闭，如图6-33所示。

2）把加注软管的一端和歧管压力表组相连，另一端和车辆侧的检修阀门相连，如图6-34所示。

3）蓝色软管——低压侧，红色软管——高压侧。

4）连接注意事项：

① 连接时，用手而不要用任何工具紧固加注软管。

② 如果加注软管的连接密封件损坏，应更换。

③ 低压侧和高压侧的连接尺寸不同，连接软管时注意不要装反。

④ 软管和车辆侧的检修阀门连接时，把快速接头接到检修阀门上并滑动，直至听到"咔嗒"声。

⑤ 连接时，不要弄弯管道。

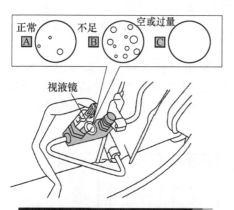

图6-32 制冷剂量对应状况

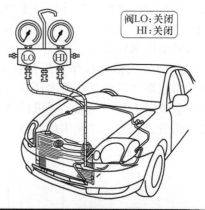

图6-33 关闭歧管压力表组开关

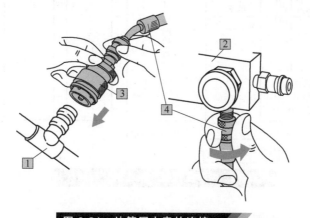

图6-34 歧管压力表的连接

1—维修阀门（车辆侧） 2—歧管气压计 3—快速接头 4—加注软管

(2) 检查制冷系统的压力 起动发动机，在空调运行时检查压力表组气压计所显示的压力，规定压力如图6-35所示。

1) 低压侧：0.15~0.25MPa。

2) 高压侧：1.37~1.57MPa。

三、汽车空调系统的泄漏检查

当汽车空调制冷系统各部件安装完毕后，或当有故障的制冷系统维修完毕之后，应对制冷系统进行泄漏检查，排除系统内的空气和水汽，充注制冷剂和冷冻润滑油。制冷系统工作过程中，应能正确储存制冷剂或从制冷系统中排出制冷剂。汽车空调制冷系统检修可按图6-36所示的流程图进行具体操作。

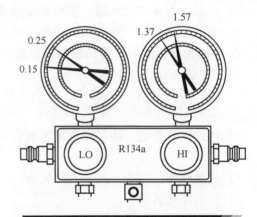

图6-35 制冷系统正常压力范围

1. 汽车空调维修操作注意事项

(1) 作业环境 检修空调时注意清洁和防潮，一定要防止污物、灰尘和水分进入系统内，要把机组周围和接头附近清洁干净，避免雨天维修作业。

(2) 制冷剂的使用 保存和搬运制冷剂钢瓶时，应按其要求存放，严禁直接对制冷剂钢瓶加热或将制冷剂钢瓶放在40℃以上的热水中。

(3) 制冷系统管道操作 拆卸管道时，应立即将管道或接头封住，以免潮气和灰尘进入。弯管时应事先退火且弯曲半径尽可能大；切管时应保持管口平整、光洁，并清除管内积屑；清洗管道时应使用三氯乙烯液体并充分加以干燥；连接管道时应在接头处滴几滴润滑油；拧紧或拧松管道接头，应使用两把扳手。

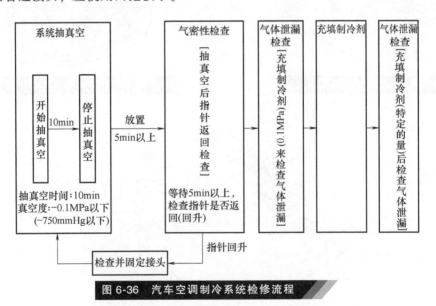

图6-36 汽车空调制冷系统检修流程

2. 汽车空调制冷系统检漏

汽车空调系统工作条件比较恶劣，极易造成部件、管道损坏和接头松动，使制冷剂发生泄漏，其泄漏的常发部位见表 6-3。

表 6-3 汽车空调制冷系统常发生泄漏的部位

部　件	泄漏常发生的部位	部　件	泄漏常发生的部位
冷凝器	冷凝器进气管和出液管连接处 冷凝器盘管	制冷剂管道	高、低压软管 高、低压软管各接头处
蒸发器	蒸发器进口管和出口管的连接处 蒸发器盘管 膨胀阀	压缩机	压缩机轴封 压缩机吸、排气阀处 前、后盖密封处 与制冷剂管道接头处
储液干燥器	易熔塞 管道接头喇叭口处		

汽车空调系统常用的泄漏检查方法如下：

（1）肥皂水泡沫法检漏　制冷剂泄漏部位会同时渗出冷冻润滑油，因而若发现在某处有油迹，应用手直接触摸检查或用清洁棉丝擦拭，如果擦去以后还有油渗出，就可判定汽车空调系统的泄漏。如果擦去以后没有油渗出，可用肥皂水检查，把肥皂水均匀、完整地刷在可能的泄漏部位，然后仔细观察，如有气泡，就可判定汽车空调系统的泄漏。

（2）加压法检漏　首先按图 6-37 所示将高压软管接在高压检修阀上，低压软管接在低压检修阀上。

由于压缩空气中的水分会在膨胀阀造成冰堵现象，所以不可用来检漏，常用工业氮气，其优点是无腐蚀性、无水分，且价格便宜。检漏工艺是将瓶装高压氮气用减压表减压，向制冷系统中灌注 1.5MPa 左右的氮气后，用肥皂水均匀地涂在系统的各接头和焊接处，仔细观察是否有气泡，听是否有渗漏的声音等。发现渗漏处应做出标记并进行及时的处理，然后再去检查其他接头和焊接处。检查必须仔细，并反复检查 3~5 次，直至完全消除渗漏。

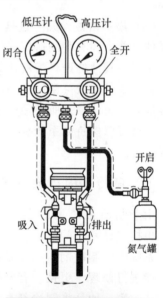

图 6-37　压力检测时的管道连接

（3）真空法检漏　真空法检漏是指在对制冷系统抽真空以后，保持系统真空状态一段时间（至少 60min），然后观察系统中的真空压力表指针是否移动（即指针是否发生变化）的一种检漏方法。如真空指示没有变化，则说明系统无泄漏，如真空指示有回升，则说明系统有泄漏。

要说明的是，采用这种方法检漏，只能说明制冷系统是否泄漏，而不能确定泄漏的具体部位。

（4）充氟检漏　在上述前几种检漏以后就要充氟检漏。充氟检漏的方法是将歧管压力表分别连接在压缩机的高、低压检修阀，中间连在制冷剂瓶上，然后打开手动高、低压阀和制冷剂瓶，向制冷系统加入氟利昂制冷剂，当压力达到 0.1MPa 时，分别关好手动高、低压阀和制冷剂瓶，对系统保压几小时。若系统压力不变，就说明系统没有泄漏；若系统压力下降，就说明系统存在泄漏，此时要用卤素检漏灯或电子检漏仪找出泄漏部位后，再进行补漏。

（5）紫外线检漏灯荧光检漏　紫外线光能引起在紫外激光染料中的荧光分子发出黄色或黄绿色荧光。紫外线检漏灯荧光检漏法就是将一种荧光泄漏探测染料压入制冷系统中，用紫外线灯照射（图6-38），系统有泄漏，则会发黄色或黄绿色光，荧光分子可保持两年有效。

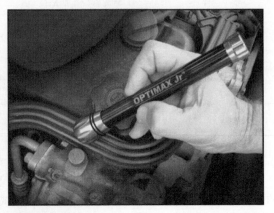

图6-38 紫外线检漏仪荧光检漏

（6）染料溶液检漏 这是一种可以放入汽车空调器的有色溶液。在渗漏处染料会显示而且零件会着色，有些制造厂商供应含有红染料的制冷剂，这种制冷剂也是用正常方法装入汽车空调器。其他的染料溶液还有浅黑色的。

染料或示踪液可帮助准确地确定小的泄漏。围绕泄漏点着上一层有色薄膜染料就可显示出准确的位置。依据所使用的染料，薄膜可以是橘红色或黄色。染料一旦被吸入汽车空调系统，它就可以保持到系统被清洗为止，而丝毫不会影响系统的运行，图6-39所示为制冷染料检漏组件。

四、制冷剂的排放与回收

由于制冷系统中的某个部件修理、更换或是其他的原因，需要排放制冷系统中的制冷剂，制冷系统卸压后才能进行修理、更换。有两种排放的方法，第一种是将制冷剂直接排放到大气中，这会造成环境污染，排放时应在通风良好的场地，最好不在室内进行，且不能接近明火。第二种是回收制冷剂，此法是利用回收装置进行回收。

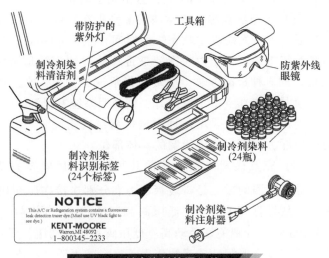

图6-39 制冷染料检漏组件

1. 制冷剂的排放方法

传统的排放到大气中的具体操作工艺如下：

1）关闭歧管压力表的高、低压手动阀，按图6-40所示进行连接。高、低压软管与压缩机高、低压检修阀的管道连接，中间软管的出口包上一块洁净工作棉布。

2）慢慢打开手动高压阀，缓慢排放制冷剂，注意阀不能开得太大。**在操作时注意观察中间软管的出口工作棉布，当看到有冷冻润滑油流出，就要减小高压手动阀的开度。**

3）当高压表的读数降到340kPa时，再慢慢打开低压手动阀，开度不要太大，也要注意观察中间排放软管的出口工作棉布，以布块没有冷冻润滑油流出为准，使制冷剂从制冷系统的高低压两侧管道同时排出。

4）观察歧管压力表的指示值，随着系统内的压力下降，要慢慢增大高、低压手动阀的开度，直到高、低压侧压力表的指示值下降到零时，说明制冷剂排放干净，马上关闭歧管压力表的高、低压手动阀。

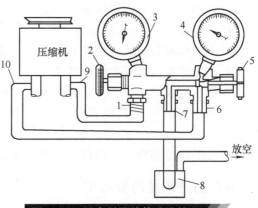

图 6-40　制冷剂排放管路连接

1—低压管　2—手动低压阀　3—低压表
4—高压表　5—手动高压阀　6—高压接头
7—接抽真空泵或制冷剂罐接头　8—量杯
9—低压检修阀　10—高压检修阀

5）在制冷剂排放时不慎流出大量冷冻润滑油，若流出冷冻润滑油的量超过14.2g时，那么应在加注制冷剂之前加入等量的冷冻润滑油；若流出冷冻润滑油的量少于14.2g就不需要加冷冻润滑油。

2. 制冷剂的回收方法

为了保护臭氧层，改善人类生存环境，世界各国的政府机构都规定制冷空调装置中消耗臭氧层物质（主要是R12和R22）不得向大气排放。各制冷空调维修站必须配置制冷剂回收装置，应对制冷剂进行回收、循环利用。这样既能防止破坏臭氧层，危害大气环境，又能有效地利用资源，降低修理成本。

制冷剂的回收有三种常见方法：冷却法、吸附脱离法、压缩法。目前在汽车维修行业中常用的是压缩法。

压缩法是利用制冷压缩机抽吸并回收制冷系统的制冷剂蒸气，蒸气进入压缩机被压缩成高温高压气体，经油分离器分离油后，进入冷凝器，经冷凝后凝结成液体，然后流入回收容器中。图6-41所示为冷媒回收机及结构。具体操作步骤如下。

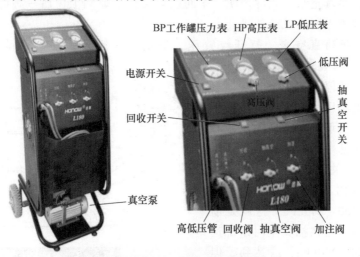

图 6-41　冷媒回收机及结构

1) 把回收机上低压管口接头和高压管口接头连接到待维护车辆的空调系统中，连接前要弄清空调系统所使用的制冷剂类型。

2) 把回收罐与回收机连接起来，注意要排除软管中的空气。

3) 接上电源，打开主电源开关。

4) 按下回收起动开关，系统开始从车辆上回收制冷剂。

5) 当车辆的空调系统真空度下降到 280mmHg（37kPa）时，机器自动关闭，指示灯熄灭。

6) 关上制冷剂罐上的阀门，切断总电源，卸下连接管路。

五、制冷系统的抽真空

抽真空是为了排除制冷系统内的空气和水汽，是空调维修中一项极为重要的程序。因为对制冷系统进行维修或更换元件时，空气会进入系统，且空气中含有一定量的水蒸气（湿空气），抽真空并不能直接把水分抽出制冷系统，而是产生真空后降低了水的沸点，水气化成蒸气后被抽出制冷系统。因此，系统抽真空时，时间越长，系统内残余的水分就越少。为最大限度地将系统内的空气及湿气抽出，必须采用重复抽真空法，即第一次抽真空完毕后，再连续抽 30min 以上。图 6-42 所示为抽真空管路连接方法，具体操作过程如下：

1) 歧管压力表、真空泵与制冷系统的连接。将歧管压力计上的两根高、低压软管分别与压缩机或空调管路上的高、低接口相连；将歧管压力计上的中间软管与真空泵相连。也可以在中间接口的软管上接上一个三通阀，将真空泵、制冷剂瓶、中间接口接到三通阀上，后一种的优点是在抽真空加入制冷剂时空气进入制冷系统的机会小。

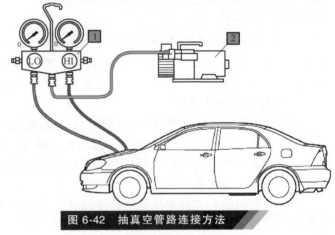

图 6-42 抽真空管路连接方法

1—歧管压力表 2—真空泵

2) 抽真空。开动真空泵，打开歧管压力表的高、低压手动阀，起动真空泵（见图 6-43）。观察歧管压力表真空度大于 95kPa 后，再持续 10min 后停止抽真空。起动真空泵，观察歧管低压压力表真空度不低于 300kPa，高压表不能低于零，说明系统有堵塞，应修复后再抽。

3) 真空试漏。关闭高、低压手动阀，其表针应在 10min 内不得回升，如图 6-44 所示。低压表在 100～200kPa。这就是前面所说的真空试漏。若在抽真空时系统达不到低压表在 100～200kPa，或达到了但在 10min 内表针有回升，则说明制冷系统

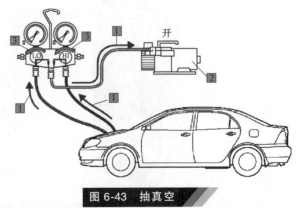

图 6-43 抽真空

有泄漏的地方。

4）检漏。系统内的真空度在10min内没有回升，低压表在100~200kPa，还要进行制冷剂检漏，方法是从低压端注入少量气态制冷剂。当压力达到100kPa时，迅速关闭制冷剂瓶和低压手动阀。用电子检漏仪或肥皂水检查方法查漏，若出现管接头有泄漏，按图6-45所示进行坚固。

注意：如果抽真空不足，空调管道内的水分会冻结，这将阻碍制冷剂的流动并导致空调系统内表面生锈。

5）第二次抽真空。再次开动真空泵，打开歧管压力表的高、低压手动阀，继续抽真空不少于30min，可以更长时间保证抽真空的效果，结束时要先关闭高、低压手动阀，再关闭真空泵。这时就为系统加注制冷剂做好了准备。

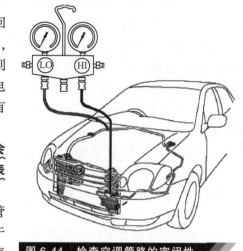

图6-44 检查空调管路的密闭性

六、制冷剂的加注

当制冷系统抽真空达到要求，且经检漏确定制冷系统不存在泄漏部位后，即可向制冷系统充注制冷剂。充注前，先确定注入制冷剂的数量，每种压缩机加注制冷剂的量都有严格规定，加注量过多或过少都将影响压缩机的寿命和空调系统的制冷效果。

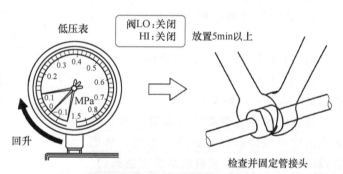

图6-45 检查坚固管接头

充注制冷剂的方法有3种，第一种是制冷系统的高压端的气门阀充注，称为高压端充注，充入的是液态制冷剂，其特点是安全、快速，但用该方法时要注意充注时不可开启压缩机（发动机停转），且制冷剂罐要倒立，这种方法最好是用专用的设备充注；第二种是从制冷系统的低压端的气门阀充注，充入的是气态制冷剂，其特点是充注速度慢，可在系统补充制冷剂的情况下使用；第三种是先从高压端气门阀充注一定量制冷剂后，起动发动机，待空调制冷系统工作后，再从低压端气门阀吸入制冷剂，这种方法充注制冷剂的速度较快，不需要其他的专用仪器，一般汽车修理厂都采用这种方法。

1. 加注罐的安装

（1）连接阀门和加注罐（图6-46和图6-47）

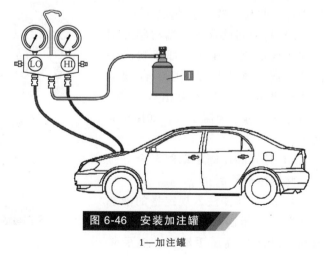

图6-46 安装加注罐

1—加注罐

1）检查加注罐连接部件的盘根，逆时针转动手柄升起针阀，逆时针转动阀盘升起阀盘。**注意：要在针阀升起前安装加注罐，否则针阀会插进加注罐从而导致制冷剂泄漏。**

2）把阀门旋进加注罐直到和盘根紧密接触，然后紧固阀盘以卡住阀门。**注意：不要顺时针转动手柄，否则针将插进加注罐，从而导致制冷剂泄漏。**

（2）把加注罐安装到歧管气压计上（图6-48）。

1）完全关闭歧管气压计低压侧和高压侧的阀门。

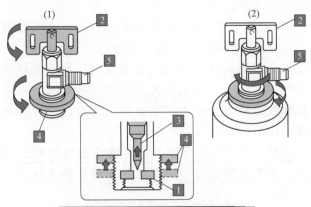

图 6-47　加注阀的安装方法

1—盘根　2—手柄　3—针阀　4—阀盘　5—阀门

2）把加注罐安装到歧管气压计中间的黄色加注软管上。

3）顺时针转动手柄直到针阀在加注罐上钻个孔。

4）逆时针转动手柄退出针阀。

5）按下歧管气压计的空气驱除阀，放出空气直到制冷剂从阀门释出。

注意：如果用手按下气体驱除阀，释放出的空调气体就会沾到手上等处，从而造成冻伤，因此要用螺钉旋具等按住阀门。

2．高压端加注

高压端加注（图6-49）是通过歧管压力表高压手动阀端向系统加注液态制冷剂的方法，操作步骤如下：

1）当系统抽真空后，关闭歧管压力计上的高、低压手动阀。

2）将中间软管的一端与制冷剂罐注入阀的接头连接。打开制冷剂罐开启阀，再拧开歧管压力计软管一端的螺母，让气体溢出几分钟，然后拧紧螺母，无需工具，如图6-50所示。

3）拧开高压侧手动阀至全开位置，将制冷剂罐倒立。

4）从高压侧注入规定量的液态制冷剂。关闭制冷剂罐注入阀及歧管压力计上的高压手动阀，然后将

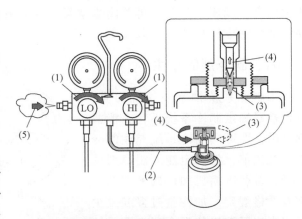

图 6-48　把加注罐安装到歧管气压计上

1—高、低压阀关　2—黄色软管　3—顺时针转动手柄　4—逆时针转动手柄　5—空气驱除阀

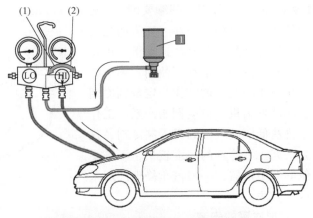

图 6-49　高压端加注液态制冷剂

1—加注罐

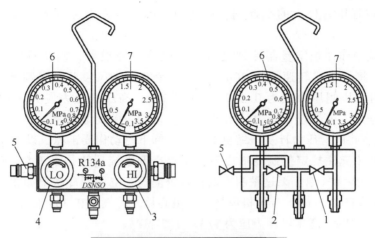

图 6-50 排除双表中的空气

1—高压阀（HI） 2—低压阀（LO） 3—高压阀旋钮（HI） 4—低压阀旋钮（LO） 5—空气清除阀
6—低压表 7—高压表

仪表卸下。从高压侧向系统加注制冷剂时，发动机处于不起动状态（压缩机停转），不要拧开歧管压力计上的低压手动阀，以防产生液压冲击。

3. 低压端加注

低压端加注是通过歧管压力表低压手动阀端向系统加注气态制冷剂的方法，操作步骤如下：

1）按图 6-51 所示，将歧管压力计与压缩机和制冷罐连接好。

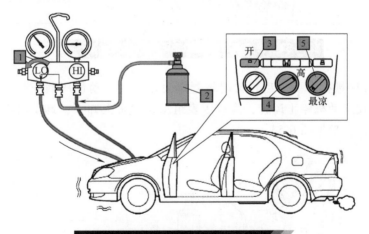

图 6-51 低压端加注气态制冷剂

1—开 2—加注罐 3—空调开关 4—送风机速度控制 5—温度选择器

2）打开制冷剂罐，拧松中间注入软管在歧管压力计上的螺母，直到听见制冷剂蒸气流动声，然后拧紧螺母。从而排出注入软管中的空气。

3）打开低压手动阀，让制冷剂进入制冷系统。当系统的压力值达到 0.4MPa 时，关闭低压手动阀。

4）起动发动机，将空调开关接通，并将鼓风机开关和温控开关都调至最大。

5)再打开歧管压力计上的手动阀,让制冷剂继续进入制冷系统,直至加注量达到规定值。

6)在向系统中加注规定量制冷剂之后,从视液窗处观察,确认系统内无气泡、无过量制冷剂。随后将发动机转速调至2000r/min,冷鼓风机风量开到最高档,若气温为30~35℃,则系统内低压侧压力应为0.147~0.192MPa,高压侧压力应为1.37~1.67MPa。

7)加注完毕后,关闭歧管压力计上的低压手动阀,关闭装在制冷剂罐上的注入阀,使发动机停止运转,将歧管压力计从压缩机上卸下,卸下时动作要迅速,以免过多制冷剂泄出。

8)在向系统中充注规定量制冷剂之后,检查空调系统运转是否正常;通过观察孔检查加注量,确认系统内无气泡、无过量制冷剂;检查漏气;空调制冷状况如图6-52所示。随后将发动机转速调至1500r/min,冷风机风量开到最高档,若气温在30~35℃,系统内低压侧压力应为0.15~0.25MPa,高压侧压力应为1.37~1.57MPa。

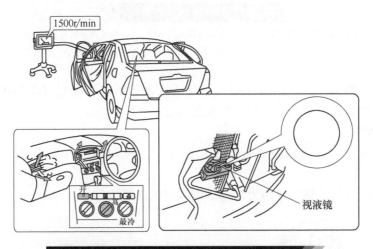

图6-52 检查制冷剂量和空调系统是否正常

9)制冷剂加注量符合要求后,关闭歧管压力计上的手动低压截止阀,关闭装在制冷剂罐上的开启阀,使发动机停止运转,将双压表组从压缩机上卸下,卸下时动作要迅速,以免过多的制冷剂泄出,参见图6-53。

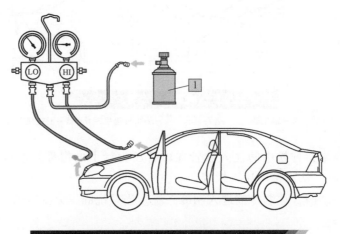

图6-53 拆卸空调歧管压力表组和制冷剂罐

如图 6-54 所示，外部温度高时，加注制冷剂困难，可用空气或冷水降低冷凝器的温度；外部温度低时，可用温水（40℃以下）加热制冷剂罐，这样加注比较容易。

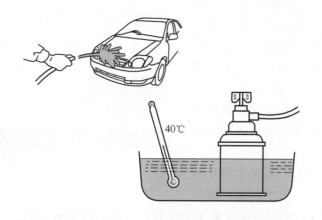

图 6-54　用温水加热制冷剂罐或用冷水冷却冷凝器

4. 从高压端注入液态制冷剂，再从低压端补足制冷剂

1）当系统抽真空后，关闭歧管压力表上的高、低压手动阀。

2）将中间软管的一端与制冷剂罐注入阀的接头连接起来，打开制冷剂罐开启阀，再拧开歧管压力表软管一端的螺母，让气体溢出几分钟，把空气赶走，然后再拧紧螺母。

3）从高压侧注入液态制冷剂一段时间后，当制冷剂罐重量不再下降时，则关闭高压手动阀，将制冷剂罐竖立。

4）起动发动机，转速保持在 1250~1500r/min，打开空调 A/C 开关，风扇开到最大档，并打开低压手动阀，让气态的制冷剂进入系统的低压端。

5）若进气速度慢，则可以把制冷剂罐放在热水中加热，加快进气速度。

6）从视镜玻璃、高低压力表中检查制冷剂量，其方法同上述检查方法一致。加足量后，关闭制冷剂罐，然后关闭低压手动阀，停止空调器的工作，停止发动机的运转。

5. 注入制冷剂时的注意事项

1）注入人员应遵守操作规范、戴好防护眼镜，避免制冷剂与皮肤直接接触。

2）制冷剂罐应放在 40℃ 以下的无太阳直射的通风处。

3）在系统抽完真空后，应立即关闭歧管压力计上的手动高、低压阀，然后再关闭真空泵。两者顺序千万不能颠倒，否则会导致管道与外界相通，无法保持系统的真空状态。

4）注入制冷剂后，应及时检查制冷剂的注入量。

七、制冷系统润滑油的加注

通常汽车空调制冷系统的冷冻润滑油消耗很少，可每两年更换一次，每次应按规定数量加注（一般压缩机的铭牌上标注润滑油的型号和数量）。加注时一定要使用同一牌号的冷冻润滑油，不同牌号的冷冻润滑油混用会生成沉淀物。

维修汽车空调制冷系统时通常不需加注冷冻润滑油，但在更换制冷系统部件以及发现系统严重泄漏时，必须加注冷冻润滑油。

1. 压缩机冷冻润滑油油量的检查

压缩机冷冻润滑油油量的检查方法有以下两种。

(1) 观察油尺　如图6-55所示，卸下加油塞，通过加油塞孔察看并旋转离合器前板；将油尺用棉纱擦干净，然后插到压缩机内，直到油尺端部碰到压缩机内壳体为止；取出油尺，观察油尺浸入深度，当加油合适时，压缩机内油面应在前4~6格，若少则加入，若多则放出，然后拧紧加油孔塞。

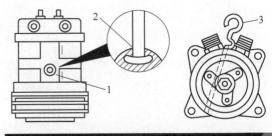

图6-55　空调压缩机冷冻润滑油油量的检查

1—加油塞　2—加油孔　3—油尺

(2) 观察视镜　通过压缩机上安装的视镜玻璃，可观察冷冻润滑油油量，如果压缩机冷冻润滑油油面达到观察高度的80%位置，一般认为是合适的；如果油面在这个界限以下，则应该添加；如果油面在这个界限以上，则应该放出多余的冷冻润滑油。

2. 冷冻润滑油的加注量

新的空调系统，只有压缩机内装有冷冻润滑油，其他各个部件中没有冷冻润滑油。压缩机内冷冻润滑油数量为120~150mL，不同型号的汽车略有不同。空调系统工作后，冷冻润滑油流动到达蒸发器、储液器和冷凝器内各个部件。如果更换系统部件，应补充相应等量的冷冻润滑油。其加注量见表6-4。

表6-4　更换制冷系统部件时冷冻润滑油的加注量

更换的系统部件	冷凝器/mL	蒸发器/mL	储液干燥器/mL	系统管道/mL
冷冻润滑油补充量	40~50	40~50	10~20	10~20

3. 冷冻润滑油的加注

检查压缩机的冷冻润滑油少于标准值，就要进行冷冻润滑油的加注。

润滑油的加注方法有两类，一类在系统抽真空之前，主要有以下3种方法。

1) 直接加入法：不需用专用设备。如图6-56所示，用量筒量好需加注的油量，卸下加油塞，旋转离合器前板，使活塞连杆正好在加油塞孔的中央位置，直接从压缩机的加油塞口

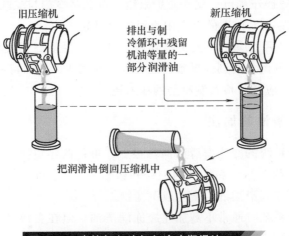

图6-56　直接加入法加入冷冻润滑油

注入。此法简单。

2）利用压缩机本身抽吸作用，将冷冻润滑油从低压阀处吸入，此时发动机一定要保持低速运转。

3）利用抽真空加注冷冻润滑油。

① 对制冷系统抽真空。

② 选用一个有刻度的量筒，盛入比要加注的冷冻润滑油还要多的冷冻润滑油。

③ 将连接在压缩机上的低压软管从歧管压力计上拧下来，并将其插入盛有冷冻润滑油的量筒内，如图6-57所示。

④ 起动真空泵，打开歧管压力计上的高压手动阀，加注的润滑油就从压缩机的低压侧进入压缩机中。当冷冻润滑油量达到规定量时，停止真空泵的抽吸，并关闭高压手动阀。

⑤ 按抽真空法加注冷冻润滑油后，还应继续对制冷系统抽真空、加注制冷剂。

4）另一类在系统抽真空之后进行，其加入工艺如下：

① 将歧管压力表、真空泵、注油器上的加油塞和放油阀连接起来，连接方法如图6-58所示。

② 开动真空泵，打开高压手动阀和低压手动阀，关闭放油阀。

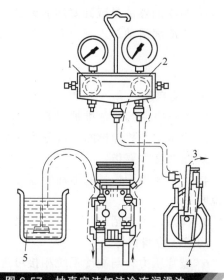

图 6-57　抽真空法加注冷冻润滑油
1—低压手动阀关闭　2—高压手动阀开启
3—排出空气　4—真空泵　5—冷冻润滑油

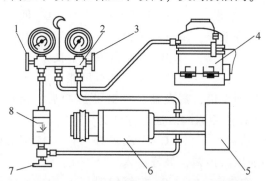

图 6-58　润滑油加注专用装置的管路连接
1—低压手动阀　2—表阀　3—高压手动阀　4—真空泵
5—空调制冷系统　6—压缩机　7—放油阀　8—注油器

③ 打开注油器的加油塞，从加油塞孔中加入足量的冷冻润滑油，然后将加油塞拧紧。

④ 观察低压表，真空压力应大于98kPa，目的是将冷冻润滑油内的水分蒸发汽化和空气一起被抽走。

⑤ 真空泵继续运行5min，目的是将冷冻润滑油内的水分完全蒸发汽化被抽走。关闭高压手动阀及真空泵，并拆下中间软管，稍微打开低压手动阀，开启放油阀。这时冷冻润滑油被注入制冷系统的低压侧。

⑥ 当注油器油量减到要加的刻度时，马上关闭放油阀。
⑦ 冷冻润滑油加入完毕后，关闭低压手动阀，就可加注制冷剂了。

复习思考题

一、填空题

1. 汽车空调的日常维护保养主要是通过_____、_____、_____、_____等方法进行检查。
2. 汽车空调故障诊断一般分为3个阶段进行，即_____、_____、_____。
3. 摸温度主要指_____。
4. 用手触摸干燥过滤器前后管道的温度，当_____，否则说明_____。
5. 检漏设备包括_____、染料检漏器、_____、_____、氦质谱检漏仪、超声波检漏仪等。
6. 歧管压力计与制冷系统相接可进行_____、_____及检查_____和故障情况等。
7. 真空泵用于制冷系统_____，_____。
8. 检修阀是一个_____，用于对汽车空调系统____、_____以及_____。

二、单项选择题

1. 用歧管压力表诊断制冷系统，低压侧压力负值的原因是（   ）。
   A. 储液干燥器堵塞　　　　　B. 冷凝管散热不良
   C. 制冷剂过少　　　　　　　D. 膨胀阀结冰
2. 歧管压力表的低压表还包括一个（   ）。
   A. 低压表　　B. 真空表　　C. 高压表　　D. 低压手动阀
3. 用歧管压力表诊断制冷系统，高压侧压力偏高的因素有（   ）。
   A. 储液干燥器堵塞　　　　　B. 冷凝器散热不良
   C. 膨胀阀工作不良　　　　　D. 以上都有可能
4. 检修汽车空调时，技师甲说，蒸发器、冷凝器拆卸后，接口不用封起来；技师乙说，更换制冷系统部件，都无须补注冷冻润滑油。你认为（   ）。
   A. 甲对　　B. 乙对　　C. 甲乙都对　　D. 甲乙都不对
5. 检修空调时可以用加压法捡漏，最好注入（   ）。
   A. 氧气　　B. 空气　　C. 二氧化碳　　D. 氮气
6. 大多数空调系统中都设有检修阀，分别安装在高压侧和低压侧，下列属于检修阀的是（   ）。
   A. 气门阀和手动阀　　　　　B. 电磁阀
   C. 旁通阀　　　　　　　　　D. 节流阀
7. 空调系统工作时，若蒸发器内制冷剂不足，离开蒸发器的制冷剂的状态是（   ）。
   A. 高于正常压力，温度较低　　B. 低于正常压力，温度较高
   C. 高于正常压力，温度较高　　D. 低于正常压力，温度较低
8. 甲说，肥皂水检漏只能用于空调系统低压侧；乙说，空调系统不工作时，肥皂水检漏既可用于低压侧也可用于高压侧。你认为（   ）。
   A. 甲正确　　B. 乙正确　　C. 两人均正确　　D. 两人均不正确

9. 下列不是空调系统检漏方法的是（   ）。
   A. 肥皂液   B. 电子检漏仪   C. 着色剂   D. 电灯法
10. 充注制冷剂的方法中，下列错误的是（   ）。
   A. 从高压端充注
   B. 从低压端充注
   C. 从高、低压端同时充注
   D. 从高压端注入液态制冷剂，再从低压端补足制冷剂量
11. 制冷剂离开蒸发器后在管路中是什么状态？甲认为是低压状态；乙认为是蒸气状态。你认为（   ）。
   A. 甲正确   B. 乙正确   C. 两人均正确   D. 两人均不正确
12. 甲说，充注制冷剂过多可能引起压缩机噪声；乙说，加注压缩机油过多可能引起压缩机噪声。你认为（   ）。
   A. 甲正确   B. 乙正确   C. 两人均正确   D. 两人均不正确
13. 甲说，R12 制冷剂与明火接触会产生有害气体；乙说，制冷剂与明火接触会爆炸。你认为（   ）。
   A. 甲正确   B. 乙正确   C. 两人均正确   D. 两人均不正确
14. 甲说，真空泵用来清除系统中的湿气；乙说，真空泵用来抽出系统中的空气。你认为（   ）。
   A. 甲正确   B. 乙正确   C. 两人均正确   D. 两人均不正确
15. 甲说，空调系统的问题能引起冷却系统问题；乙说，冷却系统问题能引起空调系统的问题。你认为（   ）。
   A. 甲正确   B. 乙正确   C. 两人均正确   D. 两人均不正确
16. 若有液态制冷剂溅入人的眼睛，则应立即采取的安全措施是（   ）。
   A. 立即召集有关人员开现场会说明意外事故确实会发生
   B. 保持受伤者情绪稳定并使其确信事故不严重
   C. 批评受伤者太不小心
   D. 立即用大量的冷水清洗受伤者的眼睛
17. 甲说，用手握住膨胀阀的感温包会导致系统的压力变化；乙说，冷却膨胀阀的感温包会使系统压力发生变化。你认为（   ）。
   A. 甲正确   B. 乙正确
   C. 两人均正确   D. 两人均不正确
18. 用无压力的制冷剂润滑油容器给空调系统加油时，应该在（   ）。
   A. 充入制冷剂的过程中加入
   B. 测试系统是否泄漏之前加入
   C. 排空和抽真空操作之间加入
   D. 抽真空和加注制冷剂的操作之间加入
19. 当诊断散热器电动风扇不工作的故障时，甲说，从电源引一根线到风扇电动机，如果风扇能运转则必须更换温度开关；乙说，将温度开关短路，如果风扇能运转则必须更换此开关。你认为（   ）。
   A. 甲正确   B. 乙正确   C. 两人均正确   D. 两人均不正确

三、判断题

(   ) 1. 在向压缩机加注冷冻润滑油时,可通过抽真空的方式加注,其加注量可随意。
(   ) 2. 空调系统加注制冷剂既可以从系统的高压端加注也可以从低压端加注。
(   ) 3. 为了保证压缩机得到良好的润滑,冷冻油加注的越多越好。
(   ) 4. 排放制冷剂要慢放,以免冷冻润滑油冒出。
(   ) 5. R134a 空调系统的冷冻润滑油可以和 R12 的混用。
(   ) 6. 冷凝器和蒸发器都可以用冷水清洗。
(   ) 7. 储液罐进出口温差很大,甚至出口处出现结霜,说明干燥剂散开了,堵塞了引出管。
(   ) 8. 电磁离合器如安装时间隙过大,在运行时会发出噪声。
(   ) 9. 如经过蒸发器风量不够,一般会使制冷效果差,不会引起蒸发器冻结。
(   ) 10. 温度控制器开关,起调节车内温度、防止蒸发器因温度过低而结霜的作用。
(   ) 11. 在使用中,可以将两种不同的制冷剂交换使用。
(   ) 12. 如冷凝器通风不良,散热效果差,空调制冷量将下降,严重时会引起管路爆裂。
(   ) 13. 拆卸和更换制冷系统部件时,要适当补充冷冻润滑油。
(   ) 14. 空调制冷系统中,制冷剂越多,制冷能力越强。
(   ) 15. 空调电子检漏计探头长时间置于制冷剂严重泄漏的地方会损坏仪器。
(   ) 16. 蒸发器表面的温度越低越好。
(   ) 17. 如果制冷系统内有水分,将造成系统间歇制冷。

四、问答题

1. 制冷系统中的不同异物会造成哪些影响?
2. 汽车空调的日常保养要做好哪些工作?
3. 怎样通过"看"来分析汽车空调故障?
4. 怎样通过摸温度来分析汽车空调故障?
5. 怎样用短路法和万用表诊断空调系统故障?
6. 歧管压力计的常用功能有哪些?
7. 加压法检漏是怎样进行的?
8. 充氟检漏是怎样进行的?
9. 为什么要对空调制冷系统抽真空?
10. 制冷系统抽真空的具体操作过程是怎样的?
11. 高压端加注制冷剂的操作步骤是怎样的?
12. 低压端加注制冷剂的操作步骤是怎样的?

第七章

汽车自动空调系统结构与检修实例

第一节 奥迪车系自动空调控制系统

一、奥迪车系自动空调控制系统结构

奥迪车系全自动空调系统是由传感器、空调、执行元件三部分组成。奥迪车系自动空调系统控制原理示意如图7-1所示,奥迪车系自动空调系统控制图如图7-2所示。

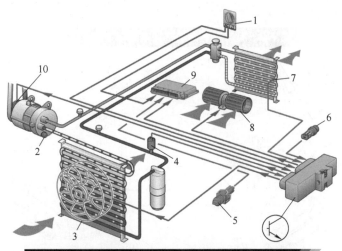

图 7-1 奥迪车系自动空调系统控制原理示意图

1—空调开关 2—卸压阀 3—冷凝器风扇 4—空调三位压力开关 5—冷却液温度开关（5V）
6—散热器风扇双温开关 7—蒸发器温控开关 8—鼓风机 9—发动机控制单元 10—电磁离合器

奥迪A4轿车自动空调装置电气系统元件在车上的布置如图7-3和图7-4所示。

1. 带有操纵和显示单元的控制单元

奥迪轿车的控制单元与操纵和显示单元结合在一起了,如图7-5所示。这个操纵和显示单元是与相应的车辆相匹配的。另外在该控制单元上还装有一个温度传感器,该温度传感器用于测量车内的温度。奥迪轿车的控制单元接收来自电气和电子部件(传感器)的信息。控制单元按照内部已存储的规定值来处理这些信息。控制单元的输出信号用来操纵电气执行元件工作。控制单元配备了一个故障存储器。如果某个部件出故障或者导线断路,很快就可以通过自诊断来确定原因。无论出现什么故障,该控制单元都能在应急工况维持已设定的工作模式。

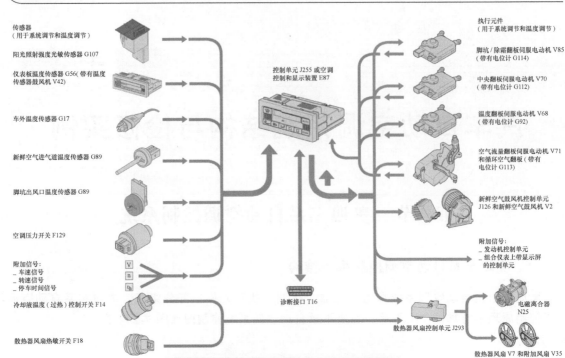

图 7-2 奥迪车系自动空调系统控制图

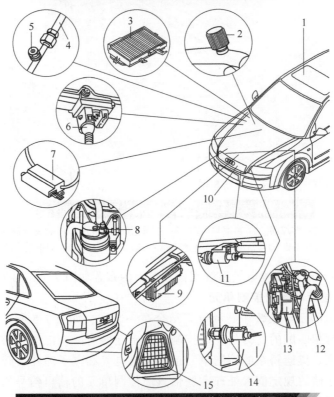

图 7-3 奥迪 A4 轿车空调控制和调节部件示意图

1—太阳能滑动式天窗 2、5—维修接头 3—空气微尘滤清器 4—制冷剂管路的螺栓连接（带节流阀） 6—空气质量传感器 G238 7—可加热前风窗玻璃控制器 J505 8—收集器 9—制冷剂鼓风机控制器 J293 10—冷凝器 11—车外温度传感器 G17 12—空调压缩机控制器 N280 13—空调压缩机 14—空调设备高压传感器 G65 15—强制通风

第七章 汽车自动空调系统结构与检修实例

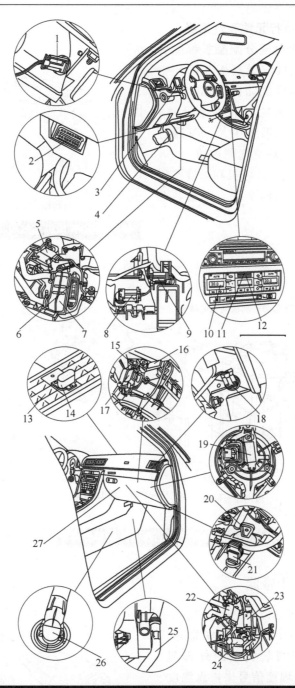

图 7-4 奥迪 A4 轿车空调装置电气系统元件在车上的布置图

1—左出风口温度传感器 G150 2—诊断插座 3—仪表板总成 4—节气门操纵机构 5—左温度阀伺服电动机 V158 6—辅助加热元件 Z35 7—暖气装置的热交换器 8—左脚部空间出风口温度传感器 G261 9—右脚部空间出风口温度传感器 G262 10—控制和显示单元 E87 11—温度传感器鼓风机 V42 12—温度传感器 G58 13—车窗除霜器喷嘴 14—阳光强度光电传感器 G107 15—新鲜空气进气管温度传感器 G89 16—循环空气阀门伺服电动机 V113 17—动压阀门伺服电动机 V71 18—右出风口温度传感器 G151 19—新鲜空气鼓风机控制器 J126 和新鲜空气鼓风机 V2 20—用于杂物箱制冷的空气导管接口 21—汽化器出风口温度传感器 G263 22—中央阀门伺服电动机 V70 23—除霜器阀门伺服电动机 V107 24—右温度阀伺服电动机 V159 25—冷凝水排泄管路 26—冷凝水排泄管路阀 27—空调器附带汽化器

2. 暖风/空调上的执行元件和传感器

暖风/空调上的每个气流分配翻板都配备了一个伺服电动机。空气流量翻板和循环空气翻板共同使用一个伺服电动机来驱动。这两个翻板通过一个驱动带轮（有两个导轨）来实现分别调节。在别的系统中，也有通过真空力或电磁阀来调节循环空气翻板的。

在图 7-6 中，新鲜空气鼓风机和新鲜空气鼓风机控制单元是单独的两个件。但这两个件也可以合成一个件。

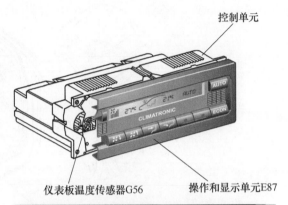

图 7-5 带有操纵和显示单元的控制单元

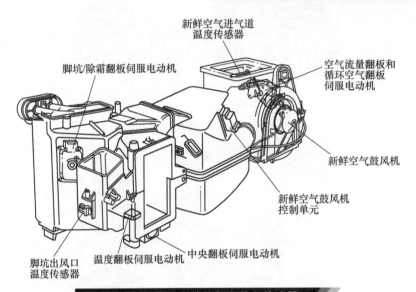

图 7-6 暖风/空调上的执行元件和传感器

二、主要的温度传感器

1. 车外温度传感器 G17

车外温度传感器 G17 位于车身前部，如图 7-7 所示。它用于判断实际的外部温度。控制单元按照这个温度信号来操纵温度翻板和新鲜空气鼓风机工作。如果这个温度信号失效的话，会使用另一个温度传感器（新鲜空气进气道温度传感器）的测量值来取代。

如果新鲜空气进气道温度传感器也失效了，那么系统用 +10℃ 这个替代值继续工作。但这时循环空气模式就不能使用了。温度传感器具有自诊断功能。

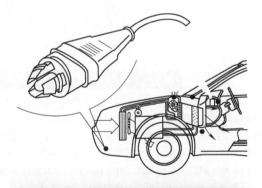

图 7-7 车外温度传感器 G17 的外形及其在车上的位置

2. 新鲜空气进气道温度传感器 G89

新鲜空气进气道温度传感器 G89 位于新鲜空气进气道中，如图 7-8 所示。该传感器实际就是外部实际温度的第二个测量点。控制单元按照这个温度信号来操纵温度翻板和新鲜空气鼓风机工作。

如果这个温度信号失效的话，会使用另一个温度传感器（车身前部的外部温度传感器）的信号。该温度传感器具有自诊断功能。

控制单元总是使用车外温度传感器 G17 和新鲜空气进气道温度传感器 G89 这两个传感器获取的最低的那个值。

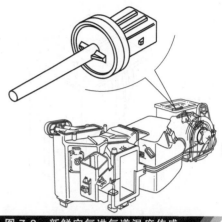

图 7-8 新鲜空气进气道温度传感器 G89 的外形及其安装位置

3. 仪表板温度传感器 G56（带有温度传感器鼓风机 V42）

这个温度传感器一般都直接装在控制单元内，如图 7-9 所示。它将车内的实际温度值传送给控制单元。气流中有一个鼓风机，用于抽取车内空气。这个鼓风机由操纵和显示单元来起动工作。它用于抽取车内空气，以避免测量错误。

仪表板温度传感器 G56 的测量值用于与规定值进行对比。温度翻板和新鲜空气鼓风机按此来进行相应的工作。如果信号失效了，那么系统用 +24℃ 这个替代值，系统仍可继续工作。该温度传感器具有自诊断功能。

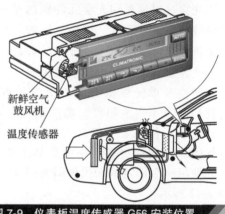

图 7-9 仪表板温度传感器 G56 安装位置

4. 脚坑出风口温度传感器 G192

脚坑出风口温度传感器 G192 测量的是从暖风/空调中出来的空气（进入车内的空气）温度，其安装位置如图 7-10 所示。这个温度值是通过一个根据温度来变化的电阻获取的（其热敏电阻为正温度系数）。温度下降的话，这个电阻值就升高。控制单元对这个信号进行处理后，将其用于控制除霜/脚坑的空气分配以及控制新鲜空气鼓风机的工作能力。

如果信号失效了，控制单元采用 +80℃ 这个替代值。系统仍可继续工作。脚坑出风口温度传感器 G192 具有自诊断功能。

5. 阳光照射强度光敏传感器 G107

空调的温度调节过程还受光敏传感器的影响。该传感器用于获取直接照在车内乘员身上的阳光强度信息，传感器的外形及结构如图 7-11 所示。

根据空调型号的不同，可能使用一个或两个这种传感器，分别监控车内左、右侧的情况。

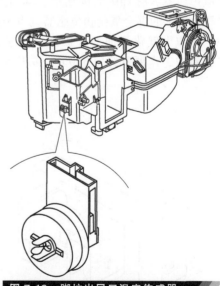

图 7-10 脚坑出风口温度传感器 G192 的外形及安装位置

 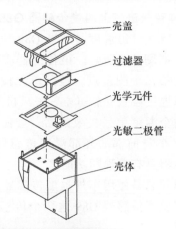

图 7-11 阳光照射强度光敏传感器 G107 外形及结构

阳光穿过过滤器和光学元件到达光敏二极管。过滤器的功能就像一个太阳镜，它用于防止紫外线损坏光学元件。光敏二极管是采用对光敏感的半导体制成的。没有光作用时，二极管只能流过很小的电流；有光作用时，流过的电流就增大。光越强，流过的电流就越大。

空调控制单元根据升高的电流推断出阳光较强，于是就会调节车内的温度。温度翻板和新鲜空气鼓风机会相应地工作。如果带有两个这种传感器，那么阳光较强的那一侧冷得要快一些。如果该信号失效，控制单元使用一个固定值来代替阳光强度。其电路原理图如图 7-12 所示。

6. 空气质量传感器 G238

该传感器的工作原理与氧传感器相同，其外形及电路原理如图 7-13 和图 7-14 所示。其测量元件是一个采用半导体技术的混合氧化物传感器（氧化锡 SnO_2）。使用铂、钯作为催化添加剂来提高该传感器的灵敏度。该传感器的工作温度约为 350℃，功率消耗为 0.5W。

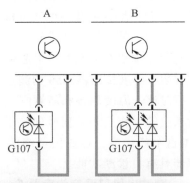

图 7-12 阳光照射强度光敏传感器 G107 电路

Ⓚ—空调控制单元　G107—光敏传感器
A—传感器 1　B—传感器 2

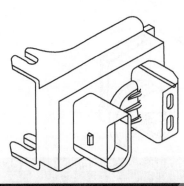

图 7-13 空气质量传感器 G238

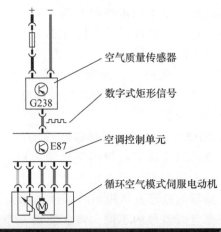

图 7-14 空气质量传感器的电路原理图

传感器模块内集成的电子测量装置会对导电率变化做出反应。传感器的灵敏度很高。该系统是自学习式的。电子系统确定出车外空气中有害物质的平均含量，然后通过数字式矩形信号将有害物质的种类和含量信息发送给空调控制单元。空调控制单元随后会在有害物质浓度达到顶点时，关闭循环空气翻板。这样就可以保证在污染严重的地区，通风系统不至于一直处于循环空气状态。

有几种系统在操纵了清洗-刮水系统后会切换到循环空气模式，不管电子测量系统的结果究竟如何。

7. 用于温度调节的附加信号

在温度调节过程中，附加信息可提高舒适性并用于系统控制。这些附加信号来自车上的其他控制单元，并由空调控制单元进行处理。这些重要的附加信号包括停车时间、车速、发动机转速，如图7-15所示。

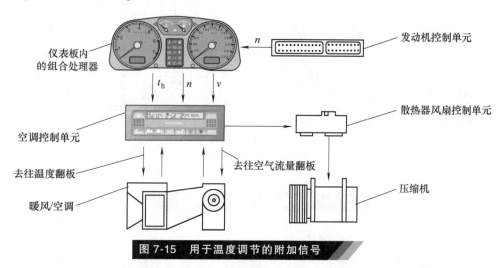

图 7-15　用于温度调节的附加信号

（1）停车时间　停车时间为点火开关关闭到下一次起动发动机所经过的时间。这个信号用于调节温度翻板。发动机起动后，控制单元处理发动机关闭前所存储的车外温度值。测量值的变化（例如因辐射热）不影响调节。可以很快调节到舒适温度，而避免了温度过低的情况。

（2）车速　该信号用于操纵空气流量翻板。该信号是车速表传感器产生的，并在控制单元内进行转化。当车速较高时，新鲜空气出口的横截面就会变小，这样就可使得进入车内的空气量基本保持不变。

（3）发动机转速　该信号将发动机的运转信息传给空调控制单元。这个信号用于系统控制（切断电磁离合器），例如在没有发动机转速信号时就关闭压缩机。

三、自动空调系统的执行器

1. 伺服电动机

对于手动空调来说，一些空气翻板如温度翻板、中央翻板、脚坑/除霜翻板等是由驾驶人通过拉索来单独调节的。

对于自动空调来说，这些调节过程是由伺服电动机来完成的，如图7-16所示。循环空气翻板也是由伺服电动机来调节的。这些伺服电动机布置在与相应翻板轴等高处。所有这些伺服电动机都接收来自空调控制单元的相应控制信号。每个伺服电动机都配有一个电位计。这个电位计通过一个反馈值来将翻板的位置告知空调控制单元。伺服电动机（执行元件）将电气输出信号转化成一个机械量。

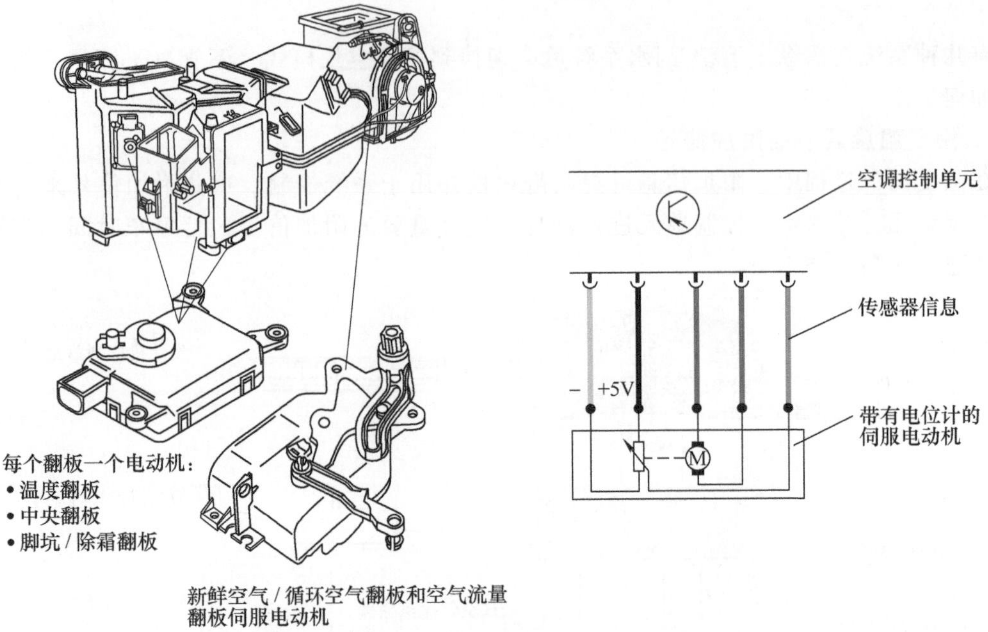

图 7-16 伺服电动机安装位置及电路

2. 奥迪轿车空调系统的工作模式

（1）空调模式　在空调模式下，很暖的新鲜空气经蒸发器被送往各出风口。通往热交换器的通道被关闭了，如图 7-17 和图 7-18 所示。即使新鲜空气潮湿且很凉，也可以选择空调模式。空气流经蒸发器就会被除湿，玻璃上的雾气就被除掉了。

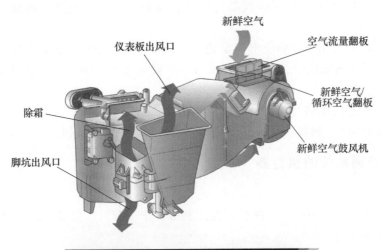

图 7-17 奥迪轿车空调系统气流的走向

第七章 汽车自动空调系统结构与检修实例

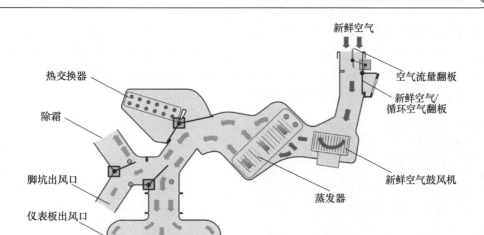

图 7-18 暖风/空调上的空气分配（空调模式）

（2）空调关闭且暖风接通模式 很凉的新鲜空气流经蒸发器；蒸发器不工作。新鲜空气完全流经热交换器并被加热，如图 7-19 所示。

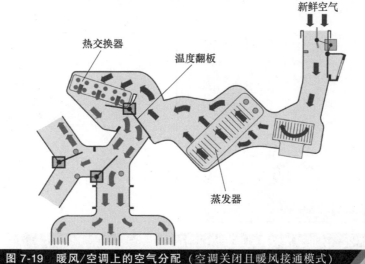

图 7-19 暖风/空调上的空气分配（空调关闭且暖风接通模式）

（3）空调接通且暖风接通模式 在空调接通且暖风接通模式下，如图 7-20 所示，暖的新鲜空气流经蒸发器以便冷却下来。这个新鲜空气太凉了，因此一部分新鲜空气就被送经热交换器，以便达到出风口各自所需要的温度。

随着汽车电子技术的发展，出现了微机控制的全自动空调。这种空调系统利用各种传感器随时检测车内外温度、阳光强度等

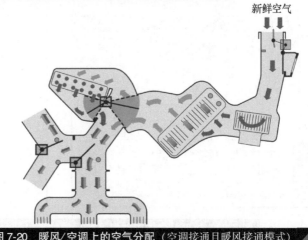

图 7-20 暖风/空调上的空气分配（空调接通且暖风接通模式）

229

信号，并把传感器的信号送到空调系统的电子控制单元（ECU），电子控制单元按照预先编制的程序对传感器信号进行处理，并通过执行元件不断地对风机转速、出风温度、送风方式及压缩机工作状况等进行调节，从而使车内温度、空气流动状况等始终保持在驾驶人设定的水平上，如图 7-21、图 7-22 和图 7-23 所示。

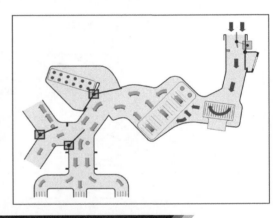

图 7-21　外部温度较低时温度风门的位置（空气全部流经加热器）

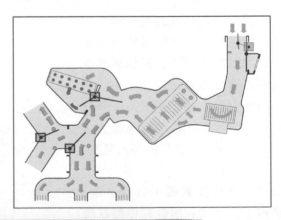

图 7-22　外部温度较高时温度风门的位置（空气不流经加热器）

图 7-23　外部温度适中时温度风门的位置（部分空气流经加热器）

四、奥迪轿车自动空调系统的空气分配

自动空调中空气分成两路，如图 7-24 所示。

空气分配是通过空调空气侧的翻板来进行调节的。根据翻板的控制情况，气流被引向各个出风口。所有的翻板均由伺服电动机来操纵运动。翻板调节或者是按程序自动进行，或者是在操纵和显示单元上通过手动来进行。

图 7-24 奥迪轿车空调系统空气道的分配

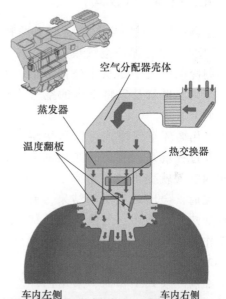

图 7-25 车内左、右侧的温度可以单独调整的示意图

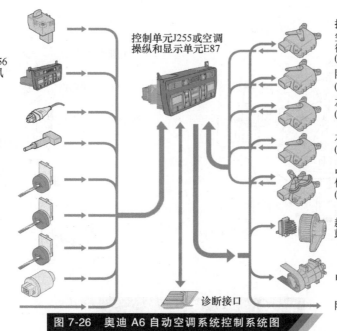

图 7-26 奥迪 A6 自动空调系统控制系统图

在有的车型中,车内左、右侧的温度是可以单独调整的(彼此是独立的)。在空气分配器壳体中,气流分成冷、暖以及左、右气流。根据所需要的温度情况,温度翻板会为车内分配好冷、暖气流所占的比例,如图7-25所示。温度翻板由车内左侧伺服电动机和车内右侧伺服电动机来操纵运动。车内左、右分离式空气侧温度调节,以奥迪A6为例,其传感器和执行器的部件控制如图7-26所示。

五、循环空气模式

空调系统在进行空气准备时有两种空气状态可用:外部空气(新鲜空气)和内部空气(循环空气)。在循环空气模式时,用于给车内制冷的空气不是从车外抽取的,而是取自车内。也就是只将车内的空气进行循环并调节温度。

利用循环空气模式可以尽快将车内制冷。其过程就是反复使用车内的空气,于是车内空气就变得越来越凉了。在车内加热工况时,会出现相反的结果,就是说能很快加热。以循环空气模式和外部空气模式工作时,车内制冷/制热的平均温度值如图7-27所示。

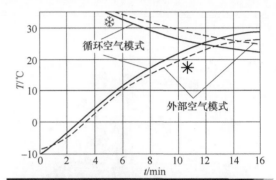

图7-27 车内制冷/制热的平均温度值
(以循环空气模式和外部空气模式工作)

在制冷模式工作时,采用循环空气模式的话,所需要的蒸发器功率或者驱动压缩机所需要的功率可降低一半以上。除了能快速制冷/制热外,还可利用循环空气模式来避免吸入车外空气中的有害物质(异味、花粉)。

在循环空气模式下,没有空气交换过程,所以空气可能会被"耗尽"。因此循环空气模式不可使用时间过长(应不超过15min)。在循环空气模式下,因车内乘员呼出气体的原因,车内

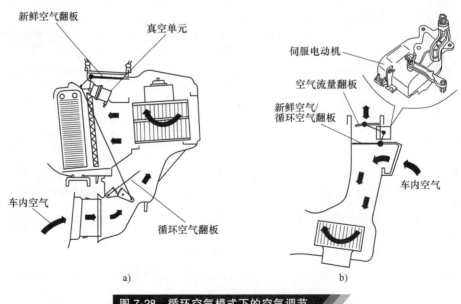

图7-28 循环空气模式下的空气调节
a) 气动的 b) 电动的

湿度会增大。如果车内空气的露点高于玻璃的温度，那么玻璃上就不可避免地结成雾气。因此在除霜位置时，循环空气模式就自动关闭了，循环空气模式下的空气调节如图7-28所示。

对于手动空调装置来说，驾驶人负责控制和操纵循环空气模式。驾驶人自己决定何时使用循环空气模式以及使用多长时间。按压了循环空气模式按钮后，空气动力就改变了翻板的位置。即使是自动空调装置，主要也是通过驾驶人手动来选择循环空气模式。新鲜空气/循环空气翻板位置是由伺服电动机来改变的，如图7-29所示。

这两种系统的共同之处：新鲜空气翻板关闭、循环空气翻板打开、新鲜空气翻板打开、循环空气翻板关闭。循环空气翻板伺服电动机有时还同时控制空气流量翻板的位置。

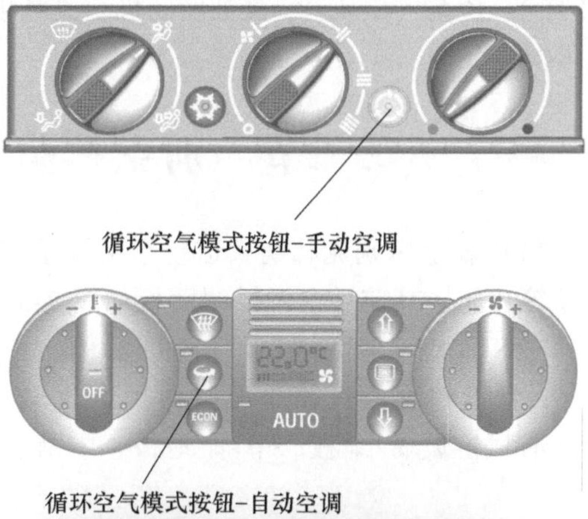

循环空气模式按钮-手动空调

循环空气模式按钮-自动空调

图7-29 手动空调和自动空调循环空气模式按钮

六、自动控制式的循环空气模式

对于手动操纵循环空气模式的空调装置来说，实际上只有当异味进入车内（也就是说车内的空气已经污染了）时，驾驶人才启用循环空气模式。

而对于自动操纵循环空气模式的空调装置来说，在识别出空气中存在有害物质（通过传感器）时，车上的通风系统就关闭了，这时异味尚未进入车内。自动空气循环功能可以通过手动来接通或者关闭，如图7-30所示。

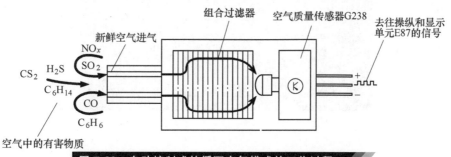

图7-30 自动控制式的循环空气模式的工作过程

自动循环系统由空气质量传感器G238和组合过滤器组成。其中空气质量传感器G238是个电子部件，装在新鲜空气进气口附近的组合过滤器前。组合过滤器取代了灰尘/花粉过滤器。该过滤器包含一个微粒过滤器（其中装有活性炭）。

气体传感器侦测到车外空气中的有害物质，如果有害物质浓度较高的话，空调控制单元就会根据这个信号将外部空气模式转换成循环空气模式。如果有害物质浓度降低了，车内又恢复成外部空气模式了。用手动来接通或关闭自动循环功能的按键位

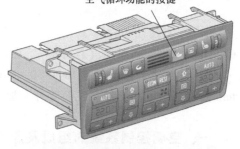

图7-31 自动控制的循环空气模式所使用的操纵和显示单元

置如图 7-31 所示。

传感器侦测的尾气中主要有害物质：汽油发动机有一氧化碳（CO）、己烷（C_6H_{14}）、苯（C_6H_6）、庚烷（C_7H_{16}）；柴油发动机有氮氧化物（NO_x）、二氧化硫（SO_2）、硫化氢（H_2S）、二硫化碳（CS_2）。

第二节　别克林荫大道轿车自动空调系统

2007 款上海别克林荫大道轿车空调系统具有通风、暖风、冷风、车内除湿、前风窗玻璃除雾等功能，其前后空调控制面板如图 7-32 所示，控制按钮有自动和手动两种选择；具有独立的三区（TZ）温度控制（前排左侧、前排右侧以及后排）或者前排左侧和右侧的双区（DZ）温度控制或者简单的整体单区（SZ）温度控制三种模式，显示屏上显示 SZ、DZ 或 TZ；有风窗玻璃/地板、中部/地板、中部、地板四种通风模式可供选择。

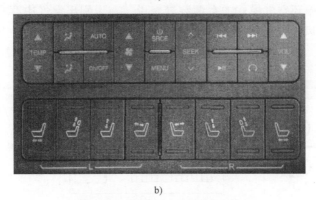

图 7-32　前后空调控制面板

a）前空调控制面板　b）后空调控制面板

制冷系统使用 R134a 制冷剂，质量为 700g，DENSO 空调压缩机预先加注 100~141mL DENSO ND8 冷冻润滑油（总容量）。在维修过程中更换不同的部件需要补充的冷冻润滑油量不一样，更换冷凝器要补充加注 30~40mL 冷冻润滑油，更换过滤干燥器要补充加注 15~20mL 冷冻润滑油，更换蒸发器要补充加注 30~40mL 冷冻润滑油。

一、空调控制系统的组成及原理

别克林荫大道轿车空调控制系统的组成如图 7-33 所示，各元器件的位置如图 7-34 所示。

第七章 汽车自动空调系统结构与检修实例

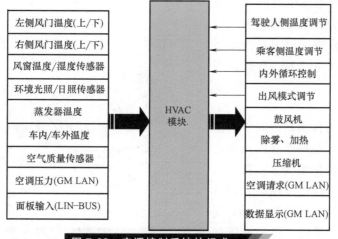

图7-33 空调控制系统的组成

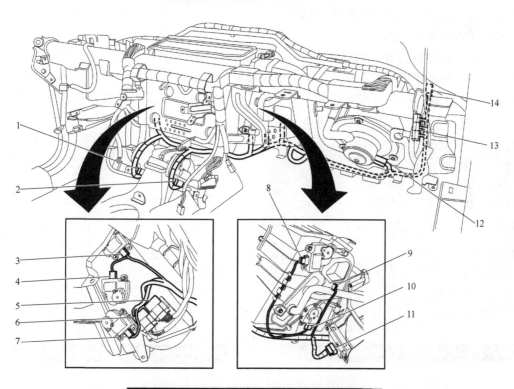

图7-34 空调控制系统主要元器件位置

1—后地板风模式执行器 2—后乘客区风模式执行器 3—模式执行器 4—左温度风门执行器
5、6—IP线束至空调线束过渡接口 7—中温度风门执行器 8—除雾模式执行器
9—蒸发器温度传感器 10—右温度风门执行器 11—鼓风机电动机调速模块
12—鼓风机电动机 13—空调控制模块 X1-X3 14—再循环风门执行器

1. 暖风、通风与空调系统控制模块

暖风、通风与空调系统控制模块的安装位置如图7-35所示,它是一个GM LAN(通用车载网络)装置,作为操作者与暖风、通风与空调系统之间的接口,以保持空气温度和空气分

配设置。蓄电池正极电压电路向控制模块提供用于保持活性存储器（KAM）的电源。车身控制模块（BCM）作为车辆电源模式的总控设备，为装置提供接通信号。

2. 传感器

（1）制冷剂压力传感器　制冷剂压力传感器（图7-36）是一个3线压电式压力传感器，3根线分别为5V参考电压、低电平参考电压和信号线路，制冷剂压力传感器的信号电压可在0～5V变化，当制冷剂压力较低时，信号电压接近0V，当制冷剂压力较高时，信号电压接近5V，制冷剂压力传感器信号通过GM LAN进行信号传输。

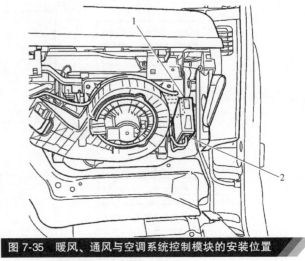

图7-35　暖风、通风与空调系统控制模块的安装位置

1—暖风、通风与空调系统控制模块　2—电气插接器

（2）车内温度传感器　车内温度传感器是一个负温度系数热敏电阻型传感器，用来监测车内温度，文丘里管和吸气管总成必须正确连接至车内温度传感器，传感器才能向乘员温度控制模块提供正确的信息。车内温度传感器位于转向柱右侧、仪表板装饰件总成上的进气孔后面（图7-37），工作温度范围为-6.5～57.5℃。

图7-36　制冷剂压力传感器的安装位置

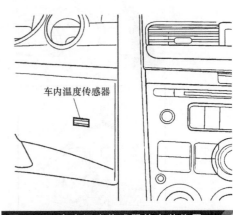

图7-37　车内温度传感器的安装位置

（3）蒸发器温度传感器　蒸发器温度传感器是一个负温度系数（NTC）热敏电阻型传感器，该传感器监视通过蒸发器的空气温度，用来循环接通（ON）和断开（OFF）空调压缩机，以防止蒸发器芯结冰。该传感器安装在蒸发器芯上，如图7-38所示，工作温度范围为-40～215℃。

（4）环境温度传感器　环境温度传感器是一个负温度系数热敏电阻型传感器，位于前保险杠内侧（图7-39），工作温度范围为-30～51℃，当车速超过35km/h时，环境温度传感器显示值可能会增大，但只能以有限的缓慢速度增大。驾驶人信息中心通过GM LAN从空调系统（HVAC）控制模块接收并显示环境空气温度值。

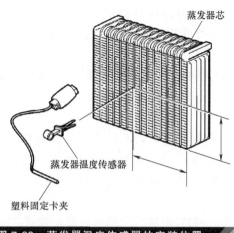

图 7-38　蒸发器温度传感器的安装位置

图 7-39　环境温度传感器

（5）空气温度传感器　空气温度传感器为 2 线负温度系数热敏电阻。车辆使用以下空气温度传感器：①驾驶人侧仪表板风门温度传感器；②驾驶人侧地板风门温度传感器；③前排乘客侧仪表板风门温度传感器；④前排乘客侧地板风门温度传感器；⑤后部仪表板风门温度传感器；⑥后部地板风门温度传感器。

传感器依靠一个信号和低电平参考电压电路进行工作。当传感器周围的空气温度升高时，传感器电阻降低。传感器信号电压随电阻值下降而下降。传感器信号在 0~5V 变化。车内温度传感器在-6.5~57.5℃的温度范围内工作。如果传感器对搭铁短路、对电压短路或开路，系统将使用一个估计的默认值来进行工作。环境温度传感器在-30~51℃的温度范围内工作。如果暖风、通风与空调系统控制模块已确定环境空气温度传感器发生故障，驾驶人信息中心（DIC）将显示"----"来代替车外空气温度。如果传感器对搭铁短路、对电压短路或开路，系统将使用一个估计的默认值来进行工作。如果发动机冷却液温度不超过传感器读数 3℃，或者在 3min 内未起动发动机，则会显示环境空气温度传感器的实际读数。当车速超过 35km/h 时，环境空气温度传感器显示值可能会增大，但只能以有限的缓慢速度增大。驾驶人信息中心通过 GM LAN 信息从暖风、通风与空调系统控制模块接收并显示环境空气温度值。

（6）日照传感器　日照传感器是一个 2 线光敏二极管，位于仪表板顶部靠近风窗玻璃处，信号电压在 0~5V 变化，共有 2 个（左右各一个）。随着日照的增加，传感器信号减弱。传感器在一个介于全暗和全亮之间的亮度范围内工作。传感器信号在 0~5V 变化。日照传感器为暖风、通风与空调系统控制模块提供车辆上的日照强度的测量值。明亮或高强度的光照导致车内空气温度升高。暖风、通风与空调系统通过将额外的冷气送入车内来补偿所升高的温度。

3. 执行器

（1）模式执行器　暖风、通风与空调系统控制模块（HVAC）为模式执行器提供电源和搭铁信号。HVAC 通过点火继电器获得工作电源。搭铁信号由搭铁电路提供。模式执行器是双线双极性电动机，每个回路都可为执行器提供电源和搭铁信号。当执行器位于某一位置时，HVAC 为两个模式风门控制回路提供+12V 电源，此时执行器停止运行。当选择某一风门模式时，HVAC 为模式风门控制回路提供一路搭铁信号，此时执行器运转至期望风门模式。

HVAC 通过计算执行器风门控制回路的脉冲确定风门位置。执行器转动时，电刷会在两个换向器接触时短路，由此产生的电压波动会引起脉冲信号。执行器轴转动时，HVAC监测压降，并根据内部电阻检测脉冲，HVAC将脉冲信号转换成0~255记数单位，以此确定执行器位置。

车辆共有四个风门模式执行器，包括：①前部模式执行器1（前除雾/脚部送风模式）；②前部模式执行器2（头部送风模式）；③后部模式执行器1（头部送风模式）；④后部模式执行器2（脚部送风模式）。

（2）内外循环执行器　暖风、通风与空调系统控制模块（HVAC）为内外循环执行器提供电源和搭铁信号，内外循环执行器的安装位置如图7-40所示。HVAC通过点火继电器获得工作电源。搭铁信号由搭铁电路提供。内外循环执行器是双线双极性电动机，每个回路都可为执行器提供电源和搭铁信号。

内外循环执行器静止时，HVAC为两个控制回路提供+12V电源。当选择内循环模式，HVAC为一路控制回路提供搭铁信号，此时执行器运转至期望位置。当选择外循环模式，HVAC为另一控制回路提供搭铁信号，此时车内不再仅仅是内部空气循环，外部空气允许进入车内。

（3）鼓风机电动机控制处理器　鼓风机电动机控制处理器是暖风、通风与空调系统控制模块和鼓风机电动机之间的接口，模式执行器和温度执行器的安装位置如图7-41所示。控制处理器通过鼓风机电动机转速控制电路、鼓风机电动机电源电路和搭铁电路进行工作。暖风、通风与空调系统控制模块向控制处理器提供一个脉宽调制（PWM）信号，以控制鼓风机电动机转速。控制处理器使用鼓风机电动机搭铁作为低压侧控制来调节鼓风机电动机转速。

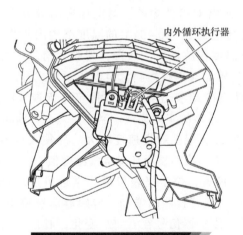

图7-40　内外循环执行器

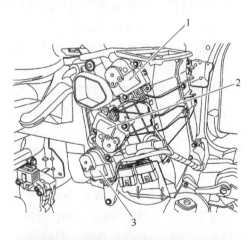

图7-41　模式执行器和温度执行器

1—模式执行器　2—左侧温度执行器
3—辅助模式风门执行器

执行器由直流电动机、减速齿轮、印制电路板（PCB）和光电单元组成。HVAC控制模块为直流电动机提供12V电源。光电式断续器记录直流电动机传动轴的转速，HVAC控制模块以此计算执行器的位置。当点火开关从OFF位切换到ON位时，模式和温度执行器（风门）移至0%位置，此时风门温度为最冷且模式风门处于关闭位置。

二、空调系统控制电路

2007款上海别克林荫大道轿车空调系统控制电路如图7-42~图7-44所示。

第七章 汽车自动空调系统结构与检修实例

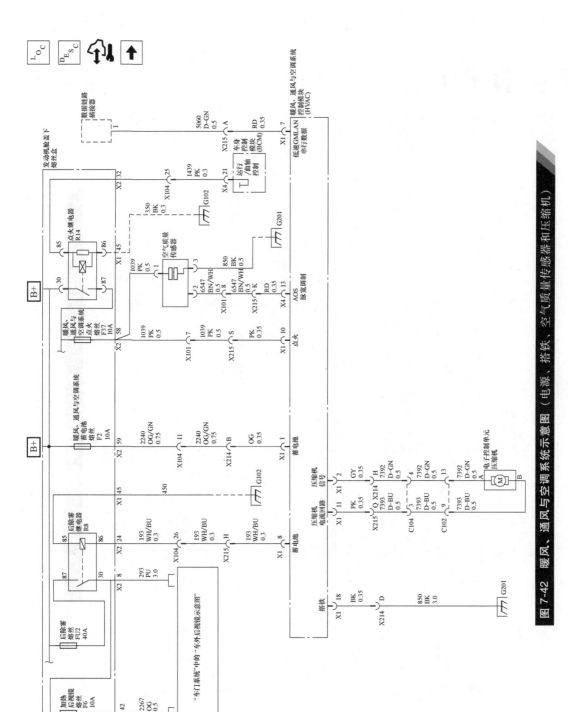

图 7-42 暖风、通风与空调系统示意图（电源、搭铁、空气质量传感器和压缩机）

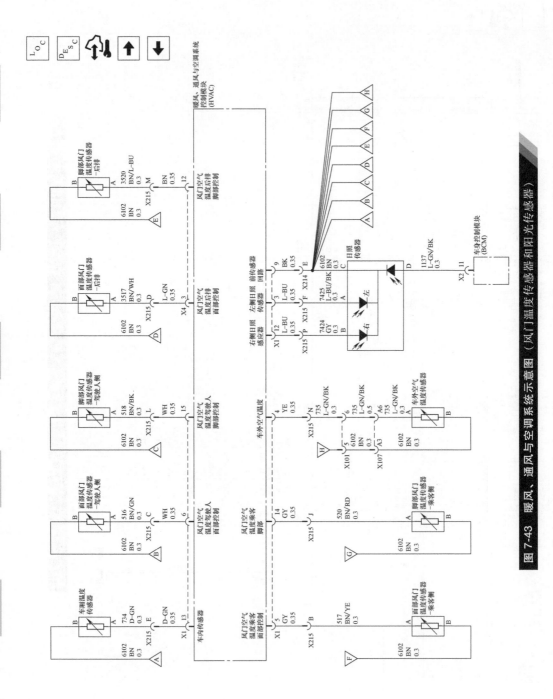

图 7-43 暖风、通风与空调系统示意图（风门温度传感器和阳光传感器）

第七章　汽车自动空调系统结构与检修实例

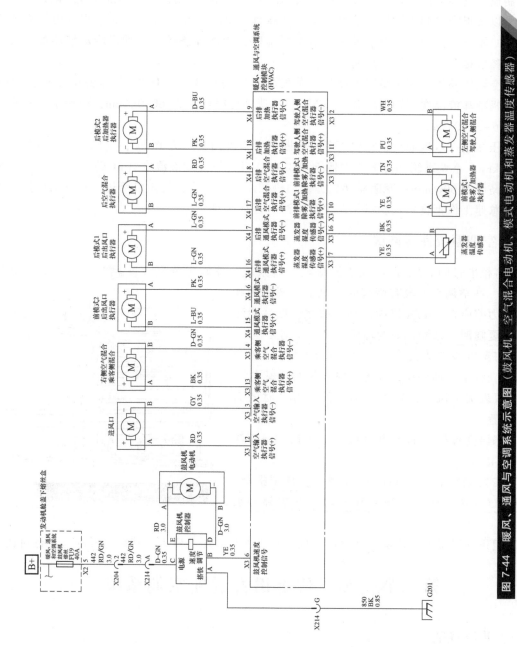

图 7-44　暖风、通风与空调系统示意图（鼓风机、空气混合电动机、模式电动机和蒸发器温度传感器）

三、空调压缩机接通和断开的条件

发动机控制模块（ECM）通过空调制冷剂压力传感器来监视高压侧制冷剂压力。ECM 向传感器施加 5V 参考电压和低参考电压。空调制冷剂压力的变化将导致传送至 ECM 的空调制冷剂压力传感器信号的变化。当压力变高时，信号电压变高；当压力变低时，信号电压变低。空调控制模块（ECC）通过车身控制模块（BCM）向 ECM 发出请求，ECM 通过 BCM 反馈制冷剂压力以及指令空调压缩机的信号。当压力高时，ECC 命令压缩机开启。当压力太高或太低时，ECC 不允许压缩机运转。此外，蒸发器温度、燃油经济性、发动机冷却液温度、发动机转速等参数也会影响压缩机控制。

接通空调压缩机必须满足以下条件：蒸发器温度高于 3℃；HVAC 的电源电压在 9~16V 内；发动机冷却液温度（ECT）低于 125℃；发动机转速在 450~6000r/min；空调系统制冷剂压力在 196~3200kPa。

空调压缩机一旦接通后，在以下条件下断开：节气门开度为 100%；空调系统制冷剂压力高于 3137kPa；空调系统制冷剂压力低于 193kPa；发动机冷却液温度（ECT）高于 125℃；发动机转速高于 5500r/min；变速器换档；发动机控制模块检测到转矩负荷过大；发动机控制模块检测到急速工作不良；发动机控制模块检测到起动困难。

四、空调系统性能测试

1）将校准过的高压/低压仪表连接至空调系统，并确保静压（车辆没有起动或空调运行）正确。在空调系统没有堵塞的情况下，高压侧和低压侧压力差应在 50kPa 以内。**特别提醒：在性能测试过程中要随时记录测试时的环境温度和相对湿度。**

2）将温度设定为最冷，将鼓风机电动机设置为最高转速，将空气循环模式设置为空气外循环模式。

3）仪表板出风口设置为面向正前方打开时的面部出风位置。

4）将温度计插入面部出风口的中央约 50mm 深处（图 7-45）。

5）在发动机急速运转时执行测试。**特别提醒：在测试的过程中，两个前车窗和发动机室盖都必须关闭。**

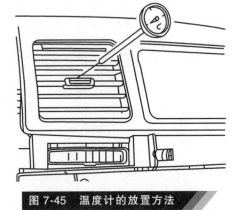

图 7-45 温度计的放置方法

6）记录相对湿度、环境空气温度、低压侧压力和高压侧压力，然后与标准值进行对比。

第三节 第三代丰田普锐斯空调系统

一、系统特征

1. 高性能

第三代丰田普锐斯空调系统采用神经网络控制，使乘客可以精确地控制空调，以获得最佳的舒适度。微尘花粉过滤模式控制，可去除驾驶人和前排乘客身体上部周围区域的花粉，保证驾驶室内空气的质量。鼓风机手动模式有7个等级,自动模式有31个等级,便于对出风量进行精确控制。组合仪表集成了显示转向盘装饰盖开关操作的触摸追踪显示器,有助于缩短驾驶人的视线移动距离,使驾驶人专注于路面。太阳能通风系统通过使用后玻璃嵌板产生的动力,操作鼓风机分总成,将停车时车厢中的高温气体排放到车外。制冷循环中采用压缩/喷射器循环系统,从而提高制冷效果、降低能量消耗。正温度系数(PTC)加热器系统利用电加热,可快速加热通过暖风散热器分总成的空气,从而提高加热器性能。

2. 轻量化

系统采用带内置集成电路的总线插接器,减少了线束使用量,降低整车质量。

3. 结构紧凑

系统采用电动变频器压缩机、喷射循环(ECS)型蒸发器分总成、直流铝制(SFA)-Ⅱ型暖风散热装置分总成、带储液器的多流式(MF)-Ⅳ冷凝器总成等模块化设计,不但确保了较高的制冷或加热性能,还实现了结构更加紧凑。

二、系统组成及主要零部件功能

1. 机舱部分

如图7-46所示,机舱部分主要零部件及功能:电动逆变器压缩机,功能为执行制冷剂气体的吸入、压缩和排放,为制冷剂循环提供动力;带储液器的冷凝器总成,功能为提供高效率的热交换;环境温度传感器,功能为检测环境温度,并输出至空调放大器总成;空调压力传感器,功能为检测制冷剂压力,并发送数据至空调放大器总成;ECU功能为接收来自发动机冷却液温度传感器的信号,并将其传输至空调放大器总成。

2. 控制部分

如图7-47所示,控制部分主要零部件及功能:空调控制总成,功能为将操作指令输入系统;空调放大器总成,功能为将数据传输至开关和传感器,并接收来自开关和传感器的数据;阳光传感器,功能为检测太阳光的变化量,并将其输出至空调放大器总成;转向盘装饰盖开关总成,功能为发送转向盘装饰盖开关操作信号至空调控制总成;ECO模式开关,功能为发送ECO模式开关操作信号至空调控制总成。

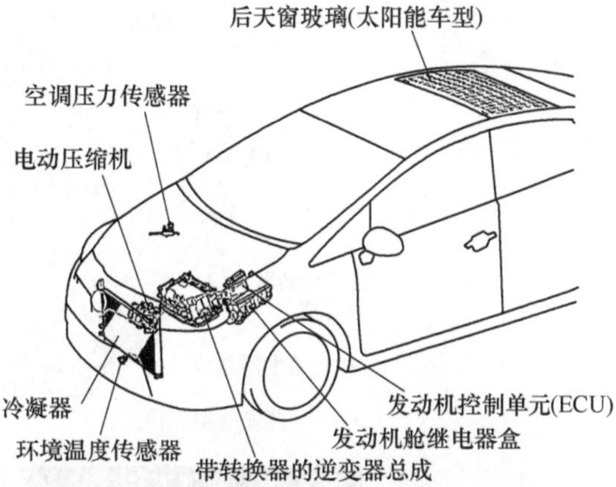

图 7-46 空调系统组成(机舱部分)

3. 制冷、制热及送风部分

如图7-48所示,制冷、制热及送风部分主要零部件及功能:鼓风机分总成,功能为以适当的风速循环室内空气;暖风散热器分总成,功能为加热通过暖风散热器分总成的空气;膨胀阀,功能为以雾化形式喷射制冷剂;蒸发器分总成,功能为与通过蒸发器分总成的空气进行快速的热交换;蒸发器温度传感器,功能为检测经过蒸发器分总成的冷空气温度,并传输数据至空调放大器总成;车内温度传感器,功能为检测车内温度,并输出至空调放大器总成;PTC加热器(快速加热器总成),功能为可快速加热通过暖风散热器分总成的空气;空气混合风门伺服机构分总成,功能为根据接收来自温度设定的信号,操作伺服电动机打开和关闭空气混合风门;再循环风门伺服机构分总成,

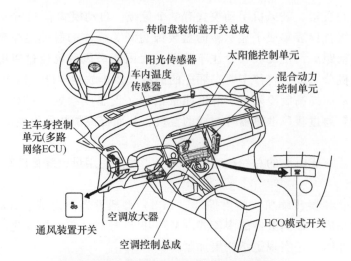

图 7-47 空调系统组成（控制部分）

功能为通过空调放大器总成接收来自新鲜空气/再循环选择器开关的操作信号，操作伺服电动机，以打开和关闭新鲜空气/再循环风门；模式风门伺服机构分总成，功能为通过空调放大器总成接收来自模式选择器开关的操作信号，操作伺服电动机，以打开和关闭模式风门；空气净化滤清器，功能为去除花粉和其他微粒，提供清洁的循环空气。

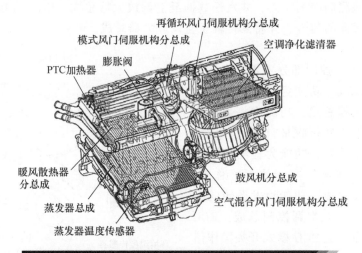

图 7-48 空调系统组成（制冷、制热及送风部分）

三、系统控制

第三代丰田普瑞斯空调系统采用神经网络控制，使乘客可以精确地控制空调（图 7-49）。下面列举该系统几项典型的控制模式，进行详细介绍。

1. 压缩机控制

电动变频器压缩机总成由涡旋压缩机、直流无刷电动机、机油分离器、电动机轴、空调变频器等组成（图 7-50）。电动变频器压缩机除了由电动机作为压缩机的动力驱动外，压缩机的基本构造和工作原理与普通的涡旋式压缩机相同。涡旋式压缩机是目前最先进的第三代压缩机,它具有体积小、重量轻、零部件少、运动部件受力波动小、振动小、噪声低、绝热效率高、容积效率高、机械效率高等优点。

涡旋式压缩机主要由动静两个涡旋盘、防自转机构、主轴和支架体等零件组成。其中动静两个涡旋盘相对旋转一定角度(通常为180°),并错开一定距离后(该距离为主轴偏心距)对插在一起,实现动静涡旋盘的啮合,形成多个啮合点的月牙工作腔。随着主轴带动动涡旋盘旋转,多组月牙工作腔容积逐渐由大变小,从而实现封闭工作腔容积的周期性变化,完成制冷剂蒸气的吸入、压缩和排出的工作循环过程(图7-51)。压缩机内置机油分离器,能够分离与制冷剂混合在一起进入到制冷循环的压缩机机油,降低了机油循环率。

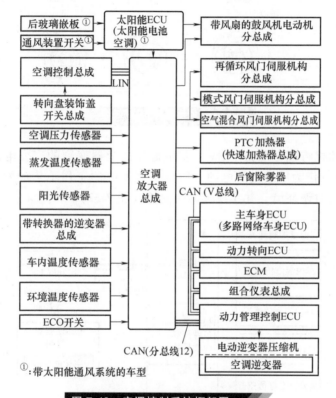

图 7-49 空调控制系统框架图

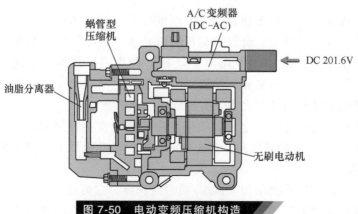

图 7-50 电动变频压缩机构造

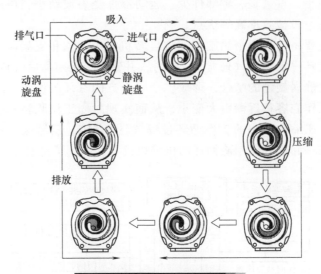

图 7-51 工作循环过程

电动变频器压缩机将混合动力（HV）蓄电池经逆变器变频的交变电流（A/C 变频器与压缩机集成为一体），作为压缩机的电源，所以空调系统的工作不依赖发动机的运行，使车辆能够提供更舒适的空调环境，并实现较低的油耗（图 7-52）。

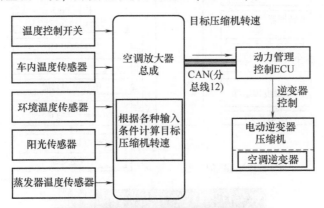

图 7-52 电动变频压缩机控制图

空调放大器总成根据目标蒸发器温度（由温度控制开关、车内温度传感器、环境温度传感器和阳光传感器信号计算得出）计算目标压缩机转速。实际蒸发器温度参数通过空调放大器总成传输给 HV 动力管理 ECU。HV 动力管理 ECU 根据目标压缩机转速数据控制空调逆变器输出变频电压，从而控制电动变频压缩机以达到适合空调系统工作条件的转速。此转速控制在不影响制冷或除雾性能的范围之内，实现舒适性和低能耗。

电动变频压缩机使用高压变频电压，如果电路线束中发生短路或断路，则 HV 动力管理控制 ECU 会自动切断空调变频器电路，停止向压缩机的电动机供电（图 7-53）。

2. 制冷量控制

第三代普锐斯空调制冷系统采用了压缩/喷射空调器。它通过蒸发器上的喷射器将常规制冷循环系统中因涡流而导致的能量损失，进行回收转换成压缩机的有用功，从而提高制冷循

第七章 汽车自动空调系统结构与检修实例

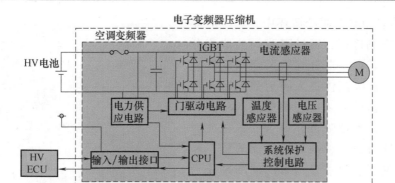

图 7-53 空调变频器内部电路

环系统的 COP 值（COP=制冷能力/压缩机消耗动力），起到节能的效果。压缩/喷射制冷循环系统与常规制冷循环系统的对比如图 7-54 所示。

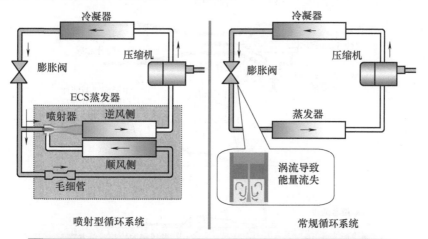

图 7-54 压缩/喷射制冷循环系统与常规制冷循环系统的对比

ECS（Ejector Cycle System，喷射循环系统）蒸发器（图 7-55）是由双层散热交换器（迎风侧和顺风侧）组成，喷射器（图 7-56）安装在迎风侧散热器的制冷剂储液槽内，实现了一体化设计，无需配置连接机构，既保证耐压的厚壁结构，又减小了体积。

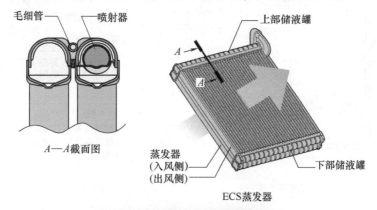

图 7-55 ECS 蒸发器结构

在压缩/喷射型空调制冷循环中，经冷凝器冷却的高压液态制冷剂，通过膨胀阀的节流分成两部分流向：其中一部分到顺风侧蒸发器吸热蒸发，并作为被吸流体进入喷射器；另一部分直接作为工作流体进入喷射器膨胀，将其势能转化成动能，并与被吸流体混合。再在喷射器扩压室内减速升压，将动能转换为势能，使进入迎风侧蒸发器吸热蒸发出来的制冷剂压力升高（图 7-57）。喷射器的作用：一方面，提高了压缩机入口制冷剂的压力，回收了部分节流损失功；另一方面，使顺风侧蒸发器中的制冷剂压力低于迎风侧蒸发器制冷剂压力，形成更低的温度条件，减少蒸发器温差传热损失（图 7-58）。

图 7-56　ECS 喷射器结构

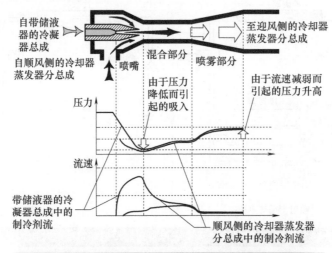

图 7-57　压缩/喷射型空调制冷循环系统工作过程

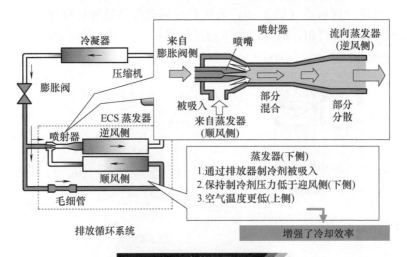

图 7-58　制冷效果原理

3. 太阳能通风控制

当车辆在炎热的天气，长时间停车，车内的温度会升高（图 7-59），影响乘客再次上车时的舒适性。第三代普锐斯在空调系统中，新增加了太阳能通风系统（图 7-60）。停车后，太阳能通风系统被激活，排出车内高温气体来降低或抑制车内温度的升高。太阳能通风系统零件组成如图 7-61 所示。太阳能通风系统零件功能见表 7-1。太阳能通风系统控制电路如图 7-62 所示。

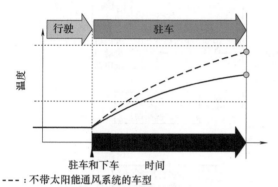

图 7-59 车内温度升高示意图

图 7-60 太阳能通风系统

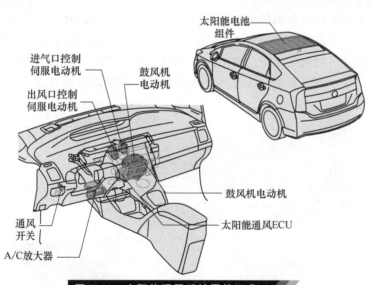

图 7-61 太阳能通风系统零件组成

表 7-1 太阳能通风系统零部件功能

零部件	功能
后玻璃嵌板	由阳光产生电力，给太阳能 ECU 和鼓风机分总成供电
太阳能 ECU	通过后玻璃嵌板产生的电力激活并控制太阳能通风
通风开关	起动或关闭太阳能通风系统
太阳能继电器	将鼓风机分总成的电源从辅助蓄电池切换至后玻璃嵌板
鼓风机分总成	通过后玻璃嵌板产生的电力驱动并执行通风

（续）

零部件	功能
空调放大器总成	发送驱动信号至模式风门伺服机构分总成和再循环风门伺服机构分总成
模式风门伺服机构分总成	根据来自空调放大器总成的信号驱动电动机并将出气模式切换至面部
再循环风门伺服机构分总成	根据来自空调放大器总成的信号驱动电动机并将出气模式切换至外循环

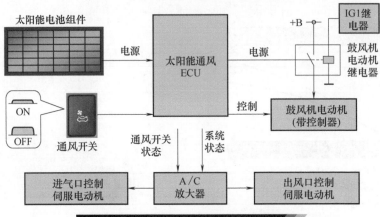

图 7-62　太阳能通风系统控制电路

太阳能通风系统是依靠太阳能电池组件吸收阳光产生电力，并向太阳能通风 ECU 和鼓风机电动机提供电力。太阳能电池组由 36 片电池片组成，最大输出功率为 53W（图 7-63）。太阳能电池组件在阳光照射量变大时，输出电量增加；当阳光照射角度小时，单位面积照射量减小，输出电量减少；当太阳能电池组件温度变低时，供电量增加（图 7-64）。

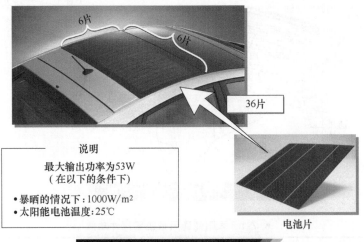

图 7-63　太阳能电池组件参数

太阳能通风系统起动条件：车辆电源模式为关闭；通风开关打开；电源关闭；通风开关打开的情况下大约 10min 后；阳光照射量大约为 $500W/m^2$ 或更多。太阳能通风系统关闭条件：车辆电源模式打开；通风开关关闭；阳光照射量低于 $500W/m^2$ 超过 5min；太阳能电池组件电压 ≤10V 或 ≥18V。

为了防止停车后车内冷气的流失，系统在电源开关关闭 10min 后开始运行。通风运行时

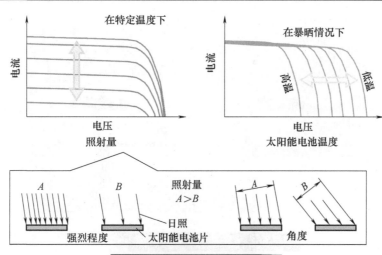

图 7-64　太阳能电池组

鼓风机电动机按照太阳能电池组产生的电量来运转，并且为了提供更好的通风条件，在电源开关关闭大约 1min 后，空调放大器开关选择空气流入模式为 FRESH（外循环），空气吹出模式为 FACE（面部）。当车辆电源打开后，空调放大器会恢复上次停机前的进气模式或吹风位置（图 7-65）。

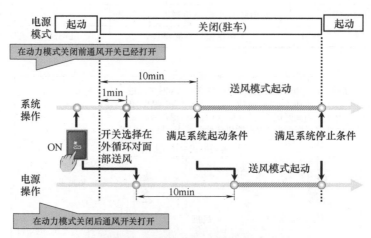

图 7-65　太阳能通风系统操作

检测太阳能通风系统时，需将车辆停在温度稳定、日照量充足的地方，并静置大约 10min（图 7-66）。通过智能检测仪菜单：车身电器→空调→数据流栏，读取系统数据流（表 7-2）。还可以通过测试模式激活鼓风机电动机运转（图 7-67），检查太阳能 ECU 接收到的太阳能通风开关状态和太阳能 ECU 输出至鼓风机电动机占空比状态。带有太阳能通风系统的空调滤清器的更换时间需相应缩短。

4. 起动遥控空调系统

按下钥匙上的空调遥控开关（图 7-68），空调系统使用来自 HV 蓄电池的电源，自动控制空调运行，最长运行时间 3min。在驾乘人员进入车辆前，让空调系统发挥制冷功能（图 7-69）。遥控空调系统控制框架图如图 7-70 所示。

使用灯光照射时,如果灯线的波长与日光不同
太阳能电池组件可能不工作

图 7-66 太阳能通风系统检测

表 7-2 太阳能通风系统数据流

诊断设备显示	测量项目	范围
太阳能电池电压	太阳能电池实际电压	变量(10~23V)
太阳能通风开关状态	开关状态	OFF,ON
太阳能开启状态	太阳能通风 ECU 开启状态	OFF,ON
太阳能通风测试模式	太阳能通风 ECU 检测模式状态	OFF,ON
太阳能通风检测模式(只在工厂使用)	太阳能通风检测模式	Enable,Disable(可以,不可以)

进入方法

注释:当太阳能电池电压在10V或高于10V时可以进入检测模式
1.操作电源开关[OFF→ACC→IG-ON],5s内操作3次
2.操作太阳能通风开关[OFF→ON],3s内操作3次
3.检查数据列表中"太阳能电池检测状态",显示为"ON"

测试模式中系统操作

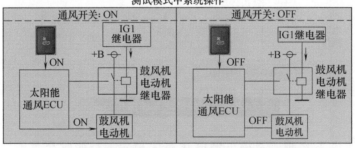

图 7-67 太阳能通风系统进入测试模式的方法

当满足电源模式为关闭、点火开关没有被按下、档位为 P 位、所有车门均关闭并锁止、发动机舱盖没有打开、制动踏板没有被踩下、防盗系统没有在警告状态、HV 电池状态在至少为 3 格、空调操作条件设定了目标温度的条件时,按下并保持遥控空调控制开关 0.8s 或更长时间,才能起动遥控空调系统。

系统停止操作条件:当上述遥控空调系统起动操作条件不满足时、运行大约 3min 之后停止、当遥控空调开关在 3s 内连按两次。

第七章 汽车自动空调系统结构与检修实例

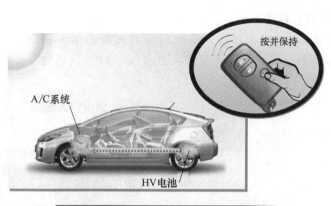

图 7-68 遥控空调系统运行原理

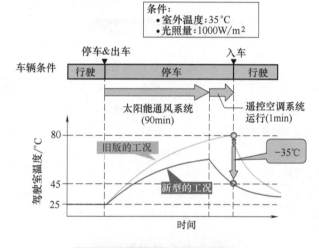

图 7-69 遥控空调系统

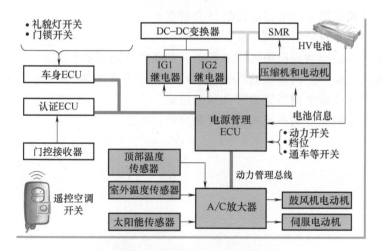

图 7-70 空调遥控控制框架图

5. 环保行驶（ECO）模式

按下控制面板上的 ECO 模式开关，环保行驶模式被激活（图 7-71）。ECO 行驶模式期间，空调放大器将空调系统性能限制在规定状态（表 7-3），从而提高燃油经济型。

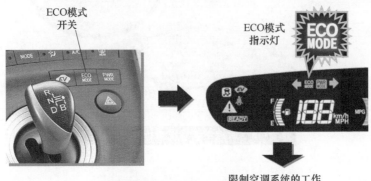

图 7-71 环保行驶模式

表 7-3 ECO 控制模式

ECO 控制模式	影响	ECO 控制模式取消条件(或)
开关检测进气口处温度为大约 20℃ 或更低	降低通风系统的能耗	ECO 模式开关关闭
当选择自动模式时，降低鼓风机 20% 的能耗	抑制能源消耗	DEF 模式被选择①
停止 PTC 加热器工作		鼓风机电动机关闭①
压缩机电动机最高转速降低 10%		遥控空调系统运行中①
降低冷起动前对发动机冷却液加热的功耗	增加发动机停机时间	

① ECO 模式指示灯点亮，并且 ECO 控制模式取消条件被解除。系统工作恢复正常。

复习思考题

问答题

1. 奥迪轿车空调系统常用的温度传感器有哪些？
2. 奥迪轿车空调系统的工作模式有哪些？
3. 别克林荫大道轿车空调压缩机接通和断开的条件是怎样的？
4. 别克林荫大道轿车空调系统的模式执行器的作用是怎样的？
5. 第三代丰田普锐斯空调系统由哪几部分组成？
6. 第三代丰田普锐斯空调系统的制冷量是怎样控制的？

学习效果综合检测试卷 I

一、填空题

1. 当制冷系统工作正常时，低压管路呈_____状态，高压管路呈____状态。从膨胀阀出口经蒸发器至压缩机入口为_____区；从压缩机出口经冷凝器、储液干燥器至膨胀阀为高压区。

2. 冷凝器中制冷剂的放热过程有三个阶段，即_____、_____、_____。

3. 无论是膨胀阀还是节流管，它们都必须安装在_____前。采用膨胀阀的制冷系统，需要在冷凝器出口和膨胀阀之间配置_____；采用节流管的制冷系统，则在蒸发器出口和压缩机进口之间配置_____。

4. _____是当系统压力过高时，压力开关动作，切断离合器电源；_____是当系统内的压力超过一定值时接通冷凝风扇高速档电路，以加强散热，尽快降低系统的温度和压力。

5. 三重压力是指制冷系统高压侧压力_____、_____和_____三种压力状况，三重压力开关安装在系统_____上，以感受高压侧制冷剂的压力。

6. 在分析汽车空调系统电路时，一般将控制系统分成_____控制、_____控制、温度控制（压缩机控制）、通风系统控制和_____等。

7. 汽车空调的通风方式一般有_____、_____和_____三种。

8. 自动空调电子控制系统主要由_____、_____和_____三部分构成。

9. 在进行空调维修时，为了准确判断出故障部位、高质量地排除故障，可以分为三个阶段进行，即_____、_____、_____。

10. 汽车空调系统常用的泄漏检查方法有_____检漏、_____检漏、_____检漏、充氟检漏、紫外线检漏仪荧光检漏、_____检漏等。

二、选择题

1. 检测合格的汽车空调出风口温度范围应为（　　）℃。
   A. 0~4　　　B. 4~10　　　C. 10~15　　　D. 15~20

2. 在制冷系统中，制冷剂 R134a（　　）被压缩机吸入，压缩成高压、高温蒸气，然后再经排气管进入冷凝器。
   A. 液体通过吸气管　　　B. 液体通过排气管
   C. 气体通过吸气管　　　D. 气体通过排气管

3. 膨胀阀的功能是将（　　）节流减压。
   A. 高压制冷剂气体　　　B. 高压制冷剂液体
   C. 低压制冷剂气体　　　D. 低压制冷剂液体

4. （　　）不是提供输入信号给自动空调控制系统的传感器。
   A. 阳光传感器　　　B. 车外温度传感器
   C. 氧传感器　　　D. 车内温度传感器

5. 在（　　）状况时，自动空调电脑控制压缩机电磁离合器工作。
   A. 节气门全开　　　B. 车外温度≤设定值
   C. 发动机高速运转　　　D. 车内温度≥设定值

6. 汽车空调制冷系统中，高、低压开关的作用是（　　）。

A. 保护作用　　　　B. 增压作用　　　　C. 节流作用　　　　D. 以上都不是

7. 小轿车采暖量的强度调节一般是通过（　　）进行调节的。
A. 风量大小　　　B. 发动机冷却液温度　C. 调节暖水阀　　　D. 真空膜盒

8. R12与R134a制冷系统，（　　）是可以互换使用的。
A. 冷冻机油　　　B. 干燥剂　　　　C. 风机　　　　D. 制冷剂

9. 制冷系统高、低压侧工作压力都偏低，下述可能的原因是（　　）。
A. 制冷剂过多　　B. 制冷剂过少　　C. 散热不良　　　D. 以上都不是

10. 空调系统中蒸发器的作用是（　　）。
A. 控制制冷剂流量　　　　　　B. 吸收车厢中的热量
C. 散发制冷剂热量　　　　　　D. 以上都不是

11. 空调系统中冷凝器的作用是（　　）。
A. 控制制冷剂流量　　　　　　B. 吸收车厢中的热量
C. 散发制冷剂热量　　　　　　D. 以上都不是

12. 汽车空调系统中储液干燥器的作用有（　　）。
A. 储液　　　　　B. 吸湿　　　　　C. 过滤杂质　　　D. 以上都是

13. 普通空调鼓风机的调速多采用（　　）。
A. 调速电阻器　　B. 功率晶体管　　C. 空调放大器　　D. 以上都不是

14. 用歧管压力表诊断制冷系统，高压侧压力偏高的因素有（　　）。
A. 储液干燥器堵塞　　　　　　B. 冷凝器散热不良
C. 膨胀阀工作不良　　　　　　D. 以上都有可能

15. 空调继电器的作用是（　　）。
A. 减小流入控制开关的电流，延长开关的使用寿命
B. 随意加装的
C. 使用电器的电流更小，以保护用电设备
D. 以上都不是

16. 当R134a含有水分时，对金属有很大腐蚀性，尤其是对铅、镁及含镁的铝合金更为明显。这种说法是（　　）。
A. 正确的　　　　B. 错误的　　　　C. 无法确定　　　D. 以上都不是

17. 制冷系统中刚从膨胀阀节流降压出来的制冷剂温度要求是（　　）。
A. $-5℃$　　　　B. $-10℃$　　　C. $-15℃$　　　D. $-20℃$

18. 制冷系统正常工作时，压缩机排气管的温度一般是（　　）。
A. $70\sim80℃$　　B. $-5\sim30℃$　　C. $50\sim70℃$　　D. 以上都不是

19. 在检修汽车空调时，技师甲说，如果发现有油渍，则有油渍处可能渗漏；技师乙说，储液干燥器进出管处温度一样，应该是堵塞了。你认为（　　）。
A. 甲对　　　　　B. 乙对　　　　　C. 甲乙都对　　　D. 甲乙都不对

20. 制冷剂在蒸发器出口处为（　　）。
A. 高压气态　　　B. 低压气态　　　C. 高压液态　　　D. 低压液态

21. 目前汽车空调中暖气的热源多用（　　）。
A. 电器　　　　　B. 排气　　　　　C. 冷却水　　　　D. 空气

22. 为使车厢内空气温度快速降低须将（　　）控制杆置于循环位置。

A. 冷度　　　　　B. 空气　　　　　C. 风量　　　　　D. 换气

23. 在冷气系统中若有水分存在则易造成（　　）。
A. 蒸发　　　　　B. 结冰　　　　　C. 压力增高　　　D. 压力降低

24. 当蒸发器出口温度低于（　　）℃时，温控开关会切断压缩机的电磁离合器电源。
A. 0　　　　　　B. 5　　　　　　C. 10　　　　　　D. 15

25. 空调制冷系统抽真空的目的是（　　）。
A. 提高压缩机性能　　　　　　　B. 减少制冷剂存量
C. 检测制冷剂泄漏量　　　　　　D. 排除管路中的水分

26. 填充制冷剂时不可将液态制冷剂由低压端充入，否则将使（　　）损坏。
A. 冷凝器　　　　B. 压缩机　　　　C. 蒸发器　　　　D. 膨胀阀

27. 电磁离合器是装在压缩机主轴上的，它起到的作用是（　　）。
A. 通电或断电时，可以控制冷凝器停或开
B. 通电或断电时，可以控制发动机停或开
C. 通电或断电时，可以控制风扇停或开
D. 通电或断电时，可以控制压缩机停或开

28. 可以观察到冷冻油流动情况的设备是（　　）。
A. 连接管　　　　B. 视液镜　　　　C. 波纹管　　　　D. 组合阀

29. 冷凝器中，经过风扇和空气冷却，制冷剂变为（　　）。
A. 高温高压气态　　　　　　　　B. 高温高压液态
C. 中温高压液态　　　　　　　　D. 低压气态

30. 外平衡式膨胀阀，膜片下的平衡压力是从（　　）处导入。
A. 冷凝器入口　　B. 蒸发器入口　　C. 冷凝器出口　　D. 蒸发器出口

31. 在拆装过程中要注意，膨胀阀需（　　）。
A. 水平安装，不能倒置　　　　　B. 直立安装，不能倒置
C. 不能直立安装　　　　　　　　D. 无特殊要求

32. 干燥剂的作用是（　　）制冷剂。
A. 过滤　　　　　B. 滤清　　　　　C. 干燥　　　　　D. 节流

33. 储液干燥器安装的倾斜角小于（　　）。
A. 15°　　　　　B. 30°　　　　　C. 45°　　　　　D. 60°

34. 一般情况下，热力膨胀阀的选配应根据蒸发器的压力损失来选用，当蒸发压力损失较大时，宜选用（　　）膨胀阀。
A. 外平衡式　　　B. 内平衡式　　　C. H形　　　　　D. 热平衡型

35. 汽车空调系统中的动力设备是（　　）。
A. 冷凝器　　　　B. 蒸发器　　　　C. 压缩机　　　　D. 节流器

36. 制冷剂在蒸发器中的过程是（　　）。
A. 吸热汽化过程　　　　　　　　B. 降温冷凝过程
C. 吸热冷凝过程　　　　　　　　D. 降温汽化过程

37. 制冷循环中压缩机的排气压力等于（　　）。
A. 蒸发压力　　　　　　　　　　B. 冷凝压力
C. 节流后的压力　　　　　　　　D. 压缩机吸气压力

38. 下列有关汽化和凝结说法正确的是（　　）。
   A. 汽化和凝结是一对相反的过程
   B. 凝结就是蒸发
   C. 汽化就是冷凝
   D. 汽化和凝结是一样的
39. 蒸发器鼓风机电动机为一直流电动机，其转速改变是通过（　　）来实现的。
   A. 调整电动机电路的电阻值　　　　B. 改变电动机的匝数
   C. 改变电源电压值　　　　　　　　D. 改变通过电动机的电流值
40. 制冷系统如制冷剂加注不足，则（　　）。
   A. 视液镜看到有浑浊气泡
   B. 视液镜看到有连续不断、缓慢的气泡流动
   C. 视液镜看到有连续不断快速的气泡流动
   D. 视液镜看到没有气泡流动
41. 甲说，充注制冷剂过多可能引起压缩机噪声；乙说，加注压缩机油过多可能引起压缩机噪声。你认为（　　）。
   A. 甲正确　　　B. 乙正确　　　C. 两人均正确　　　D. 两人均不正确
42. 空调运行后，储液干燥器外壳有一层白霜，说明（　　）。
   A. 制冷剂过量　　B. 干燥器脏堵　　C. 制冷剂泄漏　　D. 干燥器老化
43. 某空调系统，当高压侧压力达到规定值后，其压缩机离合器分离。甲说，高压开关致使离合器电路断开引起；乙说，安全阀起作用导致压缩机离合器断路引起。你认为（　　）。
   A. 甲正确　　　B. 乙正确　　　C. 两人均正确　　　D. 两人均不正确
44. 某空调系统工作时出风口温度显得不够凉，关闭压缩机后出风口有热气。甲说，可能是发动机过热或制冷剂加得过量引起；乙说，可能是暖水阀关闭不严引起。你认为（　　）。
   A. 甲正确　　　B. 乙正确　　　C. 两人均正确　　　D. 两人均不正确
45. 空调与暖风系统暖气热量不足时，甲说，应先检查暖水阀是否卡住；乙说，应先检查空气混合阀门是否卡住。你认为（　　）。
   A. 甲正确　　　B. 乙正确　　　C. 两人均正确　　　D. 两人均不正确
46. 甲说，用手握住膨胀阀的感温包会导致系统的压力变化；乙说，冷却膨胀阀的感温包会使系统压力发生变化。你认为（　　）。
   A. 甲正确　　　B. 乙正确　　　C. 两人均正确　　　D. 两人均不正确
47. 用无压力的制冷剂润滑油容器给空调系统加油时，应该在（　　）。
   A. 充入制冷剂的过程中加入　　　　B. 测试系统是否泄漏之前加入
   C. 排空和抽真空操作之间加入　　　D. 抽真空和加注制冷剂的操作之间加入
48. 当诊断散热器电动风扇不工作的故障时，甲说，从电源引一根线到风扇电动机，如果风扇能运转则必须更换温度开关；乙说，将温度开关短路，如果风扇能运转则必须更换此开关。你认为（　　）。
   A. 甲正确　　　B. 乙正确　　　C. 两人均正确　　　D. 两人均不正确
49. 测量空调系统压力时，如果低压侧压力偏低，高压侧压力正常。甲说，表明制冷剂

充注不足；乙说，表示高压侧有堵塞现象。你认为（　　）。

A. 甲正确　　　　B. 乙正确　　　　C. 两人均正确　　　D. 两人均不正确

50. 空调系统观察窗上有凝雾现象时，甲说，表明制冷剂不足；乙说：由于系统内有空气引起。你认为（　　）。

A. 甲正确　　　　B. 乙正确　　　　C. 两人均正确　　　D. 两人均不正确

三、判断题

（　　）1. 装有空调的汽车上，在靠近风窗玻璃的仪表板上装有暖气通风管，利用风扇向风窗玻璃吹暖风，可以有效地防止结霜。

（　　）2. 压缩机排出的 R12 气体在压力不变的条件下，温度从 70℃降到 50℃时它就能变成液体。

（　　）3. 自动空调控制系统，俗称恒温空调系统。

（　　）4. 汽车空调采暖系统的热源一般来自发动机冷却液和废气。

（　　）5. 在压缩机加注冷冻润滑油时，加注量可随意确定。

（　　）6. 汽车空调冷冻润滑油不容易吸收潮气，故在保存中和使用后无须再将瓶盖密封。

（　　）7. 加第一罐制冷剂时，将制冷剂罐倒立，打开高低压手动阀，并且开启空调。

（　　）8. 汽车空调系统中，热敏电阻通过放大器可以控制电磁离合器的分离或接合。

（　　）9. 冷凝器不是热交换器，它的作用只是将气态制冷剂变成液体制冷剂。

（　　）10. 冷凝器应安装在车上不易通风的地方，让制冷剂更容易液化。

（　　）11. A/C 正常工作时，高、低压管内流动的都是制冷剂气体。

（　　）12. 使用 R12 制冷剂的汽车空调制冷系统，可直接换用 R134a 制冷剂。

（　　）13. 储液干燥器一定要垂直安装。

（　　）14. 观察视液镜，如视液镜清晰，系统内的制冷剂肯定是够的。

（　　）15. A/C 工作时，储液干燥器两边的管道温差大，出现露水，则可判断储液干燥器有堵塞。

（　　）16. 储液干燥器上一般有制冷剂的流动方向标记，在安装时是可以倒装的。

（　　）17. 有些蒸发器内装一个负温度系数的热敏电阻，其作用是防止蒸发器结冰。

（　　）18. 膨胀阀根据蒸发器温度可以自动调节膨胀阀的开度。

（　　）19. 自动空调可根据温度参数，通过改变鼓风机转速来实现自动调节出气温度。

（　　）20. 制冷剂注入量越多，则制冷效果越好。

四、问答题

1. 热传递的基本形式有哪些？
2. 制冷的基本思路是怎样的？
3. 怎样进行手动空调系统控制面板的操作？
4. 怎样使用氟利昂电子检测仪检测空调系统泄漏？
5. 怎样检查压缩机冷冻润滑油的油量？

学习效果综合检测试卷 Ⅱ

一、填空题

1. 冷冻润滑油除了起到_____作用以外，还可以起到冷却、_____和降低机械噪声的作用。
2. 汽车空调装置中的冷凝器和蒸发器要与_____相匹配，还应和_____相适应。
3. 热力膨胀阀以_____为信号，自动调节制冷系统的制冷剂流量。
4. 常见压力开关主要有以下几种类型：_____、_____、_____和_____等。
5. 装在高压端的低压开关又称_____，可用来防止压缩机在异常低压力下工作。
6. 常用的温控器有_____式、_____式和_____式三种。
7. 压缩机电磁离合器的控制根据控制开关位置分为_____型和_____型两种。
8. 汽车空调的空气净化包括两部分：_____和_____。
9. 微机控制自动空调系统的控制功能主要包括_____控制、_____控制、_____控制、_____控制、_____控制等项目。
10. 汽车空调维修及安装常用的检测工具有_____、_____、_____、真空泵以及其他专用维修工具。

二、选择题

1. （　　）的作用是把来自压缩机的高温高压气体通过管壁和翅片将其中的热量传递给周围的空气，从而使高温高压的气态制冷剂冷凝成高温中压的液体。
   A. 冷凝器　　　　B. 蒸发器　　　　C. 电磁离合器　　　D. 储液干燥器
2. 汽车空调设备的制冷剂主要是（　　）。
   A. R12　　　　　B. R22　　　　　C. R134　　　　　　D. R134a
3. 下列说法正确的是（　　）。
   A. 从气体变成液体时放出的热叫液化吸热
   B. 从液体变成气体时所需的热叫蒸发吸热
   C. 从固体变成液体时吸收的热叫溶解放热
   D. 从固体直接变成气体时吸收的热叫升华放热
4. 蒸发器中制冷剂为（　　）。
   A. 高压气态　　　B. 高压液态　　　C. 低压液态　　　　D. 低压气态
5. 检修汽车空调时，技师甲说，蒸发器、冷凝器拆卸后，接口不用封起来；技师乙说，更换制冷系统部件，都无须补注冷冻润滑油。你认为（　　）。
   A. 甲对　　　　　B. 乙对　　　　　C. 甲乙都对　　　　D. 甲乙都不对
6. 在检修汽车空调时，技师甲说，对制冷系统加压检漏，最好使用工业氮气；技师乙说，检漏时加压应加到1.5MPa左右。你认为（　　）。
   A. 甲对　　　　　B. 乙对　　　　　C. 甲乙都对　　　　D. 甲乙都不对
7. 空调控制电路中，温控开关、压力开关与压缩机的磁力线圈是（　　）。
   A. 串联　　　　　B. 并联　　　　　C. 混联　　　　　　D. 以上都不是

8. 汽车空调的压力开关一般安装在（　　）。
A. 高、低压管道上均可　　　　　　B. 低压管道上
C. 高压管道上　　　　　　　　　　D. 以上都不是
9. 汽车空调系统中，有些储液干燥器上装有易熔塞，其作用是（　　）。
A. 安全保护　　　B. 检测压力　　　C. 感温　　　D. 感压
10. 汽车空调风量控制器，即改变（　　）的大小进行控制。
A. 电阻　　　B. 电容　　　C. 电磁　　　D. 电压
11. 汽车空调的布置，按（　　）方式可分为前送式、后送式、前后置式三种类型。
A. 节流　　　B. 节温　　　C. 送风　　　D. 供暖
12. 空调制冷系统工作时，膨胀阀前后管道应（　　）。
A. 前冷后热　　　B. 前热后冷　　　C. 前后一致　　　D. 以上都不是
13. 一般情况下，开启空调后，车厢内外应保持（　　）℃的温差。
A. 7~8　　　B. 10~20　　　C. 1~2　　　D. 2~3
14. 关闭空调开关后，如视液镜出现气泡，则制冷剂量是（　　）。
A. 过多的　　　B. 过少的　　　C. 合适的　　　D. 以上都不对
15. 在 A/C 工作时，视液镜上看到有气泡，且高、低压压力过低，则为制冷剂（　　）。
A. 过多　　　B. 过少　　　C. 适量　　　D. 没有
16. 歧管压力表组的组成不包括（　　）。
A. 低压表　　　B. 注入阀　　　C. 软管　　　D. 高压手动阀
17. 制冷系统中，由压缩机排气口到冷凝器入口这一段管路，温度可达（　　）。
A. 40~50℃　　　B. 70~80℃　　　C. 5~10℃　　　D. 0~3℃
18. 技师甲说，压缩机运转时，冷凝器风扇一定运转；技师乙说，有些与发动机冷却液共用散热风扇的冷凝器风扇，在冷却液温度较高时也运转。你认为（　　）。
A. 甲对　　　B. 乙对　　　C. 甲乙都对　　　D. 甲乙都不对
19. 在检修时，技师甲说，空调真空控制的真空源来自发动机进气歧管或来自真空泵；技师乙说，冷冻润滑油注入越多对压缩机的润滑就越好，制冷量就越大。你认为（　　）。
A. 甲对　　　B. 乙对　　　C. 甲乙都对　　　D. 甲乙都不对
20. 在检修时，技师甲说，开启 A/C 后，可以从高压端加注制冷剂；技师乙说，起动压缩机后，可以从低压端加注液态制冷剂。你认为（　　）。
A. 甲对　　　B. 乙对　　　C. 甲乙都对　　　D. 甲乙都不对
21. 汽车空调制冷系统中，高、低压开关的作用是（　　）。
A. 保护作用　　　B. 增压作用　　　C. 节流作用　　　D. 以上都不是
22. 制冷系统高、低侧工作压力都偏低，可能的原因是（　　）。
A. 制冷剂过多　　　B. 制冷剂过少　　　C. 散热不良　　　D. 以上都不是
23. 普通空调鼓风机的调速多采用（　　）。
A. 调速电阻器　　　B. 功率晶体管　　　C. 空调放大器　　　D. 以上都不是
24. 一般汽车空调工作时，压缩机电磁离合器能按照车厢内温度的高低，自动分离和吸合，是受（　　）控制。
A. 低压保护开关　　　B. 高压保护开关　　　C. A/C 开关　　　D. 温控开关
25. 由压缩机压出刚刚进入冷凝器中的制冷剂是（　　）。

261

A. 高温高压气态 B. 高温高压液态
C. 中温高压液态 D. 低压气态

26. 汽车空调的通风方法有（　　）。
A. 自然通风 B. 强制通风 C. 顶面通风法 D. A、B 都是

27. 将歧管压力表组件和软管接到高、低压检修阀上，通常当系统中制冷剂压力（　　）时，低压开关就应接通；否则为性能不良，应予更换。
A. 低于 0.21MPa B. 高于 0.21MPa
C. 低于 2.5MPa D. 高于 2.1MPa

28. 在制冷系统工作时，用纸板或其他板挡住冷凝器的散热，以恶化其冷却效果，这时冷凝器的温度会逐渐升高，当高压表压力达到（　　）时，电磁离合器应立即断电。
A. 低于 0.21MPa B. 高于 0.21MPa
C. 低于 2.5MPa D. 高于 2.1MPa

29. 当发动机进气歧管中的真空度高于真空罐中的真空度时，单向阀（　　）。
A. 打开 B. 关闭 C. A、B 都对 D. A、B 都不对

30. （　　）型继电器一般用于电磁离合器控制、冷凝器风扇控制、急速提升装置控制等。
A. 常开 B. 常闭 C. 常开和常闭 D. 晶体管型

31. 装有膨胀节流管的系统，必须同时在蒸发器出口和压缩机进口之间安装一个（　　），避免液击。
A. 储液器 B. 膨胀阀 C. 气液分离器 D. 冷凝器

32. 在正常状态下，每当制冷系统进行拆装检修时，要更换（　　）。
A. 膨胀阀 B. 储液器 C. 密封圈 D. 橡胶管

33. 压缩机出气口连接冷凝器进气口的软管是（　　）。
A. 低压管 B. 硬管 C. 高压管 D. 橡胶管

34. 压缩机拆开部分的所有密封件都需（　　），并用干净冷冻润滑油在其上抹一遍。
A. 洗干净 B. 再用 C. 涂上润滑油 D. 换新的

35. 一般情况下，热力膨胀阀的选配应根据蒸发器的压力损失来选用，当蒸发压力损失较大时，宜选用（　　）膨胀阀。
A. 外平衡式 B. 内平衡式 C. H 形 D. 热平衡型

36. 低压开关安装在高压管路上，系统正常时为闭合状态，当（　　）时为断开状态。
A. 系统压力超高 B. 系统压力波动
C. 系统制冷剂严重泄漏 D. 系统制冷剂混有水分

37. 温度控制开关起调节车内温度的作用，其控制的电路是（　　）。
A. 鼓风机电路 B. 电磁离合器电路
C. 混合温度门电路 D. 冷凝器风机电路

38. 汽车 A/C 工作时，每个制冷循环包括压缩、冷凝、膨胀、（　　）四个工作过程。
A. 蒸发 B. 做功 C. 进气 D. 排气

39. 汽车空调正常工作时，冷凝器下部的温度应为（　　）℃。
A. 30 B. 50 C. 70 D. 80

40. 冷凝器中，经过风扇和空气冷却，制冷剂变为为（　　）。

A. 高温高压气态　　　　　　　　　B. 高温高压液态
C. 中温高压液态　　　　　　　　　D. 低压气态

41. 内平衡式膨胀阀，膜片下的平衡压力是从（　　）处导入。
   A. 冷凝器入口　　B. 蒸发器入口　　C. 冷凝器出口　　D. 蒸发器出口

42. 进入压缩机的是（　　）状态制冷剂。
   A. 液体　　　　B. 气体　　　　C. 混合体　　　　D. 胶状体

43. 膨胀节流管是一种固定孔口的节流装置，其作用是（　　）。
   A. 调节流量　　　　　　　　　　B. 控制流量
   C. 防止液击和异常过热　　　　　D. 节流降压

44. 当空调系统内有空气时，甲说，空气不会被冷凝；乙说，当空调循环停止时空气会聚集在蒸发器内。你认为（　　）。
   A. 甲正确　　　B. 乙正确　　　C. 两人均正确　　　D. 两人均不正确

45. 甲说，空调系统抽真空时间最少要30min；乙说，如果抽真空时间为1~2h，则抽真空效果会更好。你认为（　　）。
   A. 甲正确　　　B. 乙正确　　　C. 两人均正确　　　D. 两人均不正确

46. 甲说，空调系统的问题能引起冷却系统问题；乙说，冷却系统问题能引起空调系统的问题。你认为（　　）。
   A. 甲正确　　　B. 乙正确　　　C. 两人均正确　　　D. 两人均不正确

47. 使用R12的空调系统，低压侧压力表读数为379kPa，高压侧压力表读数为896kPa。甲说，空调系统缺少制冷剂；乙说，可能是压缩机前垫圈或排放阀损坏。你认为（　　）。
   A. 甲正确　　　B. 乙正确　　　C. 两人均正确　　　D. 两人均不正确

48. 空调系统工作时，若蒸发器内制冷剂不足，离开蒸发器的制冷剂会是（　　）。
   A. 高于正常压力，温度较低　　　　B. 低于正常压力，温度较高
   C. 高于正常压力，温度较高　　　　D. 低于正常压力，温度较低

49. 甲说，空调系统电路中可变电阻的作用是使鼓风机能无级变速；乙说，可变电阻的作用是能为鼓风机提供几个档位的速度控制。你认为（　　）。
   A. 甲正确　　　B. 乙正确　　　C. 两人均正确　　　D. 两人均不正确

50. 甲说，车厢内的湿度是由调节冷却的空气与从加热器芯来的热空气来控制的；乙说，车厢内只需维持适当的温度，湿度无需调节。你认为（　　）。
   A. 甲正确　　　B. 乙正确　　　C. 两人均正确　　　D. 两人均不正确

三、判断题

（　）1. 用于R12和R134a制冷剂的干燥剂是不相同的。

（　）2. 空调电子检漏计探头长时间置于制冷剂严重泄漏的地方会损坏仪器。

（　）3. 蒸发器表面的温度越低越好。

（　）4. 如果制冷系统内有水分，将造成系统间歇制冷。

（　）5. 如果汽车空调系统膨胀阀的感温包暴露在空气中，将使低压管表面结霜。

（　）6. 制冷系统工作时，压缩机的进、出口应无明显温差。

（　）7. 压缩机的电磁离合器，是用来控制制冷剂流量的。

（　）8. 观察视液镜，如视液镜清晰，系统内的制冷剂肯定是够的。

（　）9. 储液干燥器上一般有制冷剂的流动方向标记，在安装时是可以倒装的。

（　　）10. 膨胀阀根据蒸发器温度可以自动调节膨胀阀的开度。

（　　）11. 在汽车空调正常工作时，压缩机排出的 R134a 气体在压力不变的情况下，经冷凝器散热它就能变成液体。

（　　）12. 汽车空调系统中，热敏电阻通过放大器可以控制电磁离合器的分离或接合。

（　　）13. 汽车空调冷冻润滑油在保存中和使用后无须再将瓶盖密封。

（　　）14. 汽车空调制冷系统中储液干燥器和膨胀阀的作用是节流减压、过滤干燥。

（　　）15. 冷凝器应安装在车上不易通风的地方，让制冷剂更容易液化。

（　　）16. 在汽车空调的制冷循环过程中，制冷剂经过蒸发器然后到达膨胀阀。

（　　）17. 检查制冷剂量时，歧管压力表的压力正常则系统内的制冷剂是正常。

（　　）18. 储液干燥器上一般有安装箭头标记，在安装时箭头连进液管，箭尾连出液管。

（　　）19. 膨胀阀和孔管的作用基本相同，但膨胀阀安装在高压侧，而孔管则在低压侧。

（　　）20. 汽车空调温控器的作用是通过感受蒸发器的温度，控制压缩机的工作。

四、问答题

1. 汽车空调系统的常用分类形式是怎样的？
2. 简要叙述空调系统的制冷循环过程。
3. 简要进行桑塔纳 3000 轿车空调系统电路分析。
4. 怎样进行全自动空调系统控制面板的操作？
5. 肥皂水泡沫法检漏怎样进行？
6. 汽车空调系统制冷剂的不同加注方法有哪些异同？

参 考 文 献

［1］ 刘春晖. 汽车空调系统原理与检修［M］. 2版. 北京：机械工业出版社，2014.
［2］ 贺剑，刘金华. 汽车空调结构与维修［M］. 北京：北京理工大学出版社，2010.
［3］ 曹永明. 汽车空调构造与维修［M］. 北京：机械工业出版社，2013.
［4］ 杨维俊，周明亮. 汽车空调结构原理及典型故障案例［M］. 北京：机械工业出版社，2012.
［5］ 岳江. 汽车空调系统检修［M］. 北京：人民邮电出版社，2009.
［6］ 王伟波. 汽车空调构造与维修［M］. 北京：机械工业出版社，2018.
［7］ 杨柳青. 汽车空调构造与维修［M］. 北京：机械工业出版社，2008.
［8］ 周树文，王增茂，赵继洪. 汽车空调保养与维修［M］. 北京：机械工业出版社，2017.
［9］ 肖鸿光，彭无尘. 汽车空调［M］. 北京：机械工业出版社，2010.
［10］ 胡光辉. 汽车电器设备构造与检修［M］. 2版. 北京：机械工业出版社，2008.
［11］ 周建平. 汽车电气设备构造与维修［M］. 2版. 北京：人民交通出版社，2012.
［12］ 夏云铧. 汽车空调应用与维修——从入门到精通［M］. 3版. 北京：机械工业出版社，2013.
［13］ 黄远雄. 汽车空调维修［M］. 北京：化学工业出版社，2009.
［14］ 范爱民. 汽车空调结构原理与维修［M］. 北京：机械工业出版社，2009.
［15］ 郝军. 汽车空调［M］. 北京：机械工业出版社，2009.
［16］ 刘迎春、刘天贺. 汽车空调维修与检测［M］. 北京：电子工业出版社，2008.
［17］ 陶阳. 汽车空调结构与检修［M］. 北京：化学工业出版社，2018.
［18］ 潘伟荣. 汽车空调系统构造与检修［M］. 北京：人民交通出版社，2013.
［19］ 蒋培胜，2007款林荫大道轿车空调系统及故障诊断（一）［J］. 汽车维护与修理，2009（04）：40-44.
［20］ 杨天桥. 丰田汽车自动空调系统解析［J］. 汽车维修与保养，2012（05）：59-63.

读者沟通卡

一、申请课件

本书附赠教学课件和习题答案供任课教师采用，可在机工教育服务网（www.cmpedu.com）注册后免费下载；也可扫描二维码关注"爱车邦"微信订阅号获取课件。

爱车邦

免费下载　教学课件、学习视频、海量学习资料

☆　扫描二维码，关注"爱车邦"
☆　点击"粉丝互动"→"视频课件"

二、意见反馈和编写合作

联 系 人：谢　元
电　　话：010-88379771
电子信箱：22625793@qq.com
地　　址：北京市西城区百万庄大街 22 号汽车分社
邮　　编：100037

图 1-33 膨胀阀式制冷循环系统

图 1-34 膨胀管式制冷循环系统

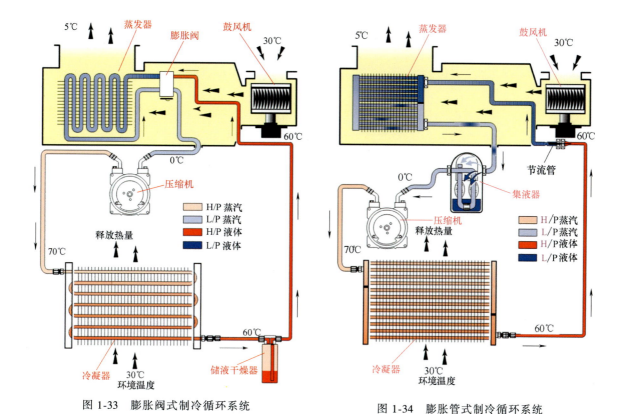

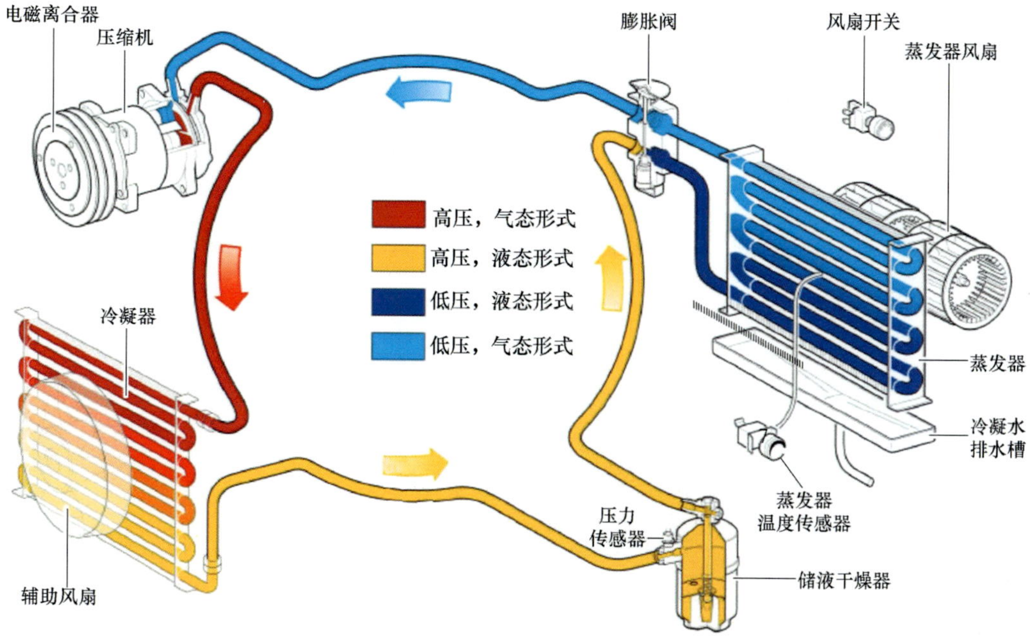

图 1-54 汽车空调制冷系统的工作原理

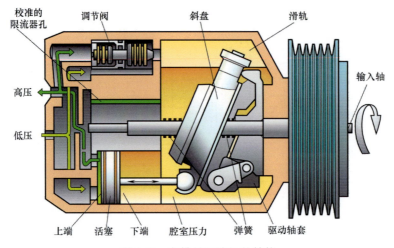

图 2-18 变排量压缩机的结构

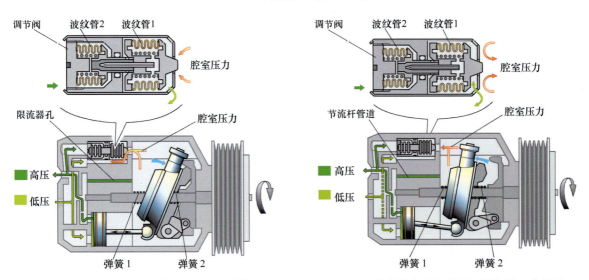

图 2-19 高制冷率时变排量压缩机的工作情况　　图 2-20 低制冷率时变排量压缩机的工作情况

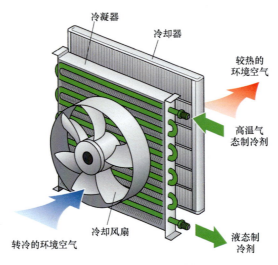

图 2-29 冷凝器的结构

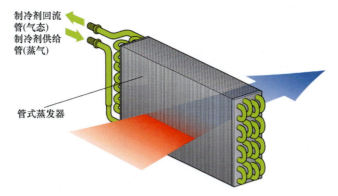

图 2-36 蒸发器的结构

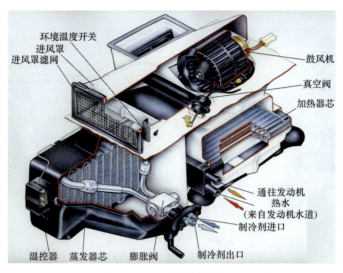

图 2-49 桑塔纳 2000 系列轿车膨胀阀的安装位置

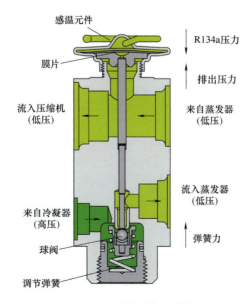

图 2-52 H 形膨胀阀的结构

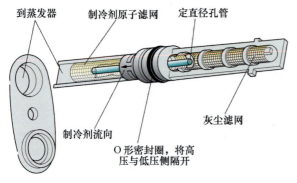

图 2-60 膨胀节流管的构造

图 2-69 视液镜的安装位置

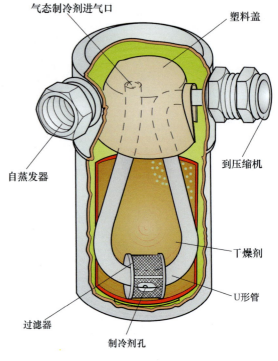

图 2-73 集液器

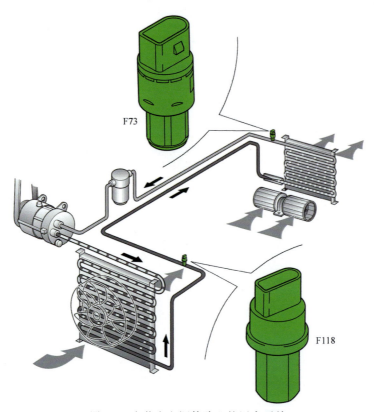

图 3-1 安装在空调管路上的压力开关

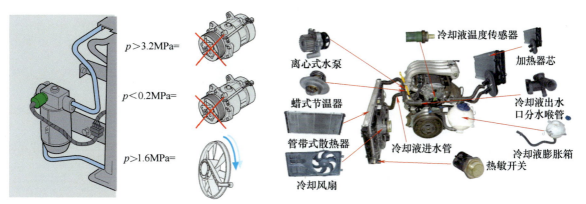

图 3-9　三重压力开关的功能　　　　图 4-5　热水取暖系统的部件组成

图 6-38　紫外线检漏仪荧光检漏

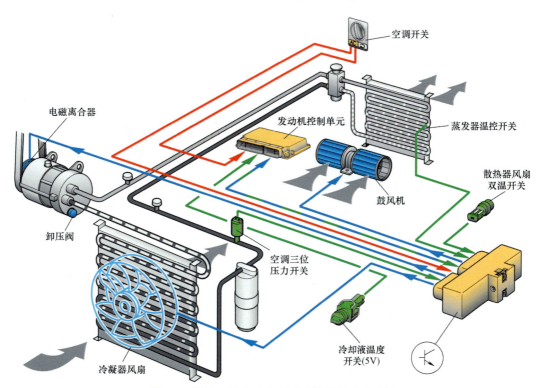

图 7-1　奥迪车系自动空调系统控制原理示意图

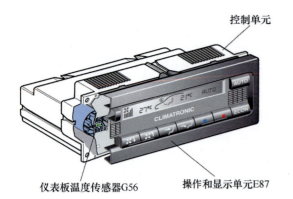

图 7-5 带有操纵和显示单元的控制单元

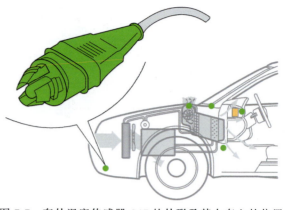

图 7-7 车外温度传感器 G17 的外形及其在车上的位置

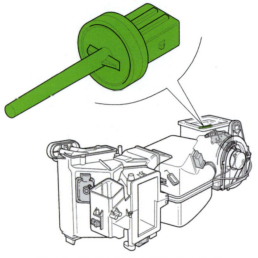

图 7-8 新鲜空气进气道温度传感器
G89 的外形及其安装位置

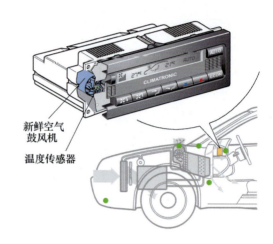

图 7-9 仪表板温度传感器 G56 安装位置

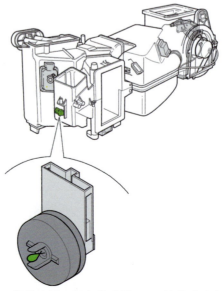

图 7-10 脚坑出风口温度传感器 G192 的外形及安装位置

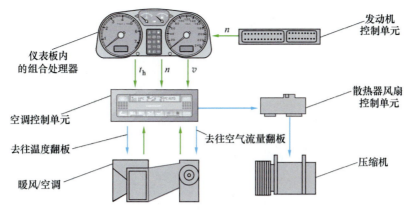

图 7-15 用于温度调节的附加信号

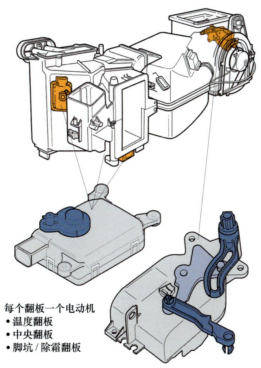

图 7-16 伺服电动机安装位置

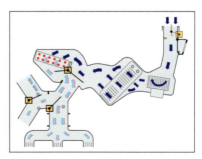

图 7-21 外部温度较低时温度风门的位置（空气全部流经加热器）

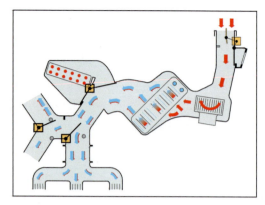

图 7-22 外部温度较高时温度风门的位置（空气不流经加热器）

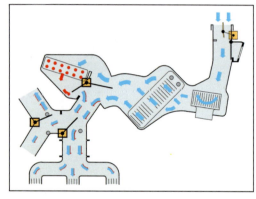

图 7-23 外部温度适中时温度风门的位置（部分空气流经加热器）

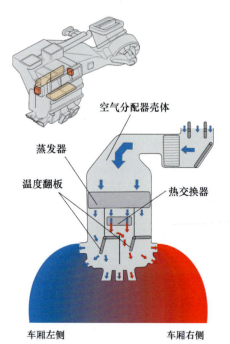

车厢左侧　　　　　车厢右侧

图 7-25 车内左、右侧的温度
可以单独调整的示意图

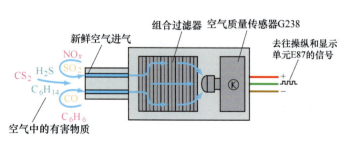

图 7-30 自动控制式的循环空气模式的工作过程

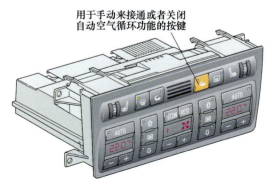

图 7-31 自动控制的循环空气模式所使用的操纵和显示单元